エスニック・アメリカ

多文化社会における共生の模索

〔第3版〕

明石紀雄・飯野正子 著

有斐閣選書

まえがき

本書（初版、一九八四年）は、アメリカ合衆国の人種的・民族的多様性を、その起源を遡るとともに、今日の状況に照らして考察する目的をもって書かれた。とくに一九六〇年代から顕著になったインディアン（先住民）、黒人（アフリカ系アメリカ人）、アジア系、ヒスパニック系（スペイン語を母国語とする人々）、東欧や南欧からの移民を祖先にもつ人々の文化的遺産維持の呼びかけ、および、政治参加や富の分配などにおける平等の権利の主張の運動——広義の〝エスニック・リバイバル〟——を念頭に置いて書かれた。そして初版の刊行から一〇年以上を経て、アメリカの〝エスニック状況〟が変わりつつあることを踏まえ、内容と構成を大幅に改訂した新版が出された（一九九七年）。新版は、アメリカのよって立ってきた「多様の統一」の理念の再検討を試みたもので、そこでは初版ではほとんど触れられることのなかった「インディアン（先住民）の歴史、第二次世界大戦中に強制転住（隔離・収容）された日系アメリカ人への賠償問題、奴隷制廃止後の黒人（アフリカ系アメリカ人）の歩み、過去に差別を被ったことのある少数派人種・民族集団に対する『アファーマティブ・アクション』（積極的差別是正政策）」などの諸テーマが取り上げられた。

世紀が改まり、アメリカの〝エスニック状況〟はさらに変化した。国勢調査局は中間集計で、二〇〇〇年には、キューバ、メキシコ、プエルトリコなどの出身者もしくはその子孫ではない——「非ヒスパニック系」——と申告し、自分の属する人種を単一に白人とした回答者は全人口の六九％、その他は三一％、二〇五〇年に両者はほぼ同数になると発表した。しかし最近の予測では、二〇四二年以降白人人口は、半数以下になるとされた（U. S. Census Bureau News, August 14, 2008）。これは、当初の予測と比べて八年早い。さらに、二〇五〇年には四六％まで下がり、その代わりに白人以外のヒスパニック系が三〇％、「黒人」が一五％、アジア系が九％を数えるようになるという予測がなされたのである。いいかえれば、今世紀の半ば頃までに、従来は少数派《マイノリティーズ》と見なされてきたアフリカ系アメリカ人、アジア系アメリカ人、白人以外のヒスパニック系、先住民が「多数派になる」のである。このことから、アメリカは“a majority minority nation”になると予測されているのである。

人口構成の急激な変化の原因の一つとして、非合法にアメリカに入り生活している外国人の存在がしばしば指摘される。とくに中南米系の入国者が標的にされ、彼らは仕事を奪っているだけでなく、言語を含め自国文化に執着し、アメリカ文化に同化しようとしないと批判される。この問題に対処するための、現実的で実施可能な立法的な措置が長年望まれてきたが、適切な手段が講じられないままに、二〇〇九年一二月一五日、連邦議会下院に新しい移民法が提案された。これは、国内に非合法に滞在している外国人に永住権を認め、将来市民権獲得への道を開こうというものである。その恩恵を受けるためには、申請時に、以下のことがらに同意することが求められる——①滞在期間中に支払った家賃の領収証・電気代の領収証・雇用証明書の提出、②五〇〇ドルの罰金を払う、③英語を習う意志を示すことなど。認可が下りるまで出身国に戻る必要はないとされた。しかし法案の支持者は一〇〇名に満たず、成立の見通しは立っていない。

他方、二〇一〇年四月二三日、アリゾナ州知事は同州議会の定めた、非合法入国者（不法滞在者）と見なす十分な嫌疑がある人物を身分が証明されるまで拘留する権限を警察に認めた移民取締法に署名した。大統領およびアメリカ市民自由連合（American Civil Liberties Union）などの市民団体の多くが、同法に対し批判の声を上げた。アリゾナ州がメキシコと境界を接し、メキシコ人の流入が多いことから、このような法律は明らかにメキシコ系の人々に対するプロファイリング（人種や年齢などの特徴を利用して、人が犯罪に関与しているかどうかを判定すること）が意図され人権の侵害にあたるというのがおもな理由である。

人口動態の急速な変化は否定できない。そのような変化を反映した立法措置は今後も現れよう。それらの影響および、どのように収斂するかは予測が難しい。しかし、変化が確実であることを示す兆候はある。以下、そのいくつかを見てみたい。

まず第一に、アメリカで最初の「黒人（アフリカ系アメリカ人）」の大統領が選ばれた（二〇〇八年一一月）。バラク・オバマの職業的法律家としての背景、公民権活動家としての実績、中庸な政治スタンス、国民の間の「変革」への期待が、大統領選挙において成功をもたらしたことはいろいろなところで指摘されているが、本書との関連でいえば、オバマ大統領の父親がアフリカ・ケニアからの留学生であり、母親はカンザス州出身の白人（イギリス系）であったことが注目される。両親の祖先が南北戦争が終わるまで奴隷であり、奴隷制廃止後のアメリカ社会において人種差別を体験したということが「黒人」の定義であるとするならば、オバマを最初の「黒人大統領」と呼ぶことはできないかもしれない。彼は、異人種間結婚《インターマリッジ》したケニア人の父とイギリス系アメリカ人の母をもつ、（かつて国勢調査にも用いられた言葉を使うならば）“mulatto”（混血《ムラート》）である。しかし、“Mulatto”は社会的には「黒人」と見なされることが多かったこと、および彼以前の大統領が全員「白人」（ヨーロッパ系）であったことを考えるならば、オバマは最初の「アフリカ系アメリカ人」の大統領であるといえる。

バラク・オバマの大統領就任とともに、アメリカ合衆国史上最初のアフリカ系アメリカ人の「大統領夫人《ファースト・レディ》」が誕生した。残存するもっとも古い記録によれば、ミシェル・オバマの系譜は父方・母方とも五代先まで辿ることができる。彼らは、南北戦争直前のサウスカロライナ州において奴隷であった。母方の曾々祖母は、若いときに――力づくで――主人（白人）の子をはらまされ、出産したことが明らかにされている。したがって夫と同様、ミシェル・オバマも“mulatto”であり、一般的な社会通念に従って「アフリカ系アメリカ人」として見なされてきたのである。

オバマ大統領がどのような人物を閣僚に指名するか――人種的・民族的背景を重視するかしないか――が注目された。通常一五名の閣僚が指名されるが、オバマ大統領は、六名――アジア系三名（中国系二名・日系一名）、ヒスパニック系二名、アフリカ系アメリカ人一名――を選んだ。レバノン系の父をもつ一名を加えるなら七名である。この数は前任者ブッシュ政権の一期目の六名（アジア系二名、アフリカ系アメリカ人二名、アラブ系・ヒスパニック系各一名）と大きくは変わらない。しかし大統領がアフリカ系アメリカ人であるということは、それ自体で大きな比重を占める。

第二に、初めての黒人大統領の選出は画期的な出来事であるが、アフリカ系アメリカ人のように、長い間不利な境遇に置かれていたグループの中から、アメリカ社会の指導的地位を占めるにいたる者が台頭してきている。たとえば、ルイジアナ州知事にヨーロッパ系以外で初めてインド系のボビー・ジンダルが当選した。彼は二〇〇五年からルイジアナ州第一区選出のアメリカ合衆国連邦下院議員（共和党）として二期あった後、二〇〇八年一月に知事に選出された。就任当時彼は三六歳で、アメリカで最年少州知事であった。また、二〇〇八年一一月にキース・エリソンが初めてのムスリム（イスラーム教徒）としてアメリカ合衆国連邦下院議員（民主党）に選ばれた（ミネソタ州第五区）。彼はアフリカ系アメリカ人でカトリック教徒の家庭に育ったが、後にイスラーム教に改宗したのである。選挙区での支持基盤は厚く、再選は確実視されている。

第三に、オバマ大統領によって指名され、連邦議会上院の承認を受け、ソニア・ソトマイヨールがアメリカ合衆国最高裁判所の最初のヒスパニック系判事として就任した（二〇〇九年八月）。ソトマイヨールの両親はプエルトリコからの移民一世で、父親は英語が話せなかった。ブロンクスの低所得地域の住宅で育ったソトマイヨールは、一九七六年優秀な成績で、当時はまだ少数派学生の数が極端に少なかったプリンストン大学を卒業し、イエール大学ロースクールで学んだ。

ルース・J・シモンズが、名門《アイビー・リーグ》ブラウン大学最初の女性学長（第一八代）として、また最初のアフリカ系アメリカ人学長として就任した（二〇〇一年七月）。シモンズはそれより前の六年間、スミス大学（セブンシスターズ（東部の名門七女子大学、現在は共学のところもある））の学長を務めたのであった。テキサス州出身のシモンズはロマンス言語を専攻、ハーヴァード大学で博士号を得てプリンストン大学で教鞭を取った（一九八三～九〇年）後、スペルマン大学（アトランタ市、歴史的に黒人学生が多い女子大学）の副学長として二年間、すぐれた行政手腕を発揮した（シモンズは二〇一二年七月に退任し、前プリンストン大学ウッドロー・ウィルソン公共政策大学院教授のクリスティーナ・H・パクソン〔経済学・公衆衛生専攻〕が第一九代学長に就任した。なお、ハーヴァード大学〔ドリュー・G・ファウスト、二〇〇七年七月就任〕、ヴァージニア大学〔テレサ・A・サリヴァン、二〇一〇年八月就任〕、スワスモア大学〔ヴァレリー・スミス、二〇一五年一〇月就任、アフリカ系アメリカ人〕などの学長も現在女性である）。

アフリカ系アメリカ人のみならず、アメリカ社会の〝マイノリティ〟と見なされてきた人々の中からアメリカ社会の指導的地位に就く者が現れるということはこれからも起こるであろう。それは、多民族社会アメリカの統合という観点から見て喜ばしいことである。その度に、「〇〇系アメリカ人としては初めての」という見出しが伴うことであろう。しかし、「初めての」というレッテルが付されるということは、〝マイノリティ〟が社会的に成功するということは例外的なことであり、依然として彼らに対する格差があることが通常であることを意味する。彼らの進出を「例外的である」という形容詞を伴って報道する必要がなくなったとき、アメリカにおける人種・民族の統合は真に達成される。そのときが到来することが望まれる。

本第三版ではさまざまな面で多様化していくアメリカ社会を、とりわけ人種・民族関係の移り変わりを中心に探ることにする。基本的なアプローチは、新版と同様、執筆者両人が専攻領域としている歴史学のそれである。過去の出来事を史実に基づいて可能な限り正確に描写することを心がける。類型化・計量分析のメリットを過小に評価するつもりはないが、さまざまなレベルでの個人もしくは集団の努力の物語――移民の体験、アメリカ社会に到着してからの順応・適応・受容・拒否など――を追究する。時間的経過を追うことに専念するが、単なる年表の提起で終わることがないようにし、各時代における目立った動向《トレンド》を浮彫りにすることに努めた。当然、民族性を扱うために、日常的慣習あるいは儀礼的なことに言及することが多いが、体系的な思想や価値観を宗教・文学その他の芸術表現の中に見出すことにも努めた。複数の解釈・結論が提起されている場合、それらの総合《シンセシス》を試みる。究極的に、アメリカ（合衆国）とは何か、どのようにしてそのナショナル・アイデンティティ（国家としてのまとまり）が成立したかを探るのが、われわれのめざしたものである。

最後に、新版を書き改める機会を与えてくださった有斐閣の格別のご配慮に感謝したい。書籍編集第二部の松井智恵子氏にはとくにお世話になった。記して感謝の意を表したい。

二〇一六年二月

明石　紀雄
飯野　正子

目　次

第Ⅰ部 「アメリカ人、この新しい人間」

第Ⅱ部　近代アメリカの形成とエスニック集団——「彼らを私のもとに送りなさい」

著者紹介

明石紀雄《あかしのりお》　序章，1章，2章，3章，4章，8章2・3節，9章1・2・4・6節，終章

1962年　ハヴァフォード大学卒業

1964年　ウィスコンシン大学大学院歴史学研究科修士課程修了

現　在　筑波大学名誉教授，博士（文学）

主　著　『トマス・ジェファソンと「自由の帝国」の理念――アメリカ合衆国建国史序説』ミネルヴァ書房，1993年

『21世紀アメリカ社会を知るための67章』（監修）明石書店，2002年

『モンティチェロのジェファソン――アメリカ建国の父祖の内面史』ミネルヴァ書房，2003年

『ルイス＝クラーク探検――アメリカ西部開拓の原初的物語』世界思想社，2004年

飯野正子《いいのまさこ》　5章，6章，7章，8章1・4・5節，9章3・5節

1966年　津田塾大学学芸学部卒業

1968年　シラキュース大学大学院歴史学科修士課程修了

現　在　津田塾大学前学長・名誉教授

主　著　『引き裂かれた忠誠心――第二次世界大戦中のカナダ人と日本人』（共著）ミネルヴァ書房，1994年

『日系カナダ人の歴史』東京大学出版会，1997年

『もう一つの日米関係史――紛争と協調のなかの日系アメリカ人』有斐閣，2000年

『津田梅子を支えた人びと』（共編著）有斐閣，2000年

『現代カナダを知るための57章』（共編著）明石書店，2010年

アメリカ合衆国への出身大陸別移民数の推移（1820～2009 年）

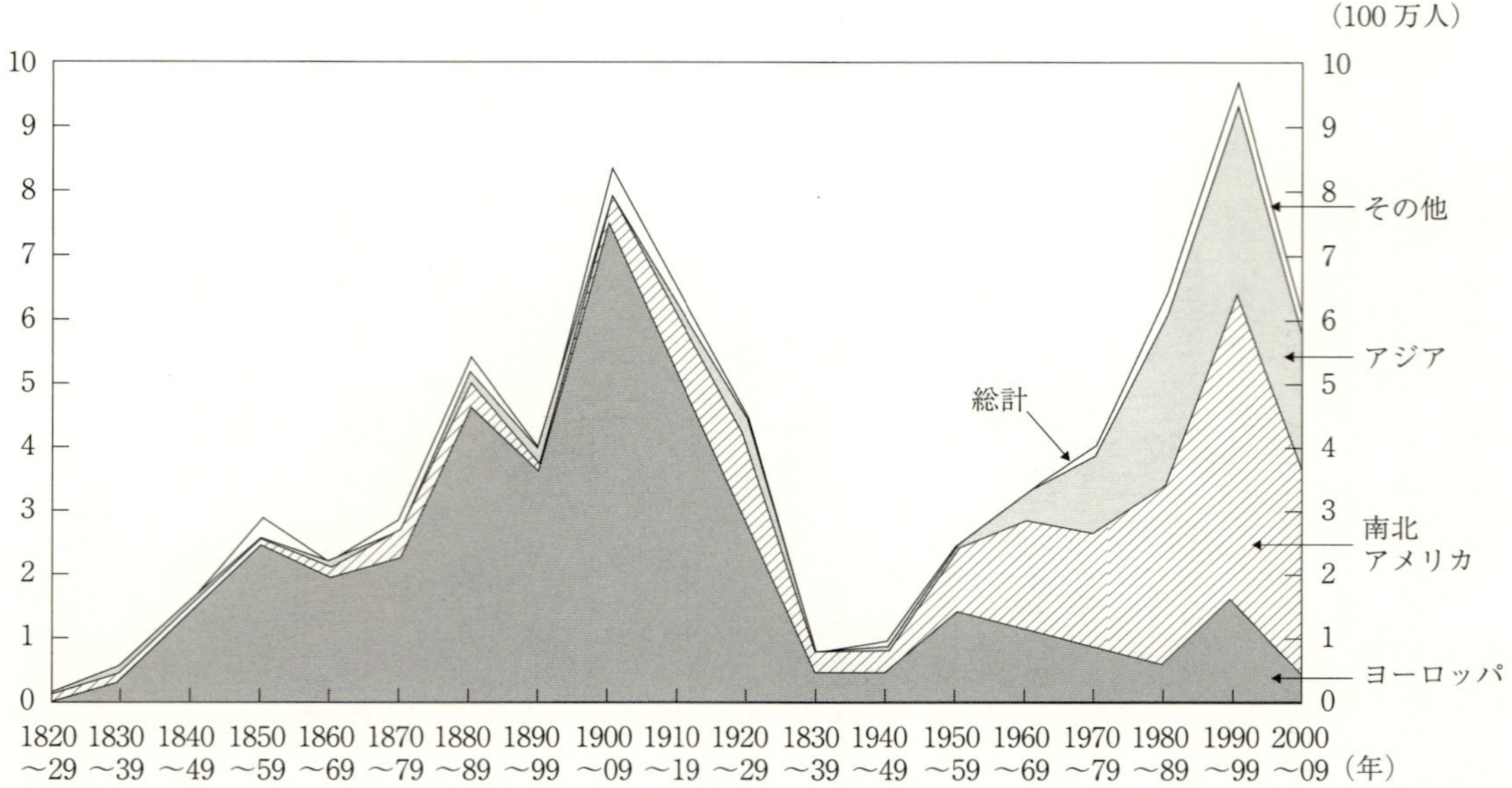

（出所） *Statistical Abstract of the U.S.*（1994）; *Yearbook of Immigration Statistics, 2008-2009.*

序章　「エスニック・アメリカ」

1　二〇〇〇年国勢調査に見る概観――「多人種国家アメリカ」

◆各種政策決定のための基礎データ

アメリカ合衆国（以下、アメリカ）のエスニック状況を見るうえでもっとも基本的な資料は、一七九〇年に第一回目が行われ、以後一〇年ごとに実施されている国勢調査（census）である。調査の内容・表現・実施方法は年により若干異なるが、人口、居住および雇用形態に関する質問項目は常に含まれてきた。連邦議会下院の議席配分ならびに大統領選挙人の数が調査結果に基づいて決定されることになっているからである。また、調査結果は、各種政策ならびに行政手続きなどを策定する際のデータとして供される。とくに対等な政治参加を保証するために制定された投票権法（一九六五年）や社会生活における平等を達成する目的で制定された公民権法（一九六四年、六五年、六八年、九一年）やアファーマティブ・アクション（過去の差別を是正するための積極的措置）の完全実施のために、国勢調査は重要な意味をもつ。

もっとも新しい国勢調査は二〇一〇年に実施された。二〇〇〇年より以前の国勢調査は、国民全体に対する大規模調査《ロング・フォーム》であったが、この年から、人口および居住形態のみを対象とする小規模調査《ショート・フォーム》（九項目）となった。しかし、同時に、五三項目からなる大規模調査《ロング・フォーム》が、とくにそのために抽出された者（標本《サンプル》）を対象に実施されている。なお、サンプル調査は毎月行われ、年間延べ三〇〇万人がその対象となる。この作業は一〇年ごとの調査とは別途のもので、「アメリカ共同体調査」（American Community Survey）と呼ばれ、プエルトリコも対象になっている。それにより得られたデータは、全国民数に投影されて随時発表される。その結果、一〇年間隔よりは頻繁に人口・居住・雇用形態の変化を追跡することが可能となった。

◆国勢調査における人種の定義

二〇〇〇年の国勢調査では、「エスニシティ」および「人種」についての質問項目が二つあった。一つは回答者が「スペイン系／ヒスパニック系／ラティーノ系」（質問五）であるかを問うものであり、もう一つは回答者の「人種」を問うものであった（質問六）。いずれの質問に対しても回答は、調査員が記入するのではなく、自己申告によるものだった。図序-1および図序-2が示すとおり、

図序－1　2000年国勢調査（Long Form）質問5

5 Are you Spanish/Hispanic/Latino? *Mark* ☒ *the* **"No"** *box if* **not** *Spanish/Hispanic/Latino.*

- ☐ **No,** not Spanish/Hispanic/Latino
- ☐ Yes, Mexican, Mexican Am., Chicano
- ☐ Yes, Puerto Rican
- ☐ Yes, Cuban
- ☐ Yes, other Spanish/Hispanic/Latino — *Print group.*

あらかじめ設定されている選択肢から選ぶか、適当な選択肢がない場合は、別途書き込むことになっていた。二〇一〇年の調査でも、「エスニシティ」「人種」に関しては同様な質問がなされた（図序－3および図序－4）。

順序からいえば「エスニシティ」に関する質問のほうが先にくるが、ここではまず「人種」についての質問項目を詳しく見ることにする。

二〇〇〇年の国勢調査において回答者は五つの大分類から選ぶように指示された。すなわち「白人」「黒人」「アメリカ・インディアン（以下、先住民と記す）」「アジア系」「太平洋諸島系」「その他」の六つである。「先住民」については、さらに部族名を記入することが求められた。「アジア系」については、「インド人」「中国人」「フィリピン人」「日本人」「韓国人」「ヴェトナム人」の小分類から選ぶか、適当な答えを記入することになっていた。「太平洋諸島系」についても同様で、「ハワイ先住民」「グアム人」「サモア人」の小分類から選ぶか、適当な答えを記入することが求められた。「その他」を選んだ場合も同様であった。

国勢調査において、各人種は以下のように定義された。

「白人――出自《オリジン》（自らの出生地または先祖の出生地）がヨーロッパ、中近東、北アフリカにある者」。

図序－2　2000年国勢調査（Long Form）質問6

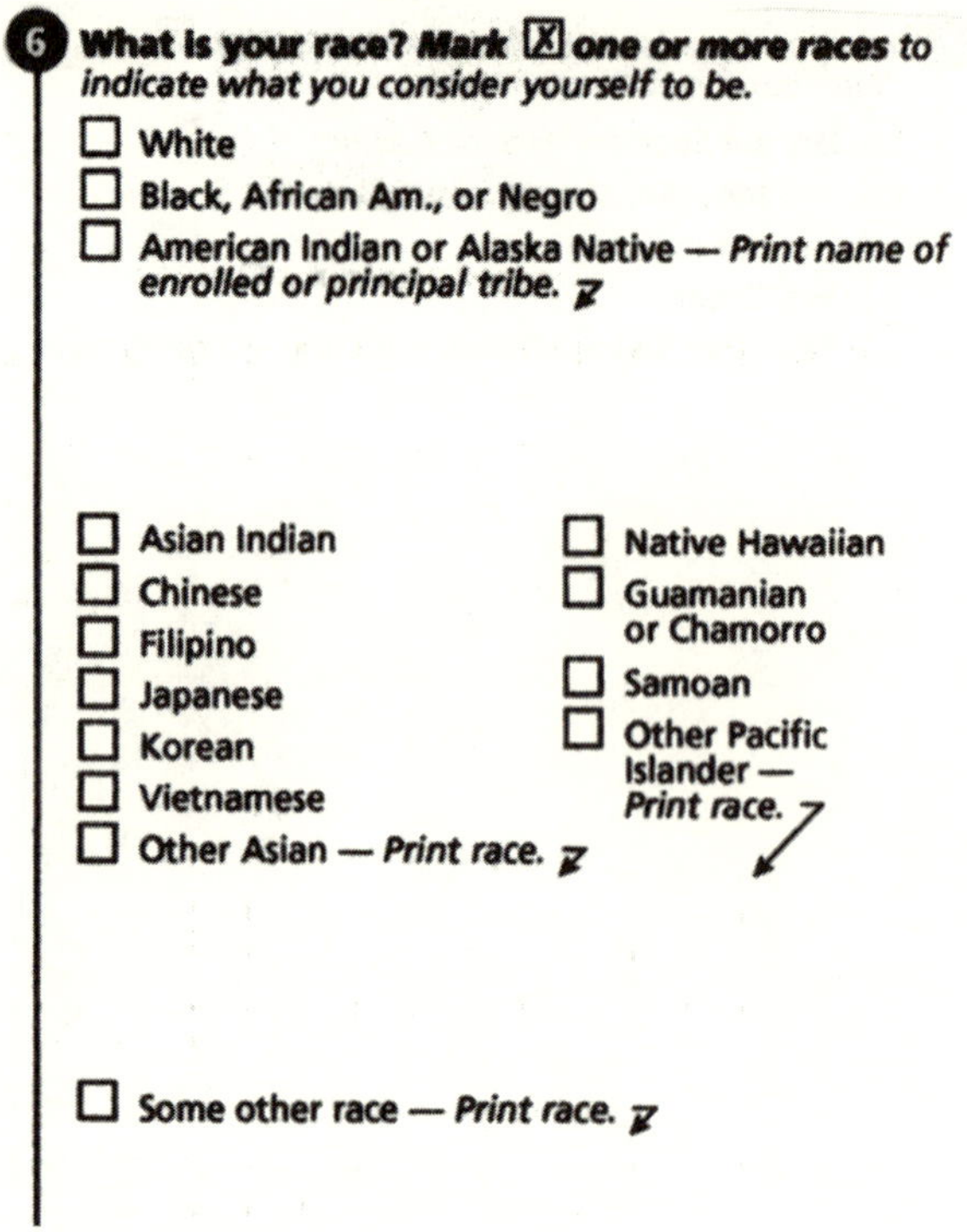

「黒人――出自がアフリカの黒人集団《ブラック・レイシャル・グループ》にある者」。

「先住民――出自を南北アメリカ大陸のいずれかの先住民にたどることができ、部族的つながりを保持している者」。

「アジア系――出自が極東、南東アジア、インド亜大陸にある者」。

「太平洋諸島系――出自が太平洋諸島のいずれかの先住民にある者」。

「その他――『多人種《マルチレイシャル》』、『混合《ミックス》』、『異人種間《インターレイシャル》』の類の記入も認め

図序－3　2010年国勢調査質問8（言語援助ガイド 日本語より）

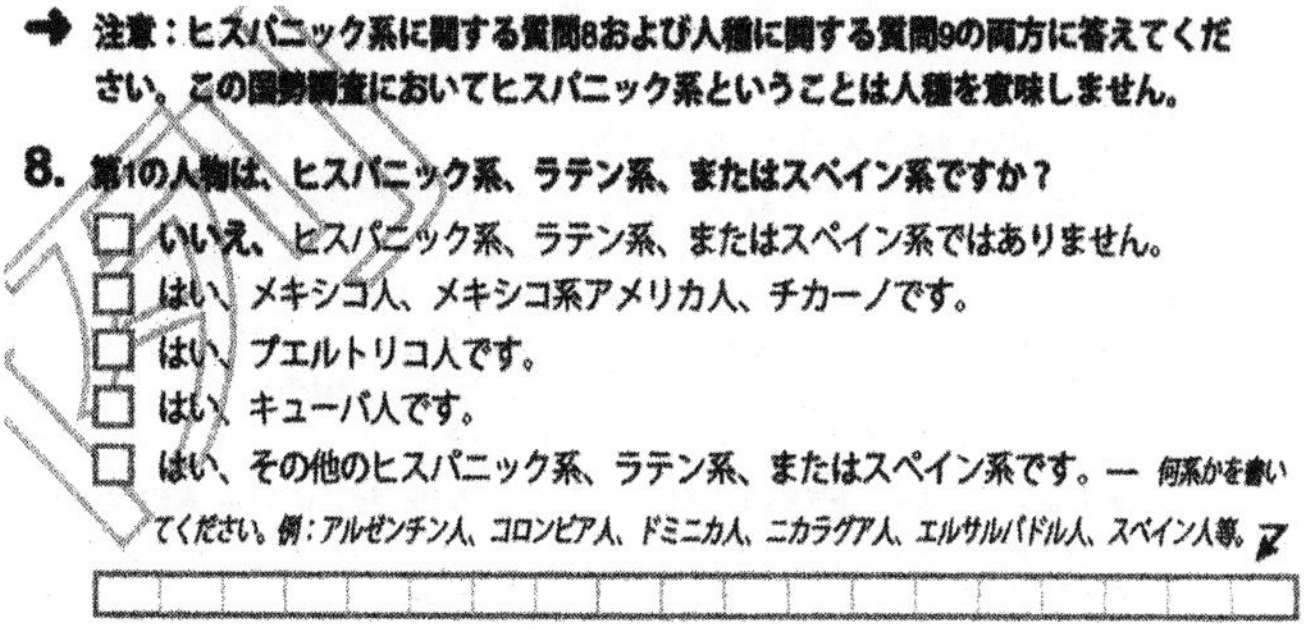
➜ 注意：ヒスパニック系に関する質問8および人種に関する質問9の両方に答えてください。この国勢調査においてヒスパニック系ということは人種を意味しません。

8. 第1の人物は、ヒスパニック系、ラテン系、またはスペイン系ですか？

□ いいえ、ヒスパニック系、ラテン系、またはスペイン系ではありません。
□ はい、メキシコ人、メキシコ系アメリカ人、チカーノです。
□ はい、プエルトリコ人です。
□ はい、キューバ人です。
□ はい、その他のヒスパニック系、ラテン系、またはスペイン系です。― 何系かを書いてください。例：アルゼンチン人、コロンビア人、ドミニカ人、ニカラグア人、エルサルバドル人、スペイン人等。

る」。

この年から、複数の人種を与えられた選択肢から選ぶか、適宜に記入することが認められた。

複数回答方式は、異人種間結婚が増加していること、いいかえれば単一の人種区分ではうまく区分できないという現実に配慮した結果である。同様な配慮は、この年以前にもなされてきた。一八七〇年より以前、黒人人口は「自由黒人」と「奴隷」に分けて調査され集計されたが、奴隷制が廃止（一八六五年）された後、このような分類は調査の対象から除かれた。また、白人と黒人の混血を指す言葉として「ムラート（mulatto）」（五〇％）、「クォドルーン（quadroon）」（四分の一）、「オクトルーン（octoroon）」（八分の一）があり、初期の国勢調査でも用いられたことがあったが、これらの言葉はもはや用いられることはない。なお二〇一〇年の調査で、自由記入の例として、アジア系については「モン族」「ラオス人」「タイ人」「パキスタン人」「カンボジア人」が、太平洋諸島系については「フィジー人」「トンガ人」が新たに加えられた。多様化しているアメリカの人口構成を先取りしたもの

図序－4　2010年国勢調査質問9（言語援助ガイド 日本語より）

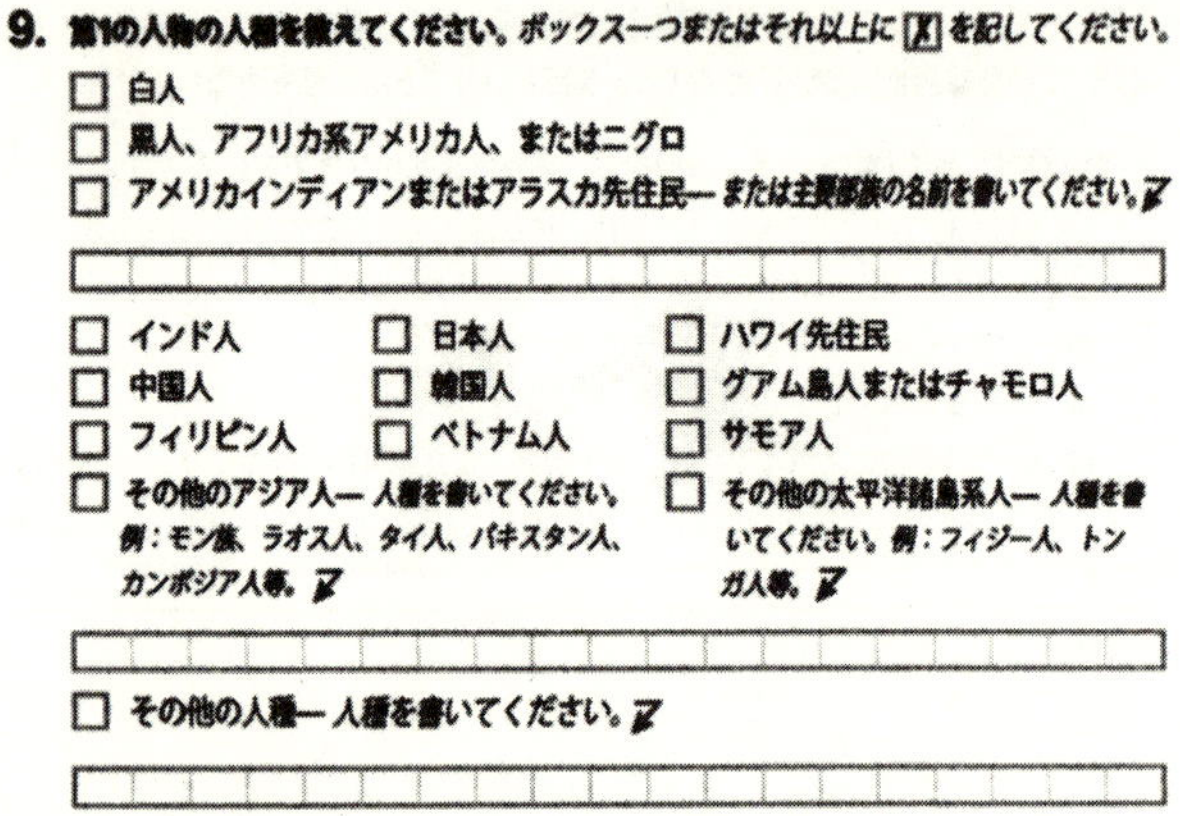
9. 第1の人物の人種を教えてください。ボックス一つまたはそれ以上に [X] を記してください。

- □ 白人
- □ 黒人、アフリカ系アメリカ人、またはニグロ
- □ アメリカインディアンまたはアラスカ先住民— または主要部族の名前を書いてください。

- □ インド人
- □ 日本人
- □ ハワイ先住民
- □ 中国人
- □ 韓国人
- □ グアム島人またはチャモロ人
- □ フィリピン人
- □ ベトナム人
- □ サモア人
- □ その他のアジア人— 人種を書いてください。例：モン族、ラオス人、タイ人、パキスタン人、カンボジア人等。
- □ その他の太平洋諸島系人— 人種を書いてください。例：フィジー人、トンガ人等。

- □ その他の人種— 人種を書いてください。

として注目される。

◇エスニシティ調査

一九七〇年以来、回答者が「ヒスパニック系」であるか否かを問う項目が加わったことも、国勢調査が進化してきたことの表れである。当初は、全数調査ではなく、標本調査として、回答者の出生地、父親および母親の出生国、外国生まれの場合は帰化しているか、いつアメリカに来たか、子ども期に家庭で使われていた言語は英語、スペイン語、フランス語、ドイツ語のいずれであったかが問われたのであった。

一九八〇年以降、国勢調査局はヒスパニック系に関する質問項目は「エスニシティ」に関するものと規定している。これは一般的に理解されている「エスニシティ」の概念とは多少異なるものであり、きわめて限定的な意味に用いられている。国勢調査に関する限り、アメリカには“His-panic or Latino”と“Not Hispanic or Latino”の二つの「エ

スニシティ」しかない。前者への答えが「イエス」であれば、さらに「メキシコ系」「プエルトリコ系」「キューバ系」であるかを選び、このいずれでもない場合は、もっとも適切と思われる出自を書き込むことになった。もっとも新しい二〇一〇年の調査では、書き込める具体例として「アルゼンチン人」「コロンビア人」「ドミニカ人」「ニカラグア人」「サルヴァドール人」「スペイン人」が挙げられた。

◇集計結果

二〇〇〇年国勢調査の結果は四年後の二〇〇四年に、表序-1のとおり発表された。それによれば、人口の総数は二億八一四二万一九〇六人であった。単一人種を選び、白人と記入したのは二億一一四六万六二六人、黒人は三四六五万八一九〇人、アメリカ先住民は二四七万五九五六人、アジア系は一〇二四万二九九八人、太平洋諸島系は三九万八八三五人であった。上記以外の人種を記入した者は一五三五万九〇七三人、そして複数の人種を選んだ者は六八二万六二二八人であったと報告された。また、ヒスパニック系は三五三〇万八一八人、非ヒスパニック系は二億四六一一万六〇八八人と報告された。複数回答は全体の二・四％に相当し、もっとも多い組合せは、白人とアメリカ先住民・アラスカ先住民の組合せで、約一〇〇万人。約九〇万人が白人とアジア系の組合せを選び、約八〇万人が白人と黒人（アフリカ系アメリカ人）を選び、残りは白人と多様な人種との組合せを答えたのである。

表序-2は、一七九〇年から一九九〇年までの人種別・エスニシティ別総人口を示したものである。

表序－1　アメリカ合衆国人種別・エスニシティ別人口（2000年）

総　数	人	%
	281,421,906	100.0
単一人種	274,596,678	97.6
白人	211,460,626	75.1
黒人	34,658,190	12.3
先住民	2,475,956	0.9
アジア系	10,242,998	3.6
インド系	1,678,765	0.6
中国系	2,432,585	0.9
フィリピン系	1,850,314	0.7
日系	796,700	0.3
韓国系	1,076,872	0.4
ベトナム系	1,122,528	0.4
その他	1,285,234	0.5
太平洋諸島系	398,835	0.1
その他の人種	15,359,073	2.4
複数回答	6,826,228	2.4
ヒスパニック系	35,305,818	12.5
非ヒスパニック系	246,116,088	87.5
白人[1]	194,552,774	69.1

（注）　1）「非ヒスパニック系」人口のうち，白人と回答した者。
（出所）“Profile of General Demographic Characteristics: 2000,” U. S. Bureau of the Census.

一八五〇年以前は、人種は白人と黒人の二種類しかなかった。そして、黒人に関しては「自由黒人」と「奴隷」の二つに分けて集計された。アメリカ先住民は一八六〇年から国勢調査において数えられるようになった。同人口は一八九〇年には、一〇年前の調査と比べて約四倍増加したと報告された。これは、従来は外国人として扱われていた先住民が、一八八七年制定のドーズ法（一般割当法）により単独土地保有

表序－2　アメリカ合衆国人種別・エスニシティ別人口（1790～1990年）

年度	総人口	白　人	黒　人[1)]	先住民	その他[2)]	ヒスパニック系
1790	3,929,214	3,172,006	757,208			
1800	5,308,483	4,306,446	1,002,037			
1810	7,239,881	5,862,073	1,377,808			
1820	9,638,453	7,866,797	1,771,656			
1830	12,860,702	10,532,060	2,328,642			
1840	17,063,353	14,189,705	2,873,648			
1850	23,191,876	19,553,068	3,638,808			
1860	31,443,321	26,922,537	4,441,830	34,933	44,021	
1870	38,558,371	33,589,377	4,880,009	25,731	63,254	
1880	50,155,783	43,402,970	6,580,793	66,407	105,613	
1890	62,947,714	55,101,258	7,488,676	248,253	109,527	
1900	75,994,575	66,809,196	8,833,994	237,196	114,189	
1910	91,972,266	81,731,957	9,827,763	265,683	146,863	
1920	105,710,620	94,820,915	10,463,131	244,437	182,137	
1930	122,775,046	110,286,740	11,891,143	332,397	264,766	
1940	131,669,275	118,214,870	12,865,518	333,969	254,918	1,861,400
1950	150,697,361	134,942,028	15,042,286	343,410	369,637	
1960	179,323,175	158,831,732	18,871,831	551,669	1,067,943	
1970	203,211,926	177,748,975	22,580,289	827,255	2,872,662	9,072,602
1980	226,545,805	188,371,622	26,495,025	1,420,400	10,258,758	14,608,673
1990	248,709,873	199,686,070	29,986,060	1,959,234	17,078,509	22,354,059

（注）　1）　1860年までは自由黒人，奴隷の合算数。

2）　1900年からはアジア系，太平洋諸島系，1950年からは「その他の人種」を含む。1940年：「スペイン語を母語とする者」の人数。

（出所）“Table F-1: Race and Hispanic Origin, for the United States and Historical Sections and Subsections of the United States: 1790 to 1990,” U. S. Census Bureau, Internet Release, September 13, 2002.

が奨励され、アメリカ合衆国市民として迎え入れられる道が開かれ、自発的に部族を離れる者が増えたことの反映である（全員を対象にしたインディアン市民権法の成立は一九二四年。八章二節参照）。

アメリカは「白人」と「黒人」の国として発足したことが、この表から読み取ることができる。一七九〇年当時、白人と黒人は総人口比のそれぞれ約八〇％と二〇％であった。その後二〇〇年の間に、総人口は七〇倍に、白人人口と黒人人口は六〇倍以上、四六倍以上増加したが、それぞれが総人口に占める割合は七五％、一二％と低下した。その分ほかの人種が増加したからである。したがってもはやアメリカを単純に「白人」と「黒人」の国としてだけ見ることはできない。第一に、北ヨーロッパおよび西ヨーロッパ出身者に代わり、南ヨーロッパおよび西ヨーロッパ出身者およびその子孫の増加率が高かったことを見なければならない。第二に、アジア出身者の数が飛躍的に増加した。第三に、「白人」の中の――国勢調査が用いる意味での――エスニック構成が大きく変わりつつあることに注目する必要がある。

2 「移民の国」アメリカ

さまざまな理由により、人間は自分の生まれたところを離れてよその地に移り住む。自分の生まれた国にとどまることができないという事情は、多くの人々に起こる。その反対に、外界にある物に引かれ、それを得るための願望が働き、人々は移住する。自分をふるさとから押し出す《プッシュ》要因と自分を招き入れる《プル》要因の作用を受けて、人々は見知らぬ場所に赴き、新たな人生を始める。成功するときもあれば、思いが叶わない場合もあろう。結果は、多分に個々人の努力しだいである。

植民地時代から建国期を通じ、また独立以後も、アメリカには世界の各地から多くの人々が移り住んだ。出身国（地）を基準にして見れば、彼らは「出移民」（emigrant）であるが、アメリカを基準に見れば「入移民」（immigrant）である。本書のテーマに沿って、アメリカへの入移民《イミグラント》について考察する。

◆「出生国（地域）別移民数」

以下、国勢調査その他の資料に基づいて、アメリカへの移民の大まかな傾向を見ることにする。アメリカへの移民に関しては一八二〇年からほぼ正確な統計が存在する。それによれば、七〇〇〇万人を超え八〇〇〇万人に近い移民が当初は大西洋を越えてヨーロッパから、後には南北アメリカ大陸および太平洋を越えてアジアから渡ってきたことが判明する（ただしこの数字には一時旅行者・学生などの滞在者は含まれない。出身国に帰還し再びアメリカに入国した者は重複して数えられることもある）。

表序-3は一八二〇〜一九九九年の「出生国（地域）別移民数」を示す。表序-4は、二〇〇〇〜〇九年の「出生国（地域）別移民数」の上位二〇国を示す。併せて、包括的な移民統計となっている。双方とも、国土安全省の所管にあり、「出生国・地域別合法的永久在留許可所得者数」と題されていることから、非合法滞在者を除き、正式な移民許可（ビザ）取得者をもって移民と見なす姿勢を読み

表序－3　出生国（地域）別移民数: 1820～1999年（抜粋）

（単位：1,000人）

	1820～29	1850～59	1880～89	1900～09	1910～19	1960～69	1970～79	1980～89	1990～99
	128.5	**2,814.6**	**5,248.6**	**8,202.4**	**6,347.4**	**3,213.7**	**4,248.2**	**6,244.4**	**9,775.4**
ヨーロッパ	**99.3**	**2,619.7**	**4,638.7**	**7,572.6**	**4,985.4**	**1,133.4**	**825.6**	**688.9**	**1,348.6**
オーストリアおよびハンガリー[1]			314.8	2,001.4	1,154.7	27.6	20.4	20.4	27.5
ベルギー		5.8	18.7	37.4	32.6	9.6	6.1	7.0	9.3
チェコスロヴァキア		5.8				2.8	5.4	5.7	9.0
デンマーク		3.2	85.3	61.2	45.8	9.8	5.6	4.8	6.2
フランス	7.7	8.2	48.2	67.7	60.3	47.0	4.4	32.1	35.9
ドイツ	5.8	976.1	1,445.2	328.7	174.2	209.6	26.3	85.8	92.2
ギリシア			1.8	145.4	198.1	74.2	77.1	37.7	25.4
アイルランド	51.6	1,029.5	674.1	333.9	166.4	37.8	102.4	65.4	65.4
イタリア		8.6	267.7	1,930.5	1,230.0	200.1	11.5	55.6	76.0
オランダ	1.1	11.1	52.7	42.4	46.1	37.9	150.0	11.2	13.3
ノルウェーおよびスウェーデン		22.2	586.4	427.0	192.4	36.1	10.4	13.9	17.8
ポーランド		1.1	42.9			55.7	6.4	63.5	172.2
ポルトガル		1.3	15.2	65.2	82.5	70.6	33.7	42.7	25.5
ロシア[2]		0.4	182.7	1,501.3	1,107.0	2.3	104.8	33.3	433.4
スペイン	2.6	8.8	4.0	24.8	53.3	40.8	28.1	22.8	18.4
スイス	3.1	24.4	81.2	32.5	22.8	19.2	41.7	8.3	11.8
連合王国[3]	26.3	445.3	810.9	469.5	371.9	195.7	8.5	153.6	156.2
その他のヨーロッパ	1.1	67.9	6.9	103.7	47.3	56.5	133.2	25.1	153.1
アジア		**36.1**	**71.2**	**299.8**	**269.7**	**358.6**	**1,406.5**	**2,391.3**	**2,859.9**
中国		35.9	65.8	19.9	20.9	14.1	17.6	170.9	342.1
インド			0.2	3.0	3.5	18.6	148.0	231.6	352.5
日本			1.6	139.7	77.1	41.0	49.4	44.2	66.6
韓国						27.0	241.2	322.7	179.8

フィリピン						70.7	337.7	502.1	534.4
トルコ			2.5	128.0	160.7	9.5	12.2	19.2	38.7
ベトナム						2.9	121.7	200.6	275.3
その他のアジア		0.1	1.1	9.2	7.5	174.8	478.7	900.0	1,065.5
南北アメリカ	**9.7**	**84.1**	**524.8**	**277.8**	**1,070.5**	**1,674.2**	**1,904.4**	**2,695.3**	**5,137.7**
カナダ	2.3	64.2	492.9	123.1	708.7	433.1	179.3	156.3	194.8
メキシコ	3.8	3.4	2.4	31.1	185.3	441.8	621.2	1,009.6	2,757.4
キューバ						202.0	256.5	132.6	159.0
ドミニカ共和国						83.6	139.2	221.6	359.8
ハイチ						29.0	55.2	121.4	177.4
エルサルバドル						14.4	29.4	137.4	273.0
グアテマラ						14.4	23.8	58.8	126.0
ジャマイカ						62.2	130.2	193.9	177.1
アルゼンチン						49.4	30.3	23.4	30.0
ブラジル						29.2	18.6	22.9	50.7
コロンビア						68.4	71.3	105.5	138.0
ペルー						19.8	25.3	50.0	110.1
エクアドル						34.1	47.5	48.0	81.4
その他の南北アメリカ	3.6	16.6	29.5	123.6	181.0	192.8	276.6	413.9	503.0
アフリカ		**0.1**	**0.6**	**6.3**	**8.9**	**23.8**	**71.4**	**142.0**	**346.4**
オセアニア		**0.2**	**12.3**	**12.4**	**12.3**	**23.6**	**40.0**	**41.4**	**56.8**
不　明	**19.5**	**74.4**	**0.8**	**33.5**	**0.5**	**0.1**	**0.3**	**305.4**	**25.9**

（注）　1）　二重帝国の時期（1867～1918 年）を含む。
2）　1820～1920 年はロシア帝国，1920～90 年はソビエト連邦，1991 年～現在はロシア連邦諸国。
3）　イングランド，スコットランド，ウェールズ，北アイルランドの合計。

（出所）　"Table 2: Persons Obtaining Legal Permanent Resident Status by Region and Selected Country of Last Residence: Fiscal Years 1820 to 2008," *Yearbook of Immigration Statistics 2008*.

表序－4　出生国別移民数：2000～09年

総　数	9,177,173
メキシコ	1,562,694
インド	577,891
中　国	573,162
フィリピン	511,376
ベトナム	272,809
キューバ	264,824
ドミニカ共和国	243,314
エルサルバドル	236,657
コロンビア	215,488
韓　国	189,144
ハイチ	179,227
ジャマイカ	155,056
グアテマラ	147,963
ロシア	141,704
連合王国	138,190
パキスタン	131,647
ペルー	124,039
イラン	101,682
ナイジェリア	90,414
エチオピア	84,057

（出所）“Table3：Persons Obtaining Legal Permanent Resident Status by Region and Country of Birth: Fiscal Years 2000 to 2009,” *Yearbook of Immigration Statistics 2009.*

取ることができる。

二つの表は以下のことを示す。

①移民数は一九〇〇年からの一〇年間に人口比で最大であった（一九一〇年の総人口比八・九%）。総数は一九九〇年から九九年の一〇年間が最大である（二〇〇〇年の総人口比三・五%）。

移民数は一九二〇年代に減少し、さらに一九三〇～

四〇年代にも減少した。世界不況および二度の世界大戦が影響したと考えられる。

③一九一〇年代には移民の七八・五%がヨーロッパ出身者であったが、一九九〇年代には一三・八%にすぎず、アジア出身者が二九・三%、南北アメリカ出身者が五二・六%へと大きく増加した。とくにメキシコ出身者は二八・二%と圧倒的に多い。

④この結果は、一九七〇年以降の人種別・民族（エスニック）別外国生まれ人口の内訳に大きな変化が現れたことと呼応する。すなわち、白人の比率は一九八〇年に六六・二%に減少し、ついで一九九〇年に過半数（五〇・七%）を少し超えたところまで減少した。

⑤移民数が多い上位出生国のうち、ヨーロッパはわずか二国（ロシア、連合王国）を数えるにすぎず、アジアが七国（インド、中国、フィリピン、ベトナム、韓国、パキスタン、イラン）、南北アメリカが九国、アフリカが二国（ナイジェリア、エチオピア）を数えた。

◇「人種別・民族別外国生まれ人口」

表序－5は、一八五〇～一九九〇年の「人種別・民族別外国生まれ人口」を示したものである。二〇〇〇年国勢調査の分類基準を過去の国勢調査にまで投影し、時間的変化を追跡したものである。さらに、二〇〇〇年国勢調査（大規模調査《ロング・フォーム》）は、質問一四で「出身地」――"Where were you born?"――を問い、同一五問で「アメリカ市民であるか」――"Are you a citizen of the United States?"――を問い、同一六問で「いつアメリカに来たか」――"When did you come to live in the United

表序－5　人種別・民族別外国生まれ人口（1850～1990年）

	総　数	総人口比（%）	白　人	白人（%）	白人以外（%）	アジア系（%）	ヒスパニック系人口	%（外国生まれ人口のうちの）
1990	19,767,316	7.9	10,022,812	50.7	49.3	23.1	7,841,650	39.7
1980	14,079,906	6.2	9,323,946	66.2	33.8	15.5	4,172,851	29.6
1970	9,619,302	4.7	8,733,770	90.8	9.2	5.7	1,802,332	18.7
1960	9,738,143	4.4	9,294,033	95.4	4.6	2.9	（NA）	（NA）
1950	10,347,395	6.9	10,095,415	97.6	2.4	（NA）	（NA）	（NA）
1940	11,594,896	8.8	11,419,138	98.5	1.5	0.8	428,360	3.7
1930	14,204,149	11.6	13,983,405	98.4	1.6	0.8	（NA）	（NA）
1920	13,920,692	13.2	13,712,754	98.5	1.5	0.9	（NA）	（NA）
1910	13,515,886	14.7	13,345,545	98.7	1.3	0.9	（NA）	（NA）
1900	10,341,276	13.6	10,213,817	98.8	1.2	1	（NA）	（NA）
1890	9,249,547	14.7	9,121,867	98.6	1.4	1.2	（NA）	（NA）
1880	6,679,943	13.3	6,559,679	98.2	1.8	1.6	（NA）	（NA）
1870	5,567,229	14.4	5,493,712	98.7	1.3	1.1	（NA）	（NA）
1860	4,138,697	13.2	4,096,753	99.0	1.0	（NA）	（NA）	（NA）
1850	2,244,602	13.2	2,240,535	99.8	0.2	（NA）	（NA）	（NA）

（注）（NA）：データなし。

（出所）U.S. Bureau of the Census, Internet Release, March 9, 1999, Table 9, "Race and Hispanic Origin of the Foreign-born Population: 1850 to 1990."
（http://www.census.gov/population/www/documentation/twps0029/tab09.html）

表序－6　外国生まれ人口の大陸別出生地（総数：37,960,773人）

ヨーロッパ	4,969,090	13.1%
アジア	10,355,577	27.3
アフリカ	1,435,996	3.8
オセアニア	222,994	0.6
ラテン・アメリカ	20,150,245	53.1
北アメリカ	826,871	2.2

（出所）"Selected Social Characteristics in the United States: 2008," *American Fact Finder*, 2008 American Community Survey.

表序－7　外国生まれ人口の帰化率（2008年）（総数：37,960,935人）

帰　化	16,329,909
非帰化	21,631,026

表序－8　入国年別外国生まれ人口（単位：人）

2000年以前に入国	26,748,046
2000年および同年以後に入国	11,212,889

States?" ——を問うたのであった（図序－5）。標本《サンプル》調査が随時行われ、二〇〇八年のものを基に集計されたのが、表序－6「外国生まれ人口の大陸別出生地」、表序－7「外国生まれ人口の帰化率」、表序－8「入国年別外国生まれ人口」である（いずれも二〇〇八年現在）。表序－5、表序－6、表序－7および表序－8は、以下のことを明らかにする。

①アメリカは一八五〇年以来二〇世紀の四半世紀まで外国生まれ人口は常に一〇%を超えていた。最大は一八九〇年と一九一〇年の一四・七%であった。

②一九七〇年代以降は、四・七%〜七・九%の間を移行している。

③ヒスパニック系人口の総人口に占める割合は、一九七〇年の一八・七%から、

図序－5　2000年国勢調査（Long Form）質問14，質問15および質問16

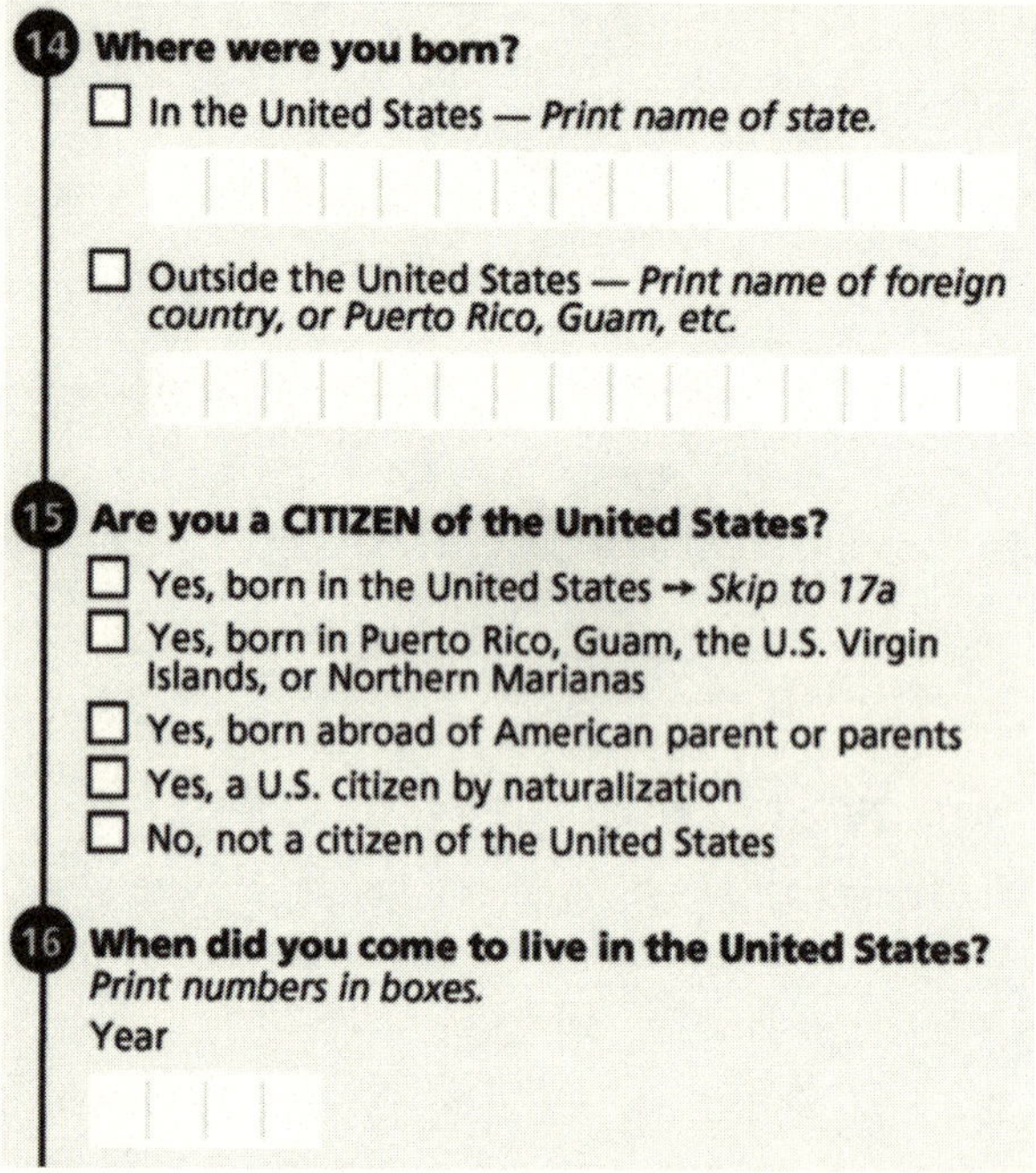

14 Where were you born?

☐ In the United States — *Print name of state.*

☐ Outside the United States — *Print name of foreign country, or Puerto Rico, Guam, etc.*

15 Are you a CITIZEN of the United States?

☐ Yes, born in the United States → *Skip to 17a*
☐ Yes, born in Puerto Rico, Guam, the U.S. Virgin Islands, or Northern Marianas
☐ Yes, born abroad of American parent or parents
☐ Yes, a U.S. citizen by naturalization
☐ No, not a citizen of the United States

16 When did you come to live in the United States?
Print numbers in boxes.
Year

一九八〇年代の二九・六％、一九九〇年代の三九・七％と増加した。

④「外国生まれ人口の大陸別出生地」の内訳はラテン・アメリカが突出していることを示す。表序－3、表序－4および表序－11に呼応する。

⑤調査からは帰化した移民とまだ帰化していない移民の人種別・エスニシティ別内訳および出身国別内訳は明らかでない。

⑥同様に、移民の人種別・エスニシティ別のアメリカへの入国年は明らかではない。

一九八一年以降、とくに一九九

○年以降メキシコからの移民の数が目立つのは、一九八六年移民法（移民改革・管理法）に基づき、「不法滞在の外国人」の合法化、永住を認める措置が取られたからである（一九八六年移民法については八章一節参照）。

最後に、アメリカ国内でアメリカ人の親から生まれた場合は第一四問および第一五問は自明であり、また第一六問に答えるのにまったく問題はない。その反対に、アメリカの市民権を有するかどうかの質問は、アメリカ人を親として生まれたかどうか、アメリカに来たのはいつかという質問と関連し、かなりの確率で出身大陸または出身国を暗示する。将来ヒスパニック系やアジア系の人々から、このような設問に対する異議が唱えられることも予想される。

◇続く移民の流れ——「機会と平等の国」であることを信じて

アメリカに行けば誰にでも「機会と平等」の門が開かれているということは、アメリカについての半ば〝神話〟である。〝アメリカン・ドリーム〟ともいわれる。そこに行けば人生を再出発させることができると信じ、過去に多くの人々がアメリカ合衆国に渡った。〝ドリーム〟を信じてアメリカに渡る人の流れは今も続いている。アメリカで彼らは、元々アメリカにいる人々や彼らと同じように新たに到着した人々と出会い、競争し、混じり合って生活する。その過程において、彼らはアメリカに同化し、アメリカを変えていく（同化の理論については次節で検討する）。本節のむすびに、最近の移民の物語のいくつかを見てみたい。

(1) 機械工ヨセフの場合

一九四八年ポーランドのシレジアに生まれた炭坑夫で、一九八〇年から祖国の民主化運動（「連帯」）に加わり、全国執行部委員の一人となり、ワレサ議長の片腕として働くが、翌年当局の取締りを受け、逮捕・拘束される。一九八三年一二月、妻クリスティーナと二人の子を連れて、難民救済機関を通して西ドイツ経由でアメリカに渡る。ロードアイランド州プロヴィデンスに落ち着く。居間には当時のローマ法王ヨハネ・パウロ二世の肖像画が飾られている。

空港でボランティアに迎えられた。ポーランド人（系）同志の助け合いは少なかった。祖国ではあった相互扶助もなかった。支援者に対して、「仕事と子どもたちのための学校と住むところが欲しい」「長期的に福祉、財政的援助を受ける側にとどまることを望まない」と伝えたことを憶えている。仕事を見つけてもらい、一九八五年二月には家を買う。上の子はよその大学に行ってもう一緒に住んではいない。

今インターナショナル・ハウスで英語のクラスを取っている。子どもたちは非常に早くアメリカナイズし、彼らの話す英語にはポーランド語の訛りはない。しかし、ポーランドの言葉と文化を忘れないように、家ではポーランド語を話すようにしている。ヨセフ自身は「アメリカ合衆国にもポーランドにも忠誠を感じ」、「二重の忠誠心をもつことに問題があるようには思えない」という確信をもっている。いまだに祖国の民主化に関心を抱いていることは、彼の次の言葉からうかがえる。「アメリカ合衆国での自由はポーランドでの自由に関わっています。そして、ポーランドの状況は西ヨーロッパとアメリカ合衆国の自由に影響をもつのです」。

(2) ローサ・マリアの場合

三五歳。インタビューはアリゾナ州エルパソ市南部のテネメント（スラム）で行われた。非合法入国者の一人。

一九八四年頃から、毎朝メキシコ側のシウダーファレスからリオグランデ川を男の肩にかつがれてアメリカ合衆国側に渡り、そこで家政婦として働き、夕方にはメキシコ側に帰る。そうしたのはよい賃金が稼げたからである。そこで移民農場労働者ホセに会い、以前は孤児院に預けていた三人の子どもと共にアメリカに住むことにする。バスタブもない一部屋のアパート（トイレットは共用）に住むが、シウダーファレスにいたときと比べて、電気があるのが進歩である。

一番下の子ホセ・ルイ二世は生後二カ月半で、アメリカ合衆国民。一カ月当たり五八ドルの食料切符の支給を受けている。それは、ローサ・マリアとホセに仕事がないとき一家にとって唯一の生活資金となる。

ローサ・マリアとホセにとってもっとも気がかりなことは、国境警備隊に見つかり、メキシコに送還されることである。

「アメリカには仕事がたくさんある。メキシコには何もない」。ホセがいうには、「農場の仕事はいつもあるわけではないので、見つけられるものは何でも取ることにしている。……二五ドル稼ぐのに、七二杯分のチリ・ペパーを摘まなければならない。四、五時間かかる。どれだけ早く手を動かせるかによる」。「もしできるなら、合衆国市民権を取りたい。そうしたら移民局は私たちを追い出すことはしないでしょう。心配なく働けること、私たちが望んでいるのはそれだけです」。

移民法が改正され、不法滞在者にも特別措置（アムネスティ）が取られることになったが、ホセには、以前住んでいたところの家賃の領収書はもらえなかったし、雇用主も賃金支払い明細書を作ってくれなかった。だからアメリカにいたことを証明するものがないので、アムネスティを申請して認定されるかどうか不安である。

「普通の生活がしたいのです。［不法入国が発覚して］シウダーファレスに送り返されたなら、すぐに川を渡ってここに戻って来るつもりです」というマリアの言葉はすべてを語っている。

(3) チャ・オク・キムの場合

一九三五年に生まれた。朝鮮戦争時に親を失い、光州の街でタバコを売って生活費を作っていた。国際関係学の修士号を得、さらに勉強し大学で教えることを夢見て、新婚の妻と共にニューヨークに渡る。しかし、三年後［彼にはすでに三人の小さな子がいた］に、アメリカでの大学院進学を諦め、おもにハーレムとブルックリンでかつらの訪問販売を始める。それを皮切りに次々と事業を拡大したキムは、現在では年商四億から五億ドルの貿易会社を経営するまでになった。

キムは、ビジネスの世界で成功した韓国出身者としては決して例外ではない。ニューヨーク市だけでも、一万に近い韓国人所有の事業所［その多くは小規模から中規模のグローサリー、コンビニエンス・ストア、レストランなどである］がある。経営者の多くはキムと同じように、専門的技術をもちながら、

「底辺から始めなければならなかった」者たちである。

「われわれはよくこういわれることがある。〝アメリカに来て二、三年しか経っていないのに韓国人が店をもてるようになっているのは、韓国政府か合衆国政府から特別な援助を受けているからではないか〟と。私の世代の移民にとってはこのようなことはありませんでした。われわれには少ししか資金はなかったし、私もそうでしたけれど、行商から始めたのでした」。

「この地域の店は以前はユダヤ人が経営していました。しかし十分な貯えができると、郊外に移り住みました。（中略）この一〇年の間に空いたところにわれわれ韓国人が移ってきたのです。われわれは近隣地区を活発にし、税を払うことにより、市を助けてきたのです」。

新参者としてさまざまな苦労に耐えなければならなかったが、その一つは事業のための資金を銀行が貸そうとしなかったことである。そのために、同朋から個人的に借りるか、信用組合（講）を作り、そこから借りるしかほかに道はなかったという。これは先に到着した東欧や南欧からの移民が経験したことと同じであった。

二〇年前に出た祖国についてどのような思いをもっているかと問われて、キムは次のように答える。韓国が政治的・経済的に安定し、〝民主主義の模範になってほしい〟、そのための助けになることをしたいのだ、と。

キムのメッセージは、彼の次のひとことに要約される。「私はアメリカで多くのことを学びました。……とくに、セルフ・メイドマンであることを。しかし、私は困っている人がいれば援助の手を差し伸べたいと思っています。……韓国商人は、店を開いている地域の人々とよい関係をもちたいと願っています。地域のさまざまな企画や教会などに寄付をするのはそのためです」。

彼ら一人一人がアメリカ社会に定着するに伴い、新しいアイデンティティをもつとともに、出身文化をも保持することにより、エスニック・グループの一員となる。移民こそエスニック・グループの根底にあるものである。

3 「多民族社会アメリカ」

◇民族の定義

人間は、多くの場合身体的特徴によって分類され、その分類は人種と呼ばれる。これを基にアメリカを見ると、アメリカにはいくつかの人種集団があることがわかる。アメリカは「多人種社会」なのである。このことは一節の検討から明らかになった。さらに、先住民を除いて、アメリカ人はその祖先あるいは自らがアメリカ以外の国もしくは地域から移住してきた人々、移民であることも示された。アメリカは「移民国家」なのである。さらに詳しく見るならば、アメリカには、言語、生活慣習、儀礼、宗教、教育制度、政治経済活動、居住の形態などにおいて共通性を有する人間集団がいくつもあることが認められている。これらの集団は総称として民族（nation）と呼ばれる。いいかえれば、アメリカは「多民族社会」でもあるのである。一つの人種が一つの特徴ある民族を構成する場合もあれば、一つの民族がさまざまな人種集団から構成されている場合もある。いずれの場合でも、同じ民族であれば、類似した歴史的体験（アメリカへの移民、新しい環境での生存のための努力など）を数多く有していることが判明している。移民およびその子孫であるとき、彼らが出身国でもっていた政治・社会経済制度や文化的伝統（言語、慣習、価値など）は、アメリカにおいても継続されることもあれば、新しい環境の中で必要に応じて変改・放棄されることもある。

◇ホイットマン――「多数の民族からなる国家」

一九世紀のアメリカの詩人ウォルト・ホイットマンはその代表作『草の葉』の序文（一八五五年）の中で、アメリカは"a teeming nation of nations"と謳った。躍動的で豊かさを連想させる"teeming"という言葉は、当時のアメリカを描くのにきわめてふさわしい。また、世界の多くの国・地域から人々が渡来しアメリカという国を興し支えている様を、彼は"a nation of nations"と表した。"Nation"は国民あるいは国家の意味で使われることが多い。そのため、この一節は通常「諸国民からなる国家」を指すものと解されてきた。異なる政体を代表し、異なる政治的帰属意識をもつ人々がアメリカを構成しているという意味ではこの解釈は正しい。しかし、"nation"は同一文化集団あるいは文化・生活様式を共有する集団を指して使われることがある。共通した政治的同胞意識が国民にあるとすれば、文化的帰属意識が民族を特徴づける。民族がどの意味で用いられるかは状況に応じて異なるが、ホイットマンの場合は、後者の意味すなわち文化的特徴をもつ民族という意味に用いたと解したい。ホイットマンは一九世紀の中頃の段階において、アメリカは多民族からなる社会＝「多民族社会」と呼んだのであった（民族は「エスニック・グループ（集団）」と同義に用いられることがあるが、この点については次節参照）。

◇国勢調査に見るアメリカの民族

国勢調査には、アメリカ国民がどの民族に属するかを問う項目はない。文化的・社会的意識はデリケートであり、国勢調査にはなじまないというのがその理由である。宗教は文化的特徴を示すもっとも基本的なデータの一つであるが、それに関する項目はない。一九六〇年の国勢調査に宗教を問う項目を設定する提案がなされたことがあったが、おもにユダヤ教団体からの強い反対があって却下されたということがあった。

抽出された標本《サンプル》に対してのみ行われる大規模《ロング・フォーム》調査には、所属民族を示唆する質問項目が二つある。一つは質問一二で、出自（祖先および自身の出身国・地域）を問うもの――"What is your ancestry or ethnic origin?"で、もう一つは質問一三で、「家庭で話す言語」を問うもの――"Do you speak a language other than English at home? What is this language?"――である（図序-6）。

第一三問から先に見る。五歳以上を対象にした、二〇〇〇年よりさらに新しい二〇〇八年現在の調査の結果は表序-9のとおりである。アメリカの主要言語が英（米）語であることが示される。家庭で話す言語が英語以外の者は総数の約二〇％、そのうちスペイン語、他のインド＝ヨーロッパ言語、

図序－6　2000 年国勢調査（Long Form）質問 12 および質問 13

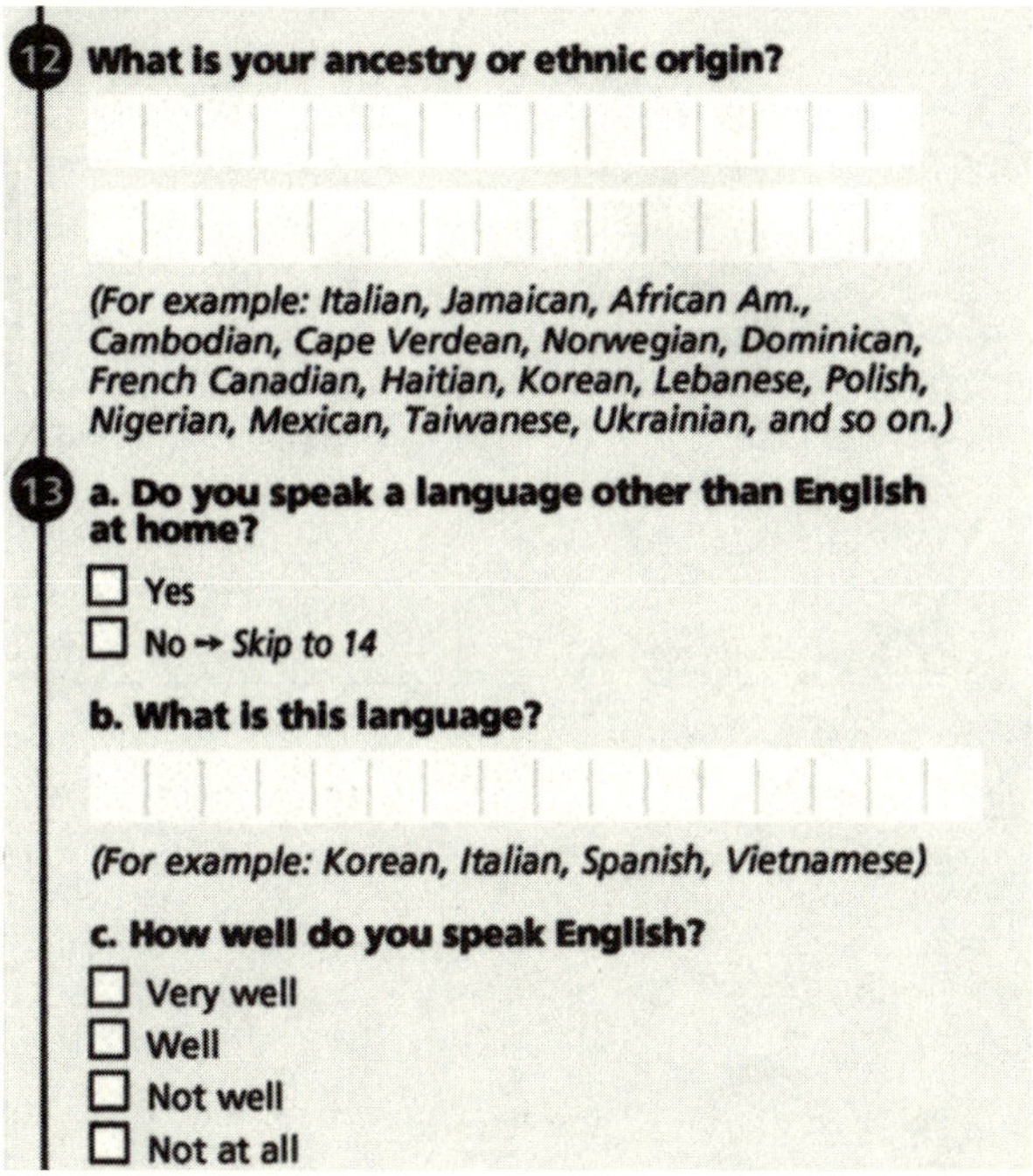
12 **What is your ancestry or ethnic origin?**

(For example: Italian, Jamaican, African Am., Cambodian, Cape Verdean, Norwegian, Dominican, French Canadian, Haitian, Korean, Lebanese, Polish, Nigerian, Mexican, Taiwanese, Ukrainian, and so on.)

13 **a. Do you speak a language other than English at home?**

□ Yes
□ No → *Skip to 14*

b. What is this language?

(For example: Korean, Italian, Spanish, Vietnamese)

c. How well do you speak English?

□ Very well
□ Well
□ Not well
□ Not at all

アジア系・太平洋諸島系言語、その他の言語を話す者はそれぞれ全体の一二・二%、三・七%、三・〇%、〇・八%、そして「英語を話す能力は高くない」と申告したのはスペイン語、他のインド＝ヨーロッパ言語、アジア系・太平洋諸島系言語、その他の言語を話す者のうちの四六・七%、三一・九%、四九・一%、三〇・三%である。これらの数字から、現在アメリカで、英語を家庭で話さない者の多くはスペイン語圏出身者やアジア・太平洋諸島出身者の中にもっとも多く見出されるということは可能である。しかし、スペイン語圏からの移民あるいはアジア・太平洋諸

表序－9　家庭で話す言語（5歳以上人口）（総数：283,149,507人）

	人　口	%
英語のみ	227,365,509	80.3
英語以外の言語	55,783,998	19.7
英語を話す能力：高くない	24,439,242	(43.8)
スペイン語	34,559,894	12.2
英語を話す能力：高くない	16,156,584	(46.7)
他のインド＝ヨーロッパ言語	10,508,347	3.7
英語を話す能力：高くない	3,459,819	(32.9)
アジア系・太平洋諸島言語	8,391,422	3.0
英語を話す能力：高くない	4,119,642	(49.1)
その他の言語	2,324,335	0.8
英語を話す能力：高くない	703,197	(30.3)

（出所）いずれも，"Selected Social Characteristics in the United States: 2008," *American FactFinder*, 2008 American Community Survey.

島からの移民は出身地の言語に固執し、英語を学ぼうとしないと一概にいえるかどうかは定かではない。

質問一二は「出自（祖先および自身の出身国・地域）」を問うものであった。国勢調査局は「出自」（national origin）を、「回答者の出生地、親および祖先の出生地、アメリカ合衆国で形成されたエスニック・アイデンティティ（民族帰属意識）を反映する」と定義した。表序－10は一九九〇年と二〇〇〇年の二回の調査結果を集計したものである。表序－11は、出身国・出身地域として具体的にイタリア、ジャマイカ、カンボジア、ノルウェー、ドミニカ、ハイチ、韓国、レバノン、ポーランド、ナイジェリア、メキシコ、ウクライナなど独立国家としてある地名のほかに、限られた地域（ケープ・ヴェルデ、台湾など）を挙げ、人種・民族別区分（アフリカ系アメリカ人、フランス系カナダ人など）、包括的区分（ヨーロッパ、アメリカ、アフリカなど）を挙げている。この集計および補足説明から、さらに次の

表序－10　出自（祖先および自身の出身国・地域）別人口[1)]

	1990 年		2000 年	
総　数（人）	248,709,873	100%	281,421,906	100%
ヨーロッパ				
ドイツ	57,947,171	23.3	42,841,569	15.2
アイルランド	38,735,539	15.6	30,524,799	10.8
イギリス[2)]	33,770,928	13.5	25,595,410	9.1
イタリア	14,664,189	5.9	15,638,348	5.6
ポーランド	9,386,051	3.8	8,977,235	3.2
フランス	10,320,656	4.1	8,309,666	3.0
スコットランド	5,393,581	2.2	4,890,581	1.7
オランダ	6,226,339	2.5	4,542,770	1.6
ノルウェー	3,869,395	1.6	4,477,725	1.6
スコッチ＝アイリッシュ	5,617,773	2.3	4,319,232	1.5
スェーデン	4,680,863	1.9	3,998.310	1.4
ロシア	2,951,373	1.2	2,652,214	0.9
スペイン	2,384,862	0.9	2,487,092	0.9
ヨーロッパ系	466,718	0.2	1,968,696	0.7
チェコ[3)]	3,484,551	1.4	1,699,855	0.9
ウェールズ	2,033,893	0.8	1,753,794	0.6
ハンガリー	1,582,302	0.6	1,398,702	0.5
デンマーク	1,634,648	0.7	1,430,897	0.5
ポルトガル	1,148,857	0.5	1,173,691	0.4
ギリシャ	1,110,292	0.4	1,153,295	0.4
北アメリカ				
アフリカ系アメリカ人[4)]	23,750,256	9.5	24,903,412	8.8
アメリカ先住民	8,689,344	3.5	7,876,568	2.8
フランス系カナダ	2,167,127	0.9	2,349,684	0.8
アメリカン	12,395,999	5.0	20,188,305	7.2
アジア				
中　国[5)]	1,698,202	0.7	2,271,562	0.8
日　本	1,004,622	0.4	1,103,325	0.4
韓　国	836,987	0.3	1,190,353	0.4
インド	569,338	0.2	1,546,703	0.5
ベトナム	535,825	0.2	1,029,420	0.4

中南米				
メキシコ	11,580,038	4.7	18,382,291	6.5
プエルトリコ	1,955,323	0.8	2,652,598	0.9
キューバ	859,739	0.3	1,097,594	0.4
ドミニカ	505,690	0.2	908,531	0.3
ジャマイカ	435,024	0.2	736,513	0.2
ハイチ	289,521	0.1	548,199	0.2
アフリカ				
アフリカ系	245,845	0.1	1,183,316	0.4

（注） 1） 国別・地域別，人種・民族別区分，包括的区分。
2） 「ブリテン島」を含む。
3） 「チェコスロヴァキア」「スロヴァキア」を含む。
4） 「アメリカ合衆国」を含む。
5） 「台湾」を含む。

（出所） “Ancestry: 2000, Census 2000 Brief,” U.S. Census Bureau, Issued June 2004より作成。

諸点が明らかにされる。

①出自として示された一〇万人以上が回答した区分は合計九二あった。

②単一の出身国としてはドイツがもっとも多い。その出身者および子孫をドイツ系と呼ぶならば、現在のアメリカ合衆国においてもっとも多いのは、「ドイツ系アメリカ人」ということになる（約五七九四万七〇〇〇人）。次いでアイルランド系が多い（約三八七三万六〇〇〇人）。イングランド系は約三二六五万二〇〇〇人であるが、これにブリテン系、スコットランド系、スコッチ＝アイリッシュ系、ウェールズ系を加えるならば、広義のイギリス系は約四六八一万七〇〇〇人となる。両者を合わせると四〇％を超える。

③一九九〇年と比較して、二〇〇〇年には包括的区分を回答した者の数が増加した――「ヨーロッパ」（三二一・八％）、「西ヨーロッパ」（一九五・五

表序－11　合衆国民の主な出自（2000 年）

	（単位 1,000 人）	%	1990 年比％
ドイツ	42,842	15.2	－26.1
アイルランド	30,525	10.8	－21.2
イギリス	25,595	9.1	－24.2
アフリカ系アメリカ人	24,903	8.8	4.9
アメリカン[1]	20,188	7.2	62.9
メキシコ	18,382	6.5	58.7
イタリア	15,638	5.6	6.6
ポーランド	8.977	3.2	－4.2
フランス	8,310	3.0	－19.5
アメリカ先住民	7,877	2.8	－9.4
スコットランド	4.891	1.7	－9.3
オランダ	4,543	1.6	－27.1
ノルウェー	4,478	1.6	15.7
スコッチ＝アイリッシュ	4,319	1.5	－23.1
スウェーデン	3,998	1.4	－14.6

（注）　1）　その他の国・地域を記入せず。
（出所）　表序－10 参照。

%)、「北ヨーロッパ」(一四八・〇%)、「ヒスパニック系」(一二〇・二%)、「白人」(一一三・〇%)、「アジア系」(一二三・〇%)、「アフリカ系」(三八一・三%)。

④一九九〇年と二〇〇〇年の間に、ドイツ系(二六・一%)、イギリス系(二四・九%)、アイルランド系(二一・二%)、フランス系(一九・五%)、スコットランド系(九・三%)、ウェールズ系(一三・八%)、スコッチ=アイリッシュ系(二三・一%)、スウェーデン系(一四・六%)、オランダ系(二七・一%)、アメリカ先住民(九・四%)が減少した。

⑤一九九〇年と比較して、二〇〇〇年に倍増したのはブラジル(一七四・九%)、アルバニア(一三八・二%)、ホンジュラス(一二八・八%)、パキスタン(一五三・三

%)、トリニダード＝トバゴ（二一六・〇%）、インド（一七一・七%）である。そのほかに、エジプト、ギアナ、グアテマラ、ナイジェリア、ペルー、ベトナムが八〇%以上の増加を示した。

そのほかに、アメリカ国内の動態（地域別・州別・郡別分布）を詳しく見るならば、

①北東部ではアイルランド系（一六%）、南部ではアフリカ系アメリカ人（一四%）、中西部ではドイツ系（二七%）、西部ではメキシコ系（一六%）が最大出自である。

②イギリス系、アイルランド系、イタリア系はそれぞれメイン・ユタ・ヴァーモント、デラウェア・マサチューセッツ・ニューハンプシャー、コネチカット・ニューヨーク・ニュージャージー・ロードアイランドの各州で最多である。

③アメリカ先住民はオクラホマ・アラスカで、フィリピン系はハワイで、ハワイ・太平洋諸島系はハワイ、フランス系はメーン・ヴァーモント、フランス系カナダ人はニューハンプシャー、ノルウェー系はノースダコタ・ミネソタ・サウスダコタ・モンタナの各州で一〇%以上を数える。

④一〇大都市ではアフリカ系アメリカ人がニューヨーク、シカゴ、フィラデルフィア、デトロイトで最多数であり、メキシコ系はロサンゼルス、ヒューストン、フェニックス、サンディエゴ、ダラス、サンアントニオの各都市で最多数である。

出自を「アメリカ」とした回答が二〇〇〇万人以上、七・二%以上を数えることが注目される。これは明確な人種分類でも民族分類でもない。複合的な区分である。このような回答を選ぶ者が増えたことはどう解釈すればよいのであろうか。ヨーロッパ起源の出自が意識されていないか、

異民族間結婚《インターマリッジ》が進んだ結果、単一の民族的アイデンティティを保持するのが困難になっているという現状を反映したものか、あるいは「アメリカ」が一つの特徴ある「民族」として意識されるにいたったのではないかなどがその理由と考えられる。

4 「エスニック・アメリカ」

◇「エスニック・グループ（集団）」

「エスニック」はギリシャ語の ethnos に由来し、元来はユダヤ教徒から見て異教徒を指す意味に使われ、一般に「他者であること」「異質であるもの」を指すものであった。共通の身体的特徴や文化的・歴史的背景（言語、血統、居住地の形態、経済活動、政治行動、文化、教育、宗教、生活習慣・慣習・儀礼、歴史体験など）を有する人間集団を指す言葉として使われるようになったのは、一九世紀半ば以降である。"nation" と区別して導入された概念であったが、二つはほぼ同義であるように理解されてきたが、政治的共同体を形成している国民を指す場合には "nation" が使われることが多い。

「エスニック・グループ」には、アメリカに到着した後これまで未経験の状況に遭遇し、それを克服し、その構成員を教育し守る力があることに留意したい。その過程において、グループの保持されてきた伝統が新しい環境によって変化することがあり、その反対に強化されることもある。いいかえれば、それぞれのエスニック・グループおよびその構成員はそれぞれ特徴的な性格を保持するのである。それらには、客観的属性と見なされるもの——身体的特性（人種）、言語、信仰、生活慣行など——と、主観的属性——帰属意識、自己認識など——がある。このような性格の総体はエスニシティ（ethnicity）と呼ばれる。社会学者のネーサン・グレーザーは「一つの共通な文化を意識的に分ち合い、何よりもその出自によって定義される社会集団」を特徴づけるのがエスニシティとした。エスニシティの概念自体は中立的であり、「少数派」「非特権層」などの含意は元来なかった。「主流ではない」、「周辺的《マージナル》な存在」という意味でエスニシティが問題になり広く行き渡るにいたった背景として、エスニック・グループ間の序列化が生じた結果、「下位」にあった集団が平等を求める中で、自分たちの主張を正当化する過程において生まれたことが考えられる。エスニシティについては、同化の理論を扱う次章でさらに検討されよう。

◇『ヤンキー・シティ・シリーズ』

アメリカには数多くのエスニック・グループがあることが示された。アメリカにある目立った人種・民族集団を指して、「エスニック」およびその名詞形である「エスニックス」（ethnics）という言葉が初めて用いられたのは、W・ロイド・ウォーナーとポール・S・ラントの共著になる『ヤンキー・シティ・シリーズ』（一九四一年）においてである。ウォーナーとラントは、マサチューセッツ州ニューベリーポートを選び、宗教、社交生活、出自、雇用関係などを基準に両者は同市の〝エスニック・グループ〟を抽出し調査した。「ヤンキー（イギリス系住民）」を含む、「アイルランド系」「フランス系カナダ人」「ユダヤ系」「イタリア系」「アルメニア系」「ギリシャ系」「ポーランド系」「ロシア系」「黒人（アフリカ系アメリカ人）」の一〇のエスニック集団があるというのが、両者の結論であった。

ウォーナーとラントによれば、特徴ある文化を擁し他の集団およびそれらの構成員と密接な関係をもち、相互に影響し合った「ヤンキー」は一つのエスニック・グループであった。これと対極にあったのが「黒人」で、両者は「黒人」はニューベリーポートの重要な構成員であり、その存在を無視しては同市の〝エスニック・グループ像〟は完全には描けないとしたのである。当時まだアメリカ北東部ニューイングランドの生活様式が支配的であったと思われていたときに、そのおもな担い手であるイギリス系住民を「ヤンキー」という――「少数派」「特別な」というニュアンスのある――エスニック集団の範疇《カテゴリー》に入れたこと、およびアフリカ系アメリカ人を他の集団に対してと同様に詳細な調査対象にしたことは論議を醸し出した。「アングロ・コンフォーミティ」や「るつぼ理論」の影響――ともに同化の過程の説明のための理論（次章参照）――が依然強かったときに、これら二つのエスニック・グループを抽出したことは、きわめて画期的であった。

◆『ハーヴァード・アメリカ・エスニック・グループ事典』

その後、エスニック・グループおよびエスニシティに関する研究が進んだ。現在アメリカ合衆国にはエスニック・グループがいくつあるかについての統一的見解はない。しかし一九八〇年に刊行され

表序－12　アメリカにおけるエスニック・グループ

アカディアン	キューバ系	カルムイク系
アフガン系	チェコ系	コーリアン
アフリカ系	デンマーク系	クルド系
アフリカ系アメリカ人	ドミニカ系	ラトヴィア系
アルバニア系	オランダ系	リトアニア系
アルサス系	東インド諸島人	ルクセンブルグ系
アメリカ先住民	メキシコ系	マケドニア系
アーミッシュ	イギリス系	マン島人
エスキモー人	エストニア系	パキスタン系
アラブ系	フィリピン系	イスラーム系（アラブ）
アルメニア系	フィンランド系	ギリシア系
スウェーデン系	フランス系	北カフカス人
アジア系	フランス系カナダ人	オリエンタル（東洋人）
アッシリア系	フリジア系	マルタ島人
オーストラリア＝ニュージーランド系	グルジア系	スイス系
アゼルバイジャン系	ドイツ系	太平洋諸島系
バングラデッシュ系	トルコ系	ウェールズ系
バスク系	ユダヤ系	スウェーデン系
ベルギー系	タイ系	ポーランド系
ベロオルシア系	ハイチ系	ポルトガル系
ボスニア系モスレム	ハワイ人	プエルトリコ系
ブルガリア系	ヒスパニック系	ルーマニア系
ビルマ系	ハンガリー系	ロシア系
イギリス系カナダ人	アイスランド系	スコッチ＝アイリッシュ系
カボ・ヴェルデ	インドシナ系	スコットランド系
カルパアティアルテニア系	インドネシア系	スロヴァキア系
中南米アメリカ人	イラン系	スロヴェニア系
クレオール系	アイルランド系	南アフリカ系
コーンウォール系	日　系	ウクライナ系
コサック系	トルキスタン系	スペイン系
タタール系	モルモン教徒	アパラチア人
ペンシルヴァニア＝ダッチ（ドイツ）系	南部人	

（出所）『ハーヴァード・アメリカ・エスニック・グループ事典』。

た『ハーヴァード・アメリカ・エスニック・グループ事典』は参考になる（表序－12）。同事典には、アカディア人から始めてゾロアスター人まで合計九五のエスニック・グループが載せられている。アカディア人は、カナダ・アカディア（ノヴァ・スコシア）地方の住民で、一八世紀およびそれ以後にニューイングランドやルイジアナに移住したフランス系の人たちである。ゾロアスター人とは、元来古代ペルシア（現在のイラン）の宗教集団であったが、その後インドに移り、一九七〇年代にアメリカへ移住した総計約二〇〇〇人の集団を指す。本事典にはさらに、〝ヤンキー〟や〝南部人〟が入っている。特徴的な言語や歴史的体験を共有することがエスニック・グループとしてのあり方（「エスニック・アイデンティティ」）を形成するという定義に従うならば、これらのグループをも含めることができる。

◆「エスニック・アメリカ」

アメリカを「多人種社会」「移民国家」「多民族国家」と呼ぶことについては異論はないであろう。しかし、過去にアメリカにおいてあり、現在もあり、将来においても存続するであろうことが予測されるエスニック・グループ（集団）の存在がアメリカをしてもっともユニークな多人種社会・移民国家・多民族国家に形作ってきたことは否定できない。その意味からも、「エスニック」という形容詞を付し、「エスニック・アメリカ」という呼び方は不適切ではなく、むしろ十分にこの国（社会）のありようを示すと考えられる。本書の標題はこの事実に則って採られたものである。

第I部

「アメリカ人、この新しい人間」

新市民宣誓式の日（1995年7月4日，ヴァージニア州シャーロッツヴィル）

1章　同化の諸概念

1　アメリカにおける同化──「新しい人間」の誕生

◇国民としてのまとまり

構成員の間にまとまりあるいは統一性があることは、どの国家の存続にとっても重大な関心事である。構成員による政治共同体が形成され、統治機構の確立が求められ、構成員は「国民」（nation）となる。構成員はそれと同時に（多くの場合それに先んじて）、共通の言語・儀式・思考様式などを有し、特徴ある文化社会共同体を作る。このような共同体を指して、「国民」よりも「民族」（people）と呼ぶことが一般的である。

本書でおもに扱うのは、「民族」である。アメリカは、世界の多くの地域からさまざまな経緯を経て移住してきた文化や伝統が異なる数多くの民族およびその子孫――エスニック・グループ（集団）――から成り立っていることは、序章において概観したとおりである。これらの民族は、一八世紀末に創設され今日まで続く政府＝アメリカ合衆国（The United States of America）の構成員であり、建国時に基礎の大部分が築かれた経済体制の下で生活してきた。一九世紀の中頃の一時期（南北戦争）を除き、彼らはこれまで常に「アメリカ国民」としてあった。

いいかえれば、移住の背景や文化的遺産が異なる民族がアメリカに到着して「アメリカ人」となったのである。彼らの間には多くの共通点がある。望ましい政治的統治機構について一致した理念があり、大枠においてそれを支持する。アメリカに必要な経済諸制度についての合意があり、一般的な生活様式に関して、細部については意見の相違は見られるが、国民の多くが基礎的な概念を共有している。

さまざまな「エスニック・グループ（集団）」は、いかなる過程を経て、このようなまとまり《ユニティ》をもつ「アメリカ国民」となったのであろうか。移民はアメリカに到着した後、そこで見出した制度・慣習・文化を受容した。受容することにおいて、彼らは「アメリカ化」（Americanize）したのであった。しかし、「アメリカ化」のために、彼らは出身国から持ち込んだものをすべて放棄したのではなかった。一部を彼らは保存した。ただしアメリカにもっとも早い時期に到着した者たち――とくにヨーロッパ系の人々――には、アメリカ先住民が彼らに示した一部のものを除いて受容し順応する制度・慣習・文化・伝統がなかった。彼らは、自ら持ち込んだものを基準とした。そして、後から到着する者が、それを受容し吸収することを期待した。

このような「アメリカ化」の過程《プロセス》は、学術的に同化（assimilation）と呼ばれる。詳しく見ると、アメリカにおける「エスニック・グループ」の同化にはさまざまなパターンがあったことがわかる。ある者は、既成の生活様式に自らのそれを一致させることに努めた。ある者は、無意識のうちに吸収され、融合されることを選んだ。さらには、自分たちの遺産を――アメリカにおいて変化することを認めても――保持することを主張した者たちも。いいかえれば、各「エスニック・グループ」はそれぞれの要求に合った同化の方法を選んできたのである。「エスニック・グループ」の数だけ同化のパターンがあったことになる。

同化の過程について、それがどのようなものであり、到達された状態がどのようにして維持されてきたかについての一致した解釈はまだない。ただアメリカにおいては、後に見るように、黒人（アフリカ系アメリカ人）に対する長い間の差別的立法、ユダヤ系の学生に対する――とくに二〇世紀初頭に顕著であった――大学入学規制、および第二次世界大戦時の日系アメリカ人に対する転住・隔離を除いて、意図的な政策をもって同化が強制されたことはなかったことは認められなければならない。また各人種・民族が対応してきた過程は、多分に直截的で試行錯誤の要素が多かったこと、要約していえば、アメリカでは民族間のまとまりは多分に自然発生的であったという点についても同様である。以上の点を踏まえて同化の過程についての一般論を検討してみたい。

◇"E pluribus unum"（多様の統一）の理想

イギリス本国からの独立宣言後間もない一七七六年および八二年、大陸会議は旧植民地が連合していることの象徴として、「多から一」・「多様の統一」を意味する"e pluribus unum"の文字を含んだ国家紋章案を採択した。以後この言葉は、非公式の国家的標語《モットー》として受けとめられてきた（現在ではこれに、一九五六年に採択された"In God We Trust"（我ら神を信ず）という言葉がつけ加えられている）。

元来この言葉は、かつて一三あった植民地が独立後、そこに住む人々が緊密に結ばれ新しい国家（社会）を形成する礎になるという理想を謳ったものであった。しかし近年では同スローガンは、国家であること以上に、世界各地から集まる多くの人種や民族がアメリカにおいて同化し、一つの「民族」（people）になるという意味に解されることが多い。「多様の統一」は、国民が一つの統合機構の下に統合されるとする政治的ニュアンスより、アメリカにおいて人種・民族は多くの共通点を有し、まとまりをもつにいたるという社会文化的ニュアンスに使われる傾向にある。

しかし「多様の統一」は、多様な民族がどのような形でまとまるべきかという具体像を示すものではなかった。まとまりがあるとはどういう状態か、そこにいたるまでどのような過程を経るのかを見るには、別の手続きが必要だったのである。

◇同化の諸概念

同化の問題を考えるとき、一つのグループ（集団）の価値、思考・行動様式などが基準《スタンダード》・規範《ノーム》として受容され、他のグループ〔集団〕はそれに順応していくことが期待されるのか、融合してまったく新しい基準・規範を構築していくのか、複数の基準・規範の同時存在が容認されるのかなどが通常検討されるテーマである。その際、基準・規範となる価値、思考、行動様式――いわゆる主流《メインストリーム》――の存在およびそれからの逸脱に関心が寄せられる。グループ〔集団〕間の摩擦あるいは孤立化などの問題が主流対「反」主流の形で表象化されることがあり、しばしば統合という前提が揺らぐことがあるからである。

◆クレヴクール

ミシェル・ギヨーム・ジャン・ド・クレヴクール〔アメリカ名ジェイムズ・ヘクター・セント・ジョン、一七三五～一八一三〕はフランスの軍人で、後にアメリカに帰化し、ニューヨーク市郊外に開拓農民として住み、『アメリカ農夫の手紙』〔一七八二年初版〕および『一八世紀ペンシルヴェニアおよびニューヨーク旅行記』〔一八〇一年〕を著した。両著作は広い意味の文明論で、文明社会と原始社会の対立〔ヨーロッパ人対アメリカ先住民〕およびアメリカの国家理念〔「避難所」「新しい人間」の住むところ〕を論じたものである。前著の中の「第三の手紙」には、同化のテーマに関連するいくつかの言及がある。

「アメリカ人、この新しい人間は、何者でしょうか。……偏見も生活様式も、昔のものはすべて放棄し、新しいものは、自分の受け容れてきた新しい生活様式、自分の従う新しい政府、自分の持っている新しい地位などから受け取っていく、そういう人がアメリカ人なのです」。

アメリカの建国の意義を、ヨーロッパの旧世界からの独立ということだけでなく、「新しい人間」が創造されるということに置くクレヴクールの提起は、それ自体新鮮であり、説得力に富む。同化の観点から見るとき、彼の以下のような指摘が注目される。

アメリカでは、「イングランド人、スコットランド人、アイルランド人、フランス人、オランダ人、ドイツ人、スウェーデン人」などが寄り集まって住むと述べ、

①「イングランド人は、この偉大で変化に富む光景の中で、きわめて際立った重要性を示しております。彼らは、この一三の植民地に見られる素晴らしい展望の中で、大きな貢献をしようともしているのです。……彼らの成し遂げたことに対し、彼らが自分たちの領土を開拓した際の的確さと賢明さに対し、品位のある生活態度に対し、彼らの若年時からの文化のたしなみとこの半球で最初の古い大学に対し、一介の農夫である私にとって、あらゆるものの価値基準になっている彼らの勤勉に対し、私は敬意を表します」（傍点——引用者）

②「［アメリカ人は］ヨーロッパ人か、ヨーロッパ人の子孫かでもありますが、他のどの国にも見られない不思議な混血です。私はこんな家族を知っています。祖父はイングランド人で、その妻はオランダ人、息子はフランス人の女性と結婚し、今いる四人の息子たちは今では四人とも国籍の違う妻を娶っています。……ここでは、あらゆる国々から来た個人が融け合い、一つの新しい人種となったのです」

③「どの植民地にも政治、気候、農業形態、風習、環境の特殊性に根ざした独自の特徴があります。その大きな力にヨーロッパ人はいつの間にか屈して、数世代もすると、おおむねアメリカ人になるばかりでなく、ペンシルヴェニア人とか、ヴァージニア人とか、その他どこかの植民地の名をつけた人間にもなるのです」

とつけ加える。

クレヴクールは①で、アメリカにいる多くの民族の中で、イングランド（イギリス）人がもっとも大きな影響力を有していると述べている。もっとも早い時期にアメリカに移住してきたのが彼らであり、数のうえで多く、政治・経済・文化の領域で彼らのもたらした諸制度・諸様式がアメリカ社会の基盤になっているとクレヴクールはいっている。それは必ずしも、イギリス的なものが本質的に優れているということにはならない。しかし後から到着した人々は、アメリカにおいて生きていくうえで、イギリス的なものを受容しそれに順応することを期待されたというのである。これは事実としての同化の一つのパターンを述べたものであり、「アングロ・コンフォーミティ」（イギリス文化順応論）に導く。

②で、アメリカにおいて、多様な民族は「融け合い、一つの新しい人種になった」(melted into a new race of men) ことを強調する。彼のいう「新しい人種」すなわちアメリカ人は「雑種」(a promiscuous breed) であり、「混血」(a mixture of blood) である。しかしそれが、社会的文化的にヨーロッパの人々と比べて何ら劣らないことを、彼は確信している。なぜならば、アメリカにおいては旧世界

の偏見が放棄され、自らに合った「地位」をもつようになる。それはむしろ強さであるということになる。クレヴクールのこのような発想は、アメリカにおける同化の事実の説明そして分析枠組みとしての「るつぼ理論」に導く。

③は、一見同化とは無関係な観察のように思われる。アメリカ全体が画一的になるのではなく、それぞれの地域の特殊性に根ざした顕著な発展が起こると、クレヴクールはいう。ここにいうヨーロッパ人すなわちアメリカのいずれかの植民地に到着した各民族は、そこで見出した優勢な様式に順応することを選ぶとともに、自らの様式の中で大切と見なされるものを放棄しないで維持したと仮定する。その結果、各民族はアメリカに到着後変化し、これまでになかった集団となる。新しく変化した集団をその構成員としてもつことにより、アメリカ自体ますます多様化することが暗示されている。後に出る「文化多元論」の原型をクレヴクールは一世紀以上も前に示唆していたといえるのではなかろうか。

◆文化的同化と構造的同化

以上見てきたように、アメリカにおいては同化の過程は事実として常にあった。と同時に、それを理論的に分析するための試みが繰り返しなされてきた。それらを体系的に整理し、同化の理論を包括的に説明するのに大きな貢献をしたのはミルトン・ゴードンである。彼は、人種、民族、宗教、社会階級、都鄙居住別、居住地域の六つの要素が同化に関わるとし、以下の三点を明らかにした（『アメリカン・ライフにおける同化』一九六六年)。

①同化には大別して、文化的同化(言語・教育・慣習など)と構造的同化(結婚・所属協会・社交クラブなど)がある。

②文化的同化に比べて構造的同化は進んでいない。

③個人の民族的帰属意識(ethnic identity)の形成は、複数の民族集団間を横断する社会階級が影響を及ぼす。

これらの条件を考慮し、ゴードンは、同化の理論には大別して「アングロ・コンフォーミティ(順応)」「るつぼ理論」「文化的多元主義」の三つがあると指摘した。次節以下において、これらについて詳しく検討する。

2 アングロ・コンフォーミティ(順応)論

◆アメリカのホスト社会

「アングロ・コンフォーミティ」(Anglo-conformity)は、アメリカは建国の当初から政治・経済・社会・文化の諸側面においてイギリス的要素(英語、コモンロー、プロテスタンティズム)が主流であり、それらを基準・模範として受け入れ、それに順応する(conform)という形で同化がなされたとする理論である。このような同化のパターンは、イギリスからの初期の移民(イングランド系、スコットランド系、ウェールズ系）がもっとも早い時期に移住し、そこに彼らの諸制度を基にして新しい国家を建設していたからである——彼らは後のアメリカ合衆国の大きな枠組みを設立したという意味では"natives"である。後から到着した者あるいはイギリス人以外のエスニック・グループに属する者たちは、イギリス的なものを吸収し、積極的にそれに順応することに努めたのであった。そうすることが、アメリカにおいて生きていくための必要な手段だったからである。

「アングロ・コンフォーミティ」の理論は、スチュアート・コールとミルドレッド・コールが一九五四年の彼らの著作『少数派集団とアメリカの約束』において用いて以後一般に膾炙《かいしゃ》することとなった。この理論はしばしば記号をもって表される。A＋B＋C＝Aというものである。ここでAはイギリス人を、B、Cは他のエスニック・グループを指す。このような記号化は、ウィリアム・M・ニューマンが一九七三年の著作『アメリカの多元主義』において最初に用いたとされる。

アメリカは「ホスト社会」の役割を果たしたのであった。そこに到着した各エスニック・グループおよびその構成員は、その要請するところにしたがってアメリカ＝同化していったのである。繰り返していえば、当時イギリスにおいて支配的であった共和主義的政治経済理念ならびに諸制度は受け継がれ、宗教観においては多様性が認められたが、アメリカの特別な歴史的使命についてはかなりの数の住民が共有するものであった。

しかし、イギリス的価値が普《あまね》く広まっていたわけではない。第一に、ハドソン川沿いのニューヨークにはオランダ系移民が多く、メリーランドにはイギリス系カトリック、ペンシルヴェニア東部にはドイツ・ラインラントからの移民、サウスカロライナにはフランスのプロテスタント（ユグノー派）が見られるなど、当初から人口構成は多様であった。第二に、一七世紀の初頭から、アフリカからの移住者（その多くはごく初期を除いて大部分が奴隷としてアメリカに到着した）が増えていった。その結果、北アメリカのイギリス植民地には、言語・政治意識などの面でイギリスとは異なる社会が形成されていたのである。このほかに、先住民との接触が絶えずあったことも考慮されなければならない。ホスト社会も新しいエスニック・グループの流入およびそれらとの接触・交流により変化したのであった。いいかえれば、アングロ・コンフォーミティは、新しく到着したイギリス系以外の移民の文化変容は片務的であったことを意味するものではないのである。イギリス的要素は非イギリス的要素と相互に作用し、これまでなかったような文化・社会をアメリカに形成したのであった。従来の理論では、この点に関する検討が十分になされてこなかったように思われる。

◇順応による統合

アングロ・コンフォーミティは理論であるより前に、実際にあった状態を言い表したものであった。このことは、合衆国第三代大統領トマス・ジェファソンの唯一の著作『ヴァージニア覚書』（一七八五年）の次の一節からうかがうことができる。

「本邦の［政体の基礎になっている］諸原理は、おそらく地球上のどの政体よりも独特な性格をもっている。わが政体は、英国憲法のもつもっとも自由な諸原理と、自然権および自然の理性に由来する諸原理とによってなり立っている。……わが政体が、より同質的で、より穏和で、より永続的であるように祈らぬ者がいるだろうか」（中屋健一訳「質問八」、傍点――引用者、［ ］――引用者補足）。

建国より半世紀以上経った一九世紀中頃においても、アメリカの文化や慣習などへの順応を説く意見は根強くあった。たとえば、スイス移民のジェシー・チェアリングは『アメリカ合衆国への移民』（一八四八年）において、次のように述べた。

「全体として見るならば、合衆国民はほとんどあらゆる国からの移民およびその子孫から構成されている。しかし、その主要な部分は、イギリスにその出身地をたどることができる者たち、すなわちイングランド人、スコットランド人、アイルランド人［ここでは、スコットランドから北アイルランドに移住したスコッチ＝アイリッシュ系を指している］である。英語は、ほぼ全国的に使われている。イギリス的自由の精神と進取の気性が全国民の活力の源泉となっている。イギリスの法律と制度はわが国の状況に合うように変えられ、採り入れられている」（傍点――引用者、［ ］――引用者注）。

この頃までにはイギリス系以外のさまざまな人種や民族が渡来していた。しかし、「イギリス的特徴を有する一つのまとまった国民が形成」されつつあるということは、広く意識されていたのである。イギリス的要素に自らの思想や価値観を一致させること、そうすることがアメリカ社会の主流に入る基本的な要請であることは当然のこととして、受け入れられていたのであった。

◇偏狭な人種優越論への傾斜

アングロ・コンフォーミティの理論は、イギリス的様式が植民のもっとも早い段階からアメリカにおいて支配的であった事実を述べたものであり、イギリス系アメリカ人が本質的に他のグループより優れているということやプロテスタンティズムが人々の宗教的要求にもっともよく応えうるものだったということを伝えるものではなかった。いいかえれば、それはヨーロッパ人あるいはイギリス文化が他より優越であるとするものではなかった。

イギリス人はアングロ・サクソン人の末裔であるとする見方が広まった。しかしスコットランド人およびスコッチ＝アイリッシュ系はゲール人（Gaels, ケルト人の一語族）であり、ウェールズ人もアングロ＝サクソン人と異なる民族であった。正確にはイギリス系アメリカ人をアングロ＝サクソン人と同一視するのは歴史的に正確ではないのである。またアングロ＝サクソン人のすべてがキリスト教の新教《プロテスタンティズム》の信奉者であったというのも歴史的に正確ではない。その中でイギリス系アメリカ人を指して〝ワスプ〟（白人でアングロ＝サクソン人、新教徒《プロテスタント》〔White Anglo-Saxon Protestant〕の頭文字）という呼び方が生まれ、彼らの伝統や価値基準——いわゆる「ワスプ文化」——の受容とそれへの同化は後の移民の目標となった。それから大きく逸脱することは「アメリカ的」でないとされ、「ワスプ」は不寛容のイデオロギーの代名詞になった。

一九世紀末に「チュートン淵源説」（The Teutonic Germ Theory）が、ジョンズ・ホプキンス大学のハーバート・バクスター・アダムズらによって広められた。アメリカ文化の起源はチュートン（ゲルマン）の昔まで遡るという解釈は、「アングロ＝サクソン文化優位説」を理論的に支えるものとなった。またダーウィンの進化論に影響された人種的優越論も「アングロ＝サクソン文化優位説」が補強されるのに貢献した。「アメリカ人」になるということが「アングロ＝サクソン化」を意味したならば、イギリス文化の伝統に順応できない者はアメリカ人になれないということになる。当時急増していた東ヨーロッパや南ヨーロッパからの移民を制限する声が出てきたのには、このような思想的背景があったのである（この点については、六章四節において詳しく述べる）。「アングロ・コンフォーミティ」の理論は、移民のアメリカへの吸収・統合の現状を示すのに不十分であることが判明し、諸事実はアメリカにおける同化の理想を述べるには不適合であることを如実に物語るようになった。このようなとき、これに代わる同化の理論＝「るつぼ理論」が提起されたのである。

3 るつぼ理論

るつぼ（a melting pot）は白色磁器製の耐火性の深皿で、その中で物質を溶融し灼熱する。不純物が取り除かれ、別の物質が生まれる。このことから、興奮・熱狂の場や、種々のものが入り混じった状態のたとえに使われることがある。同化を説明するのにこのたとえは長い間用いられ、「るつぼ理論」と呼ばれてきた。民族的背景を異にするさまざまな集団がアメリカというるつぼの中で熱せられ、〝新しい人間〟として生まれるという考えである。記号的にはＡ＋Ｂ＋Ｃ＝Ｄとして表される。Ｄが同化の産物，つまり〝新しい人間〟＝「アメリカ人」である。

◆シンボルとしてのるつぼ

同化の理論としてのアメリカ＝るつぼ理論は，現状の説明であるとともに，一つの理想を表すものとして広く支持された。比喩《メタファー》としてるつぼにはこのような二面性がある。それらはしばしば混同されて用いられた。そのために，学術的用語としてるつぼ理論は厳密さに欠けるとの批判もあったが，アメリカの意味を表すもっとも頻繁に用いられる常套句《クリシェ》の一つとなった。

アメリカはるつぼのようであるというイメージが浸透するのに，イギリス生まれのユダヤ人作家，イスラエル・ザングウィル（一八六四〜一九二六）の戯曲『るつぼ《メルティング・ポット》』（*The Melting Pot*，一九〇八年初演）が大きな影響を及ぼした。この戯曲は，ロシア系ユダヤ人の主人公デビッド・キサーノのハッピーエンドに終わる恋物語である。デビッドは若い作曲家で，アメリカを主題にした交響曲を手がけている。彼の家族はロシアでユダヤ人迫害の犠牲となり，彼だけがアメリカに渡ったのであった。彼は今，キリスト教徒の女性ヴェラとの結婚を考えている。ヴェラもまたロシアからの移民であるが，彼女の父親はデビッドの家族が犠牲となった迫害の指揮官であった。このことを知り，デビッドは悩む。しかし，異なる背景をもった移民を吸収する偉大な力がアメリカにあり，ヴェラのような運命をもった人々にこそ自分の将来を託すことができると考えたとき，彼の悩みは解決する。そして，彼の交響曲は完成し，初演は大成功のうちに終わる。

物語のクライマックス（第四幕）においてデビッドが口にするのが、るつぼ――「神のるつぼ」（God's Crucible）、「偉大なるつぼ」（the great Melting-Pot）――という言葉である。デビッドとヴェラがアパートの屋上から遠くの自由の女神像を見ている。路上を見おろすと、ニューヨークの街を群衆が行き交うのが見える。デビッドはヴェラに熱く語りかける。

「（デビッド）ここに偉大なるつぼが横たわっている。聞いてごらん。君には、どよめき、ぶつぶつと滾《たぎ》るるつぼの音が聞こえないかい。……ケルト系もラテン系も、スラヴ系もチュートン系も、シリア系も。

（ヴェラ）ユダヤ教徒もキリスト教徒も……。

（デビッド）そうだよ。東も西も、北も南も、棕櫚も松も、極地も赤道も、回教もキリスト教も、錬金術師である創造主が清めの火でもってこれらを溶かし、融合させることの何と偉大なことか」。

『るつぼ』上演プログラム

ザングウィルと同時代人の歴史家、フレデリック・ジャクソン・ターナー（一八六一～一九三二）もるつぼの例を用いてアメリカのフロンティアの歴史を描いていることも興味深い。

「フロンティアはアメリカ合衆国民にとって、混成した国民性の形成を促進した。……フロンティアというるつぼの中で、移民はアメリカ化され、解放され、国民性も特性もイギリス人とは異なった人種へと融合されていった」（『アメリカ史におけるフロンティアの意義』一八九三年）。

るつぼの比喩は人々の想像力をかき立てるのに十分であったが、ザングウィルとターナーの間には一つの大きな違いがある。ターナーのるつぼに現れるのはおもに北西ヨーロッパからの移民であったが、ザングウィルの場合には東ヨーロッパおよび南ヨーロッパからの移民を包含したヴィジョンがある。宗教の異なる者もアメリカというるつぼの中で混ざり合うことの可能性が示されている。このような図式は斬新で、アングロ・コンフォーミティが支配的であった時代には想起されないものであった。

◇るつぼ理論の問題点

るつぼ理論は、出自やどのエスニック・グループに属するかに無関係に移民のアメリカ化が実現するかのような印象を与えた。「アメリカン・ドリーム」達成の可能性を保証するかのように見えた。しかし、この理論にも問題点があることが明らかになった。

「融合する《メルト》」とは具体的にどのような過程を意味するのか。すなわち、各人種・民族集団は生物学的にも融合するのか、文化的にも融合するのか。後者の場合、どの集団の文化も対等に混ざるのかということが、改めて問われたのである。このことと並んで、初めからるつぼに加えられない集団はどうか。ザングウィルの展望《ビスタ》にもターナーの開拓前線《フロンティア》にも、アメリカ先住民、黒人（アフリカ系アメリカ人）、アジア系の姿は見られない。ザングウィルは雑踏する街をイメージしているが、エスニック・グループは完全に溶け合っていたのか、互いを隔てる壁はなかったのかという疑問が提起されたのである。

◇「三重のるつぼ」――アメリカにおける宗教的多様性

どの宗教を信じるか、どの教派に属するかは究極的には個人が決定することであるが、集団のあり方に関わることとして、国民、民族、部族あるいはその他の共同体全員がそのプロセスに参加するか、決定されたことを――多くの場合強制的に――遵奉することが歴史上しばしば要請されることがあった。建国以後のアメリカにおいては、政教分離を定めた憲法（修正第一条）により、同一の信仰を強制されることはこれまでなかった（植民地時代には公定教会制度《エスタブリッシュメント》があり、教会維持のための税金が課せられ、教会の会員であることが公務に就く者の資格条件とされたことがあった）。アメリカにおいては、礼拝所の設立、信仰箇条の設定、聖職者の選定、世俗社会との関わりなどの宗教的行為はいわば自発的な営為によって支えられてきた。この原則からの逸脱が皆無であったわけではないが、宗教的自由はアメリカにおいて確立しているということができよう。

これと異なる宗教的伝統をもつ者が個人として集団としてアメリカに移民した場合はどうであろう

か。通常は、自分が出身国・地域において馴染んでいた教会・教派に近いものを選び、その一員となった。まったく新しい信仰組織を作る場合もあった。しかし多くは、以前もっていた信仰をアメリカにおいても維持し、同様の関心をもつ個人あるいは集団と連帯する方法を選んだ。その結果、エスニック・グループは特定の宗教もしくは教派と同一視されることとなり、事実上もこの傾向が確認された。

アメリカのるつぼは、宗教的にどう作用したと見ることができるであろうか。後から到着したエスニック・グループは、生活の他のいくつかの側面においてと同様に、最初の移民であるイギリス系居住者の信仰を受容したことが想定される。コンフォーミティ（順応）の原則が作用したと考えられる。しかし宗教面の同化はより複雑な様相を呈したのであった。

アメリカの宗教事情を同化の観点から分析したウィル・ハーバーグ（一九〇一～七七）は『プロテスタント、カトリック、ユダヤ教』（一九五五年）の中で、アメリカには三つの分離したるつぼが存在するとした。このような現象が生ずる最大の原因は移民の第三世代が、自らのアイデンティティのよりどころとして祖先の宗教をアメリカにおいて復活させる傾向をもつことにあるとハーバーグは解釈した。とくに一九世紀末から二〇世紀初めにかけて東ヨーロッパおよび南ヨーロッパからの移民が増加したこと、そして彼らの多くはカトリック信徒であったことを指摘し、イギリス系などの初期の移民がキリスト教プロテスタントであったことと対比させた。ヨーロッパにおいてしばしば迫害を受けたユダヤ教徒はアメリカに自由の天地を見出し、その宗教的伝統を固持することができた。その結果、アメリカではプロテスタント、カトリック、ユダヤ教の伝統が継続し、それぞれがまとまりをもって存続するにいたったとハーバーグは解釈した。

ハーバーグの唱えた「三重のるつぼ理論」は、異なる宗教・宗派に属する者同士の結婚《インターマリッジ》が増えていることに注目し、異なる信仰を超えての対話・交流《エキュメニズム》の試みが頻繁に行われている現実を否定しない彼の姿勢と相まって、アメリカにおける同化の実際の姿——少なくとも宗教面において——を的確に伝えるものとして広く受け入れられた。

◇アメリカは「ワスプの国」か

ハーバーグの理論は、狭義の「アングロ・コンフォーミティ」いわゆる「ワスプ神話」を批判するものであった。以後、アメリカを単純に「キリスト教新教徒《プロテスタント》からなる国」と置く図式は維持することが困難になった。しかし、キリスト教新教《プロテスタンティズム》を信奉する者の数は他の宗教・宗派に比して大きく、アメリカにおけるその影響が根強いことも否定できない。序章三節において、民族的・人種的観点からは「ワスプ神話」は保持できないこと、いいかえれば、アメリカはもはや「ワスプの国」ではないこと——現在はそう呼べても近い将来そうでなくなる——を見たが、このことを以下宗教面から検証する。

アメリカの国勢調査には宗教に関する質問項目はない（一九六〇年に宗教に関する設問を含む提案がなされたが、ユダヤ系の団体からの強い反対があり取り下げられた）。各種調査および宗教団体からの報

表1-1　宗教・教派別成人人口（2007年）

宗　教	%	宗　教	%
キリスト教	**78.5**	**その他の宗教**	**4.7**
プロテスタント	51.3	ユダヤ教	1.7
福音派教会[1)]	26.3	仏　教	0.7
主流派教会[2)]	18.1	イスラーム教	0.6
黒人教会[3)]	6.9	ヒンズー教	0.4
カトリック	23.9	その他	1.2
モルモン（末日聖徒派）	1.7	ユニテリアン派[4)]	0.7
エホバの証人	0.7	ニューエイジ[5)]	0.4
正教会	0.6	先住民信仰	0.3以下
ギリシャ	0.3	**無宗教**	**16.1**
ロシア	0.3	無神論者	1.6
その他の正教会	0.3以下	不可知論者[6)]	2.4
その他のキリスト教教派	0.3	所属教会・寺院なし	12.1
		回答拒否	**0.8**

（注）1）「聖書の権威」「十字架上のキリストの死による罪の贖い」「個人的改心」「福音伝道」を重視する。科学を否定し，社会問題に保守的な立場を取る。

2）設立が植民地時代・建国期まで遡る，アメリカの過去の指導者の多くが属してきた教会。一般的にリベラルな神学を保持し，社会問題に強い関心をもつとされる。

3）会衆のすべてもしくは大部分がアフリカ系アメリカ人である教会。奴隷制や人種隔離政策によって，白人と黒人が集まる教会が分かれていた歴史が背景にある。独特の礼拝形式や聖書解釈をもつ。

4）父なる神，その子イエスと聖霊は同一品格であると三位一体説を否定し，神の唯一性を強調する。

5）既存の文明や科学，政治体制などを批判し，それから解放され，真に自由で人間的な生き方を求める霊的運動。

6）神の存在，神のお告げ，死後の世界を否定はしないが，認識することが不可能であるとする立場。

（出所）"Report 1: Religious Affiliation: U.S. Religious Affiliation: U.S. Religious Landscape Survey," *The Pew Forum on Religious Landscape Survey* (*2008*).

表1-2　所属教派別成人人口（1990～2001年）

教　派	1990年		2001年	
	（人）	全人口比（%）	（人）	全人口比（%）
カトリック	46,004,000	26.2	50,873,000	24.5
バプテスト	33,964,000	19.4	33,830,000	16.3
メソディスト	14,174,000	8.0	14,150,000	6.8
ルーテル	9,110,000	5.2	9,580,000	4.6
長老派	4,985,000	2.8	5,596,000	2.7
ペンテコスト	3,191,000	1.8	4,407,000	2.1
監督派	3,042,000	1.7	3,451,000	1.7
ユダヤ	3,137,000	1.8	2,831,000	1.4
モルモン（末日聖徒派）	2,487,000	1.4	2,697,000	1.3
チャーチ・オブ・キリスト派	1,769,000	1.0	2,593,000	1.2
会衆派（統一キリスト教会派）	599,000	——	1,378,000	0.7
エホバの証人	1,381,000	0.8	1,331,000	0.6
アッセンブリー・オブ・ゴッド派	660,000	——	1,106,000	0.5

（注）2001年総成人人口: 207,980,000。

（出所）"Largest Religious Groups in the United States of America." http://www.lb9.uscourts.gov/webcites/10documents/Spencer_relGroups.pdf

告を基に集計することが必要である。表1-1は、一八歳以上の成人三万五〇〇〇人を調査し、個々の教会・礼拝会・集会などの出席（参列）者数をより大きな宗教集団・教派に集計し、さらに全国比に投影したものである。

注目すべきは第一に、キリスト教がプロテスタント、カトリック、モルモン（末日聖徒派）、エホバの証人、正教会、その他の教派を合わせると七八・五%で、全人口の約八割を占めていることである。第二に、そのうち「プロテスタント」が六五・四%で、全国的に見ても五一・三%で多数派であることがわかる。しかし、一九七〇年には全人口の六三%、二〇〇〇年には五四%を占めていたのに比べると、相対的に減じているのがわかる。第三に、「プロテスタント」は福音派教会、主流派教会，黒人教会に分けられている。主流派教会は歴史的にアメリカ社会の指導者の多くが所属し、政治や文化の動きの刺激となることが多かった。その割合は一九七三年に全プロテスタントの五五％を占めていたが、一九九八年には四六％に減じ、二〇〇七年にはさらに減じ、三五％をわずかに上回っただけである。これに対し、福音派教会所属信徒の数は半数を超えている（出所：Wikipedia, "Mainline Protestant"）。

表1-2は、一九九〇年から二〇〇一年までの教派別成人人口の推移を示したものである。ここに示された教派のうち、バプテスト、メソディスト、ルーテル、長老派、監督派、会衆派（統一キリスト教会派）には「主流派教会」に所属する信徒・個別教会が多くある。近年会衆派を除いて、これらに属する信徒数が漸減していることは明らかである。年齢、所得、教育水準などの要素も考慮しなければならないが、その多くを占めていたイギリス系・スコットランド系・スコッチ＝アイリッシュ系・ウェールズ系・ドイツ系・オランダ系・スウェーデン系・ノルウェー系アメリカ人の人口増加率が低いことと無関係ではないように思われ、将来「主流派教会」の全国比はさらに低下することが予想される。それとは対照的に、ヒスパニック系人口の増加に伴い、カトリックの比率は高まることが予想される。同様のことは、外国生まれの多いイスラーム教徒およびヒンズー教徒についてもいえる（ただし、これらの集団からとくにキリスト教福音派教会への改宗者が多数見られることも注目される）。

4　文化的多元主義――融け合わないエスニック集団の現実

◇ホレース・カレン

移民のアメリカ社会への同化の実情を表すものとしてるつぼを用いての比喩は広く受け入れられた。それへの批判はザングウィルの戯曲が上演されて間もない時期に、ユダヤ系の哲学者ホレース・カレン（一八八二～一九七四）によって提起された。カレンはそれに代わる新しい理論＝文化的多元主義(cultural pluralism)を唱えたのである。カレンは初め、『ネーション』誌（一九一五年二月二五日号）に掲載の論文「デモクラシー対るつぼ――アメリカ国民性の研究」で彼の考え方を示した。この論文の中では、彼は「文化的多元主義」の言葉は用いなかった。しかし、この論文を含めた後の著作『アメリカ合衆国における文化とデモクラシー』のあとがきでこの言葉を用いたのである。

文化的多元主義の同化のプロセスは、記号ではA＋B＋C＝A′＋B′＋C′と表される。各エスニック・グループは多くの場合、個人または集団として、ホスト社会であるアメリカで見出した環境に合わせて彼らがアメリカに持ち込んだ文化・生活様式を変える必要にせまられる。しかし、彼らは自分たちが持ち込んだもののすべてを変化あるいは放棄することをしない。その代わりに彼らは一部を必要から、あるいは思想的つながりを重んじて、残すことを選ぶ。先の記号は、アングロ・コンフォーミティの場合と異なりまったく新しい文化・生活様式が形成されることはないこと、そしてるつぼ理論と異なり多少変形したが原型が残されていることを示す。文化的多元主義の理論が広まるのに「モザイク」や「サラダ・ボウル」の比喩が後に用いられるようになるが、カレンは「オーケストラ」のたとえであった。

カレンは、アメリカに到着後移民はそこで支配的であった言語・慣習・儀式・制度を受容しながらも、自らの属するエスニック・グループの集団の文化的伝統を維持するのに努めた事実に注目したのである。さらに、移民にはそのような伝統を維持する権利があることを認め、アメリカはホスト社会としてその権利を保障しなければならないと説いたのである。いいかえれば、アメリカは多くの異なるエスニック・グループからなる、あたかも連邦のようなものにならなければならないこと、そして、多様な伝統的文化が調和して共存することによりアメリカはより豊かになることを信じていたのであった。以下は「デモクラシー対るつぼ——アメリカ国民性の研究」からの引用である。

「全ての移民とその子孫はアメリカの一つの場所に十分に長く——六、七年間——留まるならば『アメリカ化』される。『アメリカ化』とはアメリカの言語、衣服や礼儀作法、政治的態度を身に付けることを意味する。さまざまな血統の混ざり合い《フュージョン》、『奇跡的同化』を経て変容《トランスミューテーション》し、ユダヤ教徒、スラブ人、ポーランド人、フランス人、ドイツ人、ヒンズー教徒、スカンディナビア人がイギリス植民者、アングロ・サクソン人の子孫たちと背景、伝統、考え方、精神において似たようになることである。『アメリカ化』されても、移民は本来保持している属性を失うことはない」。

「人間の生活の中で他人に譲渡することができないものがある。本質的《イントリンジック》な部分、すなわち、その心理的肉体的遺産は人の本質的な部分である。程度の差こそあれ、人は着ている服、政治的立場、妻、宗教、を変えることはできる。しかし、その祖父を変えることはできない。（中略）ユダヤ教徒がユダヤ教徒であることをやめ、ポーランド人がポーランド人であることをやめ、アングロ・サクソン人がアングロ・サクソン人であることをやめるためには、生きていることをやめなければならない」（傍点、引用者）。

聖パトリックの祝日　3月17日。その守護聖人を祝い，アイルランド系市民は緑の衣装を着て街を行進する。

第三に、カレンはアメリカに多数の人種・民族集団が存在し、互いに影響を及ぼし合う様をオーケストラにたとえる。

「『アメリカ文明』は、……統一の中の多様性、人類のオーケストラである。オーケストラのおのおのの楽器にはその特質と形態に見合ったそれぞれの音色と調性があり、交響曲にはおのおののタイプの楽器に適応したテーマとメロディがあるように、社会の中にあっては、それぞれの人種集団が自然の楽器であり、その精神と文化がテーマでありメロディである」。

第四に、カレンの唱えた文化的多元主義は、各民族間の「協同的調和」(cooperative harmonies)が可能であるという理念に立っていた。それは、政治における連邦制度に似て、一種の文化的連邦主義をめざすものに思われた。

「その形態は連邦共和国であり、その主要な部分は多くの民族が作る民主主義(a democracy of nationalities)である。この共和国の共通の言葉そして偉大な政治の伝統はイギリスのそれである。(中略)『アメリカ文明』は、その浪費、不潔さ、陰鬱さが取り除かれた『ヨーロッパ文明』の協同的調和が完成されたものである。統一された多様。人類の調和のとれた編成である(強調——引用者)」。

オーケストラでは、すべての楽器が演奏を完成させるのに貢献する。

「交響曲の中で、全ての楽器がそれぞれに適した主旋律とメロディーを持つのと同じように、社会においてはそれぞれのエスニック集団は自然の楽器であり、その精神と文化は主旋律とメロディーであり、ハーモニーと不協和音は全て相まって文明という交響曲を作り上げる。両者の違いは、音楽の場合、曲は演奏されるより前に書かれることである」。

カレンはるつぼ理論を批判し、新しい同化の理論を提起した以上に、一つの文明論を展開したのであった。アメリカの各エスニック・グループは言語・文化などそれぞれの文化的特徴を保持しながら、他のグループと協力していかなければならないとしたのであった。アメリカはアングロ=サクソンの伝統を基調とした単一体ではない。音楽の比喩を使うならば、かりに不協和音が出ることはあっても、アメリカにはそれを吸収し「同音にする《ユニゾン》」力が作用する。要約すれば、多様な文化が調和することによって、アメリカの「文明」はより豊かになるというヴィジョンを彼は描いていたのである。

◇ランドルフ・ボーン

ほぼ同じ頃、ランドルフ・ボーン（一八八六〜一九一八）は、『アトランティック・マンスリー』誌の一九一六年七月号に発表したるつぼ理論への批判を展開した。カレンと同様にボーンも、アメリカにおいて正統と見なされるべき属性は、アングロ＝サクソンのそれだけではないことを高らかに宣言し、政治におけると同様、文化と伝統の連合《フェデレーション》の育成を説いたのであった。多様な要素の調和という概念をカレンと共にボーンも有していたのである。

ボーンにとっての同化のモデルは、彼自身の言葉を使えば、「トランスナショナル」のそれだった。「トランスナショナル」であるということは二重の意味があった。一つは、多様な構成要素を内部に抱くアメリカはかつてどこにもなく、どの民族集団にも見られなかった属性を保持していたことである。もう一つは、アメリカは常に今あるアメリカを超えて次の段階を指向しているということである。このようなことは、多くの個人・集団が過去から引き継いだ遺産や出身国との利害関係を継承しつつ協調して生活して初めて可能になる。

背景を異にするグループが独自のアイデンティティや文化を維持し共生しているアメリカは、それ自体が、一種の「ミニチュア世界連邦」(world-federation in miniature) である。このような連邦組織の下でこそ共生は達成される。

「るつぼの失敗は、偉大なアメリカ民主主義の実験を終焉させることはない。それは始まったばかりである。(中略) ヨーロッパに見られたような強固な国家を求める声はなくなっている。われわれはそのような理想から遠く離れている。われわれは荒廃をもたらす競争を取り除いた、多くの国家、多くの文化から世界範囲《コスモポリタン》の連邦を作り上げた。(中略) アメリカはすでに世界連邦のミニアチュア版となっているのであり、史上初めて、太陽の下でもっとも異質な人々が、実質的におのおのの生活を保持しつつ、平和裡に共存するという希望の奇跡をなしとげた大陸なのである」。

アメリカで豊かな世界共通の文化が形成される。アメリカ人のみが世界市民となる機会をもっていると彼は確信していた。この意味で、彼のいう「トランスナショナル」(超国家) は実際には「コスモポリタン」とほぼ同義である。

ボーンは、個人が複数の国籍をもつことは、その人の理想実現の妨げにならないと論じた。

「アメリカ市民権を獲得したからと言って、例えば、ドイツの市民権やフランスの市民権を人は放棄しなくてもよい。そもそも、例えば自分にドイツ人の気質が流れていることを発見した人間がアメリカ市民権を獲得することによって以前の自己理解、尊厳の一部を消し去ることはできない。人間の本性の新たな創造は、新しい属性が古い属性の上に降り積もってなされるもののはずである」。

「市民であることは決してなくならない。どれだけの数の市民権を獲得しても。二重国籍は健全であり正当なものである。たとえば、フランス人としての属性《フレンチネス》は「フランス国籍を失っても」失われることはない。人間の魂を作るものは、彼のフランス人としての属性《フレンチネス》である」。るつぼのイメージは、不純な要素を取り除くというもので、ボーンにとって意味あるものだった。

「アメリカは「るつぼの中でのように」数多くの劣悪な金属を精錬した」。最後に「アメリカが向かっているのは国家ではなく、超国家《トランスナショナリティ》」であるとし、「自分がトランスナショナルであることの明確な認識、世界市民の一人としてアメリカの意味を新たに意識すること」が欠かせないとして論文を結ぶ。

5　多文化社会における同化——文化的多元主義の深化

◇アメリカのディレンマ

文化的多元主義はアメリカにおける同化の現状を表すものとして広く受け入れられた。それは多くのエスニック集団が調和を保って共存しているというイメージを呈した。しかし、そのプロセスに加わることなく、文化的多元主義の理想からかけ離れたところにいる集団があることが指摘されるようになった。

たとえば、黒人（アフリカ系アメリカ人）である。奴隷制が廃止（一八六五年）され、彼らは法的には自由の身分を獲得したが、現実には投票権を剝奪されたり、経済的に劣等な地位に追いやられたのであり、この状態は長い間続いた。二〇世紀の半ばにアメリカにおける人種関係を調査したスウェーデンの社会学者グンナー・ミュルダールは、黒人の置かれた状況を「ディレンマ」と呼んだ（『アメリカのディレンマ』一九四四年）。建国以来アメリカには万人の自由と平等を謳った理念があり——ミュルダールによれば、それは「アメリカの信条《アメリカン・クリード》」であった——、統合の原則として働いてきた。黒人はこの原則の適応から除外されてきた。アメリカが「白人」と「黒人」の二つの「国」に分かれていることは明白である。このことはとくに黒人にとって悲劇的な結果をもたらした。

◇人種のるつぼを超えて

後に見るように（八章）、第二次世界大戦から戦後の時期にかけて人種関係には改善が見られた。とくに、軍隊や国防産業においての黒人に対する差別待遇は解消される方向に向かった。しかし、黒人以外にも、文化的多元主義の恩恵を受けていない集団の存在が知られるようになった。社会学者ネイサン・グレーザーとダニエル・モイニハンは、ニューヨーク市のアフリカ系アメリカ人、アイルランド系、イタリア系、ユダヤ系、プエルトリコ系について調査し、①エスニック集団が依然として文化的独自性を保持し続けている、②黒人は東ヨーロッパおよび南ヨーロッパからの「新移民」のどの集団よりも進歩の度合いが遅く、プエルトリコ系の社会的上昇の度合いは黒人より遅いことを指摘した（『人種のるつぼを越えて』一九六三年）。グレーザーとモイニハンはいう、「個人は確かに集団の型を破り出たが、集団はそのまま残った。ザングウィルの物語の主人公の経験は一般的ではない。るつぼに関するポイントはそれが起こらなかったということである」と。グレイザーとモイニハンの研究は、アメリカにおける公民権法の制定や差別を受けてきたエスニック集団のための救済措置を策定する際のガイドラインとなった。るつぼは機能しなかったこと、すなわちエスニック集団はすべて溶け合ったと見るのは正しくないとする両人の指摘は、エスニック状況に関する以後の研究の方向性を定めるのに大きな影響をあたえた。たとえばマイケル・ノヴァックは『融け合わないエスニックスの起こり――七〇年代の文化と政治』（一九七二年）を著し、「るつぼ理論は多分に『神話化』される傾向があり、修正を要する」と述べた。ノヴァック以後「融け合わないエスニックス」(unmeltable ethnics) は、アメリカのエスニック状況を表す常套句の一つとなった。

◆エスニシティと階級

同化の理論に関する研究は一九七〇年代以降二つの方向でさらに進む。一つはエスニシティと階級の関係を考察するものであり、もう一つはエスニシティの創造について検証するものであった。

スティーブン・スタインバーグは『エスニック神話――アメリカにおける人種、エスニシティ、階級』（一九八一年）で、次のように論じた。

「母語の喪失とその他の移民文化の核心的諸要素の喪失、移民コミニュニティの拡散、過去数世代にわたる経済的・社会的移動、エスニック文化の侵食と萎縮、かつてエスニシティを支えていた宗教の衰退、多様な下位グループの文化的収斂、異なるエスニック集団間および異なる宗教間の結婚がますます増大しつつある。これら過去一世紀の間にアメリカのエスニック集団の間に起こったこれらの大きな変化を考慮すると、われわれは過去数十年に亘ってるつぼが働いているのを目撃しているのだという結論を避けることはできない」。

スタインバーグの言葉は、ザングウィルの描いた多数の人種と民族が混じり合うるつぼを彷彿とさせる。スタインバーグは「るつぼの復活」を説いた、と評価されるゆえんである。しかしより興味深いのは、アメリカにおけるアフリカ系アメリカ人を含むエスニック集団の中で経済的に不利な状態に置かれているものがあるとすれば、「彼らが住む地域、階級的対立、移動」（傍点——引用者）にその原因があるとする彼の指摘である。アメリカにおいては誰もが「アメリカン・ドリーム」を追求する権利を有しているが、結果的に不平等や対立を生じている現実は無視できない。このことを踏まえスタインバーグは、各エスニック集団を特徴づける根源的な文化や伝統は社会的条件によって決められるとし、問題解決に求められるのはロマンティックなエスニシティ論——彼の言葉を借りれば、「エスニック神話」——ではなく、実現可能な政策的措置であることになる。

◇「私たちはエスニックなの」——エスニシティの創造

次に、エスニシティの創造について見る。一九七二年の『ニューヨーカー』誌にウィリアム・ハミルトンによる次のような挿し絵があった。明らかに北西ヨーロッパ系と見られるアメリカ人の家族が食事をしている場面。娘が両親に向かって、「私たちはエスニックなの」と尋ねている。いかにも無邪気な会話に聞こえる。また、歴史的にアメリカ社会の主流として見なされてきた〝ワスプ〟が今や少数派になったというニュアンスを読み取ることができる。〝ワスプ〟が「エスニック集団」の一つであることが示されるならば、声高々に権利と平等を要求し、しばしばそれが認められる社会の「少数派《マイノリティ》」の仲間入りができるという安堵感がうかがえる。このような安堵感は、白人中産階級の危機感の裏返しであると見ることができる。

この挿し絵は政治的な風刺漫画と捉えることができよう。その風刺が効果的であったかどうかは別にして、エスニシティ——特定のエスニック集団に属しているという意識——は、人為的に創り出すことができるかという問題がここで提起されていることに注目したい。

◇エスニシティの構成要素——原初的なものと後天的なもの

フィリップ・グリーソンは一九八〇年に、エスニシティには「原初的」(primordial) な面と「選択的」(optional) な面の二つがあり、「エスニシティは状況に応じて意識的に強調することも、強調されないことも可能である」(『ハーヴァード・アメリカ・エスニック・グループ事典』) と述べた。「原初的」なものとは、出自 (家族・祖先など) などのように生来備わった特質・属性であり、変えることができないものである。カレンが述べた「祖父を変えることはできない」という言葉は、「原初的」

なものは、他のものによって代替または置換することができないことを如実に伝える。その反対に、ボーンの例にならえば、国籍・宗教・職業などは自ら選ぶことができるものであり、継続して評価・規定される。前者が通常は私的領域に属するものであるのに対し、後者は公的領域に属するものである。エスニシティについての定義はさまざまであるが、それらを整理したグリーソンの提起は説得力がある。

グリーソン以後の研究をまとめると、エスニシティについて次のような諸点が、一般的に受け入れられている。

①受動的で無意識な同化のモデルに対立する概念である。

②不変のもの、原初的なものではなく、歴史的時間の中で完成される（アメリカの場合、一九世紀の第二・四半世紀に初めて顕在化した）。

③ホスト社会とエスニック集団の関係のみならず、エスニック集団間の関係によっても変容する（ときに競争的、ときに協力的となる）。

④戦争などの社会的危機で強まり世代交代などで変化する。

⑤エスニック集団相互の共通点より差異を強調する立場を反映したものである。

かくて、エスニシティは時宜に応じて文化的のみならず、政治的にきわめて有効な概念になりうることが示された。一九六〇年代以降は、それは失うことが望ましい「奇妙な負債」ではなく、「貴重な資産」として認められるにいたっている。

◇エスニシティの創造

先に触れた『ニューヨーカー』誌の挿し絵にエスニシティの理論の視点から最初に注目したのは、黒人（アフリカ系アメリカ人研究）文学を専攻するウォーナー・ソラーズであった。ソラーズは、おもに文学的・宗教的資料——エスニック文学（ethnic literature）——を使って、アメリカのエスニック集団の自己認識《セルフ・アイデンティティ》が形成される過程を分析する。最近アメリカに到着し、社会の底辺もしくは周辺に位置することを余儀なくされているいわゆる少数派エスニック集団だけでなく、アメリカに早くから移住してきた集団について考察する。彼は、一つのエスニック集団の中において個人はいかなる存在かということから、彼または彼女の属する集団の他の集団との関係、国家との関係の問題まで考察している。その意味で、ソラーズの分析は究極的には、アメリカ国家はどのようにして構築されたのか、そのあるべき姿はいかなるものかという国家意識《ナショナル・アイデンティティ》の追究にまで及ぶのである。

ソラーズは一九八九年、先住民にとっての七月四日（アメリカ合衆国の建国記念日）の意味、一九世紀のドイツ系アメリカ人にとっての愛国主義的行進の意味などを研究する専門家の論文を集め彼が序文を書いた『エスニシティの創造《インヴェンション》』を著した。人は、個人としてまた集団として子ども期、世代、愛、性《ジェンダー》、地域、歴史などについて特別の認識をもつ。このような認識は集合的に、個々人のエスニシティということになる。これは新しい認識である。いいかえれば、エスニシティは完全な事実の描写ではないが、ねつ造や意図的な操作の産物でもない。集合的虚構《フィクション》である。この意味ではエスニシティは、ベネディクト・アンダーソンのいう「想像の共同体（political community）」と共通する要素があるといえよう。

エスニシティは自意識から生じる、常に探索した結果創り出される社会的構築物であるとソラーズは見なしたのであったが、彼によれば、アメリカでは歴史を通して、そのような営みがなされてきたのであった。たとえば、黒人というエスニシティは皮膚の色による差別の壁を維持するために、白人が意識的に創出したものではなかったかという指摘がソラーズの編著の中でなされている。ソラーズはこの点に関して、一九八六年の著作ですでに述べていた。

◆エスニシティを超えて

ソラーズは『エスニシティを超えて――アメリカ文化における同意と血統』（一九八六年）の中で、アメリカ史全体を通じ、さまざまなレベルで、またさまざまな形でエスニシティが表された跡を辿った。彼はいう、「アメリカはコトン・マザー〔一七世紀初めのマサチューセッツ植民地の指導者〕の時代から今日まで、血統（descent）よりも同意（consent）を強調してきた」と。アメリカが契約社会であったことが、その背景にあった。アメリカ人は自分の帰属するところを自ら選ぶ。選ぶことは、自由意思・自発の原則があるところである。この基礎にある概念は個人主義のそれであり、伝統を重んじる立場から出てくるものではない。エスニシティには「原初的」な要素と「選択的」な要素があることは先に見たが、ソラーズは後者をより強調しているように思われる。同化の理論の観点からすれば、普遍的な諸価の受容を強制するような理論は、ソラーズによれば、アメリカでは容認されないことになる。

◇多文化社会アメリカ

文化的多元主義の同化理論は、サラダ・ボウルの中でトマト、レタス、キュウリなどが形をそのままに保ち持ち味を出しているように、アメリカを構成する多様なエスニック集団がそれぞれの固有の文化と伝統を維持しながら共存しているイメージを描いたものであった。二〇世紀半ばを過ぎる頃まで、同理論は広い範囲に受け入れられていた。しかし、多元主義論にいわれるエスニック集団の共存はおもにヨーロッパ系に見られるものであり、黒人（アフリカ系アメリカ人）、アジア系、ヒスパニック系がその図式に入ることはイメージされていないという指摘がなされた。アメリカの設立にもっとも早く携わった黒人——それに先住民——、そして一九世紀末から二〇世紀初頭にかけてその数が著しく増加したアジア系およびヒスパニック系のいない「オーケストラ」は成り立つのかということが問われたのである。

文化的多元主義の限界についての批判は、二〇世紀後半に顕著になったアメリカ社会のさらなる多様化を背景にして生じたものであった。アメリカ社会を構成する多くのエスニック・グループのうち、長い間不利な状況に置かれていた「マイノリティ」が自らの存在（歴史および貢献）への正当な評価と尊厳が認められることを求め始めた。アメリカの「パイの分け前」を要求し、活発な政治活動を展開するようになった。このような動きにエスニック・マイノリティは、他の社会的弱者——女性、同性愛者、高齢者、身体障害者など――と連繋して従事した。このような集団がアメリカに多くあることと、および彼らの自由と平等を求めての活動全般を指して多文化主義（multiculturalism）と呼ばれる。それは、多元性や流動性を肯定的に捉え、均質的な統合や制度・機構の強制を批判するものである。しかし共通文化を想定するか、差異を認めるかなどの点についての一致した意見は未だない。綾部恒雄は「文化多元論（主義）と多文化主義とは、必ずしも明確に区別された概念とはなっていない」と述べている（五十嵐武士編『アメリカの多民族体制――「民族」の創出』二〇〇〇年）。さらに注目しなければならないのは、多文化主義への反発の動きもあることである（歴史上の不正に対する謝罪や補償の拒否、国旗や国歌などの強制、積極的差別是正措置を逆差別として撤廃する動きなど。九章参照）。現在のアメリカでは、事実の確認としてもまた理論としても、多文化主義についての評価は定まっていない。性急な結論は戒めなければならないが、「複合的統合」（unity in diversity）の道が模索されているといえるのではなかろうか。

2章　新大陸で出会った三つの人種集団

1　三つの人種の出会い

◇象徴的な歴史上の出来事

本書は、形質人類学、文化人類学的および歴史学的視点から、「エスニック・アメリカ」は三つの「人種」の「出会い」から始まったとする前提に立っている。

人種とは何かということについて一致した定義を示すことは難しい。他方、さまざまな定義が提唱されてきた。これらのことに鑑み、現在広く受け入れられている「三人種説」に依拠し、伝統的な人種の分類法にしたがうことにする。また「出会い」という言葉も文字どおりの偶然の接触ということよりも、力関係のあり様や交流、作用・反作用ということを幅広い脈絡で象徴的に用いることにする。

◇「新大陸の発見」

地球球体説に影響されたイタリア・ジェノアの商人・航海者のクリストファー・コロンブスは、自分の経験を加味して大西洋を西に向かえばアジアへと到達できると考えた。彼はスペイン王家の援助を受け、一四九二年八月、ニーニャ号、ピンタ号、サンタマリア号の三隻でスペインから出航し、約二カ月後の一〇月一一日、陸地（島）を発見し上陸した。彼はこの島をサンサルバドル島と名づけた。この航海を含め、コロンブスは四回の航海を実施し、キューバ島およびイスパニョラ島に到着、また現在のベネズエラ・オリノコ河の河口に上陸した。カリブ海地域のこれらの島および河はアジアではなかったが、コロンブスは最後まで自分はアジアを発見したと信じていた。そのうえ彼は、そこで見た先住民を「インディオス（インド人の意）」＝「インディアン」と呼んだのであった。

◇モンゴロイド、コーカソイド、ネグロイド

コロンブスが「インディアン」と誤って呼んだ先住民は、人種的にはモンゴロイドの系列にあり古モンゴロイドに分別される人々である（モンゴロイドは東アジア・東南アジア・南北アメリカ大陸・太平洋諸島およびアフリカ近辺のマダガスカル島にも分布する）。

イタリア人のコロンブスは、「コーカソイド」いわゆるヨーロッパ人＝白色人種である。彼は初めてモンゴロイドと接触したヨーロッパ人ではなかったが、一五世紀から一七世紀前半にかけての大航海時代に大西洋を越えてアメリカ大陸の先住モンゴロイドに接した初めてのヨーロッパ人であった。

その意味で、コロンブスの探検の実績は新大陸（この表現も修正が必要である）で、ヨーロッパ人とインディアンという二つの人種が出会うための大きな契機となったのである。

ネグロイドは、より一般的には黒人または黒色人種といわれる人々で、アフリカ大陸に多く住むところから、アフリカ人と同義に用いられることがある。コロンブスがネグロイドと、いいかえればアフリカ人または黒人と直接接触したことがあったかどうかは明らかではない。しかし本書のテーマとの関連でいえば、ヨーロッパ人（白人）はアメリカ大陸への移住の後、アフリカ人（黒人）を奴隷として使役したことは否定できない事実である。コーカソイドとネグロイドはアメリカ大陸において、このような形で密接な関わりをもった、つまり「出会った」のであった。そして、モンゴロイドとネグロイドは――後述（四章以下）するように――アメリカという「民族のパノラマ」からの除外者としての体験を共有することになるのである。なお本書では以後、形質人類学の用語（モンゴロイド、コーカソイド、ネグロイド）は使わない。

2　インディアン――先住民

◆アジアからの移住者――その部族文化の特徴

コロンブスが「新大陸」を発見した当時、南北アメリカ大陸には約一五〇〇万人の先住民が住んでおり、現在のアメリカ合衆国の地域には一〇〇万人を下らない数のインディアンが住んでいたと推定される。したがって、アメリカに移住してきたヨーロッパ人は、そこに人跡未踏のまったくの荒野を見出したのではなかった。地域によっては、人口密集に近い状態であった。

今日ベーリング海峡となっているところは、今から一万五〇〇〇年から二万年前は陸続きであった。インディアンの祖先は、そこを通ってアメリカに渡った。その後数千年を経て、東は大陸内部を通って大西洋岸に達し、南はオルノス（ホーン）岬まで達したのであった。

インディアンはかなり発達した狩猟、漁業、牧畜、農耕を営み、安定した集落を形成していた。彼らの生活の特徴は、第一に、氏族《クラン》制度に基づいた共同生活を保持していたことである。土地の共同所有や共同利用が原則であり、私有財産制はほとんど存在しなかった。第二に、彼らは部族《トライブ》単位で生活していた。各部族は独自の言語・宗教儀式・慣習・政治経済制度を有していた。部族の数はおもなものだけでも一〇〇を下らなかった。ヴァージニアへの植民者が接したのはポーハタン族およびアポマトック族であった。ニューイングランド地域に入った白人は、マサチューセッツ族、ナラガンセット族、ワムパーアグ族、ピークォト族と接触した。中部大西洋沿岸地域では、モホーク族、セネカ族、オナイダ族と接触した。内陸部には、クリーク族、チェロキー族、セミノール族などが住み、それぞれ固有の文化をもって暮らしていた。

◆インディアン文化の基底

インディアンの生活については、われわれはいくつかの研究を通して知ることができる。その中でも、一九世紀のアメリカの民族学者ルイス・モーガンの著作『古代社会』（一八七七年）は古典的なものとなっている。彼は主としてニューヨーク西部に住んでいたイロコイ族の生活を観察し描写した。

「彼らのすべての成員は自由人であり、互いに他者の自由を守る義務を負っている。彼らは公権のうえでも個人的権利のうえでも平等であって、首長や族長はなんらの優位をも要求しない。彼らは血の絆で結ばれた一つの兄弟関係をつくっている。自由、平等、博愛は成文化されたことがないとはいえ、氏族の根本原理であった。（中略）これこそ、インディアンの性格として一般に認められている不屈の独立自尊の精神と、人格の威厳とを説明するものである」。

このような階級制のない氏族社会は、ユートピア的ですらある。しかし一五世紀以後、白人文化との接触の結果、それは大きく変わるのであった。

インディアンと白人の接触は双方の文化と生活に影響を及ぼしたが、人口の数的違いおよび物質的生活面での水準の違いは、インディアン文化に対してより大きな影響を及ぼした。白人はインディアン文化に固有の有機的な自然観や博愛の精神を自らのものとして受け入れることは少なかった。これに対しインディアンは、白人文化の中で技術的に彼らより優れていた部分（火薬の使用、車輪の応用など）を積極的に取り入れた。とくに白人との接触の結果、インディアンは飲酒の習慣を学んだ。それは彼らの生活に悪影響を及ぼした。部族の指導者たちがときに応じて発していた警告から、このことはうかがえる。

たとえば、一八世紀半ばに出たデラウェア族の預言者ネオリンは次のように語った。

「白人の到来以来、汝らが取って来た習慣を完全に捨て去れ。白人どもがやって来てわれわれの邪魔をする以前の、平和と豊かさのなかで暮らしていたあの昔の幸福な状態に戻らねばならない」。

一七六〇年代に一斉蜂起を率いたオタワ族長ポンティアクは仲間に向かって、次のように呼びかけた。

「なにゆえに汝らは、自らの土地に白人を住まわせ苦しむのか。わが子よ、汝は汝の祖先の習慣と伝統を忘れ果てたのか。なにゆえ汝は祖先のように毛皮をまとわないのか。弓矢と石槍を使わないのか。汝らは白人から火器、ナイフ、鍋、毛布を買い、ついにはそれらなくしては何も出来ない体たらくに成り果てた」。

◇白人との接触——改宗の対象として、膨張の対象として

「野蛮な」インディアンをキリスト教に改宗するという動機は、メキシコに行ったスペイン人にも、ブラジルに行ったポルトガル人にも、カナダに行ったフランス人にも、ヴァージニアやニューイングランドを開拓したイギリス人にも共通して見られたことである。しかし長年にわたる宣教師の働きにもかかわらず、キリスト教に改宗したインディアンの数は、とくにプロテスタント伝道の場合低いレベルにとどまった。この分野においては、カトリック伝道のほうが活発であり、組織化され、成功の度合いが高かった。

初めての「感謝祭」をヨーロッパ人と先住民が祝っている。

インディアンと白人の間の関係にとってより影響があったのは、白人世界の膨張主義であった。アメリカ大陸の土地を誰が占有するかということについて、明らかに遅れて到着した白人の個人所有を優先させる考え方と、すべての土地は共有されるとする先住のインディアンの考え方の間に深刻な摩擦が生じることは避けられないことであった。実際に、アメリカ合衆国の植民地時代および建国初期に起こったいわゆるインディアン戦争のほとんどは、土地をめぐる争いが原因だった。インディアンは部族単位（一部族当たりの人口は数百人から多くても二万人程度であった）で生活をしており、強力な白人の進出に対して連合して戦えなかったことが原因となって、敗北し後退するよう運命づけられていた。各部族間のライバル関係は、相互の連携を妨げたばかりか、白人に利用されたこともインディアンの破滅を早めた。

インディアン戦争は白人の側から見れば、インデ

カユーガ族長ローガン

ィアンによる条約違反もしくは契約不履行があったから起こされたものであり、彼らに対する厳しい処遇を要求することは正当なものとされた。しかしインディアンの側から見た場合、真実はしばしばその反対であった。カユーガ族長ローガンは、キリスト教に改宗し、フレンチ゠インディアン戦争（一七五六〜六三年）において中立の立場を守り、「白人の友」として知られていたが、彼の家族を含む同族の人間が白人の手によって殺されたことをきっかけに、白人を攻撃するようになった。しかし、一七七四年に開かれた会議では再び友好関係を訴えた。その際彼が行った演説は「ローガンの嘆き」として有名である。第三代アメリカ合衆国大統領トマス・ジェファソンは彼の著書『ヴァージニア覚書』（一七八四年）の中で、それを引用している。

「私はすべての白人に訴える。彼が空腹でローガンの小屋に入ったときに、ローガンが彼に肉を与えなかったことがあるか。彼が寒さに震え、裸でやってきて、ローガンが彼に衣服を与えなかったことがあるか。（中略）この前の春、クレサップ大佐は冷酷にも、かつ謂われもなく、女子どもすら容赦することなく、ローガンの血統をすべて虐殺した。もはやいかなる生き物の血管の中にも、私の血は一滴たりとも流れてはいないのだ。これは私に復讐を決意させた。私は復讐を求めた。私は多くの白人を殺した。私は十分に復讐をした」。

ローガンは演説から六年後の一七八〇年に、甥によって暗殺された。五五歳であった。

他方、白人にも、彼らの側に非があることを認めた者はいた。たとえば一八世紀中頃にサウスカロライナでインディアン交易に従事し、インディアンの生活を直接観察もしていたエドモンド・アトキンは次のように記している。

「インディアンと白人の間の争いならびにその結果生じた虐殺に関して、最初に攻撃をしかけたのは白人であり、インディアンは抑圧と権利の侵害に直面して、自らの権利を正当化する必要にせまられた、ということもできる」(『アパラチア・インディアン・フロンティアについての報告』一七五五年)。

その後のインディアン＝白人関係の歴史において、アトキンのような人物が出なかったわけではない。しかし、その数は少なく、多くの場合白人社会の不正を訴えるローガンのような叫びが聞かれることになる。

◇インディアンの対応のパターン

北アメリカ大陸の先住民であったインディアンは、一七世紀以後、イギリス人を中心としてヨーロッパからの移住者と文化接触を始め、多くの影響を受けた。新しい状況の下で、彼らは武器をとっての抵抗、同化、隔離などの方法によって対応してきた。そのいくつかについては先に見たとおりであるが、本書のテーマとの関連でいえば、白人文化の影響を排し、インディアン独自の文化的伝統の復活と再生を求める意識は、比較的早い時期から存在したといえる。すなわち、ネオリンおよびポンティアクによる飲酒の悪影響に対する警告は、また同時に、伝統的なインディアン文化の尊重を説いたものでもあった。その意味で、植民地時代の最大のインディアン戦争であったフィリップ王戦争（一六七五〜七六年、フィリップ王とはヨーロッパ名で、白人の入植者と戦ったワンパノアグ族長メタコメット〔メタコム〕を指す。フィリップ王の遺体は八つ裂きにされ、首は槍の先に突き刺され、白人の村に二四年間飾られた。そして捕虜となった同王の家族を始めとするインディアンは奴隷として西インド諸島などに売り飛ばされていった）も単なる土地の所有権をめぐる争いとしてではなく、エスニック意識の表れとして見ることも必要なように思われる。

3　白人——ヨーロッパからの移住者

◇ヨーロッパ世界の拡大

長い間ヨーロッパを支配していた封建制が崩れ、ヨーロッパ人が「西方」に関心をもつようになったのは一五世紀に入ってからのことである。コロンブスによる「新大陸発見」（彼は最後まで、自分が発見した地を東洋〔インド〕であると信じていた）は、西に進めば見つかると信じられていたパラダイス探求の一つの終着点であると同時に、さらなる探検の先がけとなるものであった。

なぜこの時代にヨーロッパ人が外の世界に目を向けるようになったかという問題は、厳密にはヨーロッパ内部の歴史に関わることがらが多く、そのすべてを扱うことは本書の範囲を超える。ここでは、ルネッサンスと宗教改革をもってヨーロッパの近代史が始まったこと、極端に閉ざされた中世的世界観に代わって人間解放が考えられるようになったことを指摘するにとどめる。

新しい時代の息吹きは、経済発展、地理上の発見、航海技術の発達にまず見られ、人文学の分野における新しい動きと教会内での胎動は、かつて見られなかったような活性化を人々の意識にもたらした。しかし外の世界に対する関心の広がりはヨーロッパ全土において一様にあったのではなく、明白な地域格差があった。北アメリカ大陸において優勢な位置を占めるようになるイギリスも、「西方」への進出に関しては後進国であった。国内は政治的に分裂しており、社会的に未分化であった。チューダー王朝の下に統一される一六世紀になって、イギリスは初めて新大陸の開拓に乗り出すのである。

◇新世界のユートピア

コロンブスが西回りの航海を計画したのは、一つには富と栄誉を期待してのことであったが、それがすべてではなかった。彼には深い宗教的信念があり、それが彼をして未知の世界への旅立ちに向かわせたのであった。その信仰とは黙示録的なもの、すなわち世界の終末が近づいている、そのときに必要なことは世界のすべての人々に対して福音を説くことである、というものであった。ヨハネの黙示録第七章九節には次のようにある。「あらゆる国民、部族、国語のうちから、数えきれないほどの大勢の群衆が、白い衣を身にまとい、しゅろの枝を手に持って、御座……の前に立つ」。コロンブスは、もろもろの異教徒（その中には彼が「新世界」で見たインディアンも含まれていた）は神の前に立つこと、いいかえれば最後の審判の前に改宗の道を歩まなければならないという確信をもっていた。当時、彼と同時代の多くの人々はこのヴィジョンを共有していたのであった。

ヨーロッパ人が伝統的にもっていたもう一つのヴィジョンがあった。楽園《パラダイス》のそれである。最初の人類であるアダムとイヴがエデンから追放された後、「天にもっとも近いところ」に到達すること、いいかえれば楽園の復活は、ユダヤ＝キリスト教世界に住む人々にとって大きな夢であった。聖書の創世記の記述は、エデンの園は「東方」のどこかなることを伝えていると思われた。東洋に到達したと考えていたコロンブスは、自分は遂に地上の楽園を発見したと考えた。「彼地こそは地上の天国であり、彼地へは神の御意思による以外は誰も到達できない」（増田義郎『新世界のユートピア』一九七一年）。改宗されるべきインディアンが住むところが楽園であるというのは、一見矛盾しているように思われる。しかし異教徒の改宗という願望も、労働から解放され豊かな生活を営むことができるという夢も、ともにヨーロッパ人の心をとらえ、それが実現するところへは「西回り」のルートで到達できると考えていた彼らをして、大西洋を字義どおりに西に向かわせる動機となった。そして、このようなヴィジョンの実現の妨げになる要因は、徹底して除外されなければならないとする意識はヨーロッパ人の間にかなり根強くあった。後に「新大陸」におけるエスニック関係を規定する際に、このような意識は重要な意味をもつことになる。北アメリカ大陸の先住民であったインディアンの場合、最初の友好関係が崩れた後は撲滅や強制移住が待ち受けていた。アフリカからの移住者であった黒人の場合、奴隷として強制労働に従事させられ、奴隷制廃止後はしばしば第二級市民として社会的差別を受けることになる（黒人については四節参照）。かくて、アメリカにおける人種関係すなわちインディアンと黒人の社会的地位は、白人側の要請によって決まることになっていたのである。

◇イギリス人の新世界観――荒野イメージと田園イメージ

宗教的と経済的の二つの動機が新大陸における植民地建設事業に働いていたことは、北アメリカに来たイギリス人の場合も例外ではなかった。インディアンに対する布教と土地の獲得の願望は、他のヨーロッパ人の場合と同様、彼らの間においても強かったのである。一七世紀の宣教師ジョン・エリオットのような優れた指導者が出た。しかしインディアン布教に関しては、フランス人などと比べると、彼らは限られた成功しか収めなかった。組織面においてまとまりに欠けていたこと、教義解釈において寛容に欠けていたことがそのおもな理由であったが、異人種との混交を嫌う風潮がイギリス人の意識にあったこともその一因であった。このような風潮は、後に同化よりも撲滅を選ぶインディアン政策に反映されることになる。

土地の獲得に関して、イギリス人はきわめて苛酷でありえた。不法占有、酒の力を借りての偽りの土地売買契約の取決め、ささいな契約違反を口実にしての強奪などの手段で先住民の土地を自らのものにしていった経緯は、インディアン‐白人関係が早い時期から悲劇的な要素を有していたことを雄弁に物語る。数において勝り、技術的に高いレベルにあった白人（イギリス人）には、アメリカの先住民との共存の思想は当初からきわめて希薄だったのである。

イギリス人の「新大陸」への進出に関連して、彼らの間にあった荒野イメージと田園《パストラル》イメージについてぜひ触れておかなければならない。これらは前述した黙示録的ヴィジョンと共通した要素を含むものであったが、美的に異なる基準に立つものであり、また異なった倫理的ニュアンスをもつものであった。

荒野イメージはアメリカを「獣の吠える荒れ地」と見るものであり、田園イメージはそれを「世界の庭《ガーデン》（楽園）」と見るものであった。前者の代表的な例は、一六二〇年、メイフラワー号に乗ってプリマスに到着した開拓団（熱心なキリスト教改革派《ピューリタン》が多数を占め、「巡礼の始祖《ピルグリム・ファーザーズ》」として伝説化されることになる）の指導者の一人、ウィリアム・ブラッドフォードの以下の言葉である。

「彼らの目に入るものは野獣と蛮人の住む恐ろしい侘しい荒野だけであり、その野獣や蛮人がどれほど多いのか、彼らには分からなかった。また彼らは、いわばピスガ［モーゼが死の直前そこに登り、約束の地を眺めた山］の山頂に登り、彼らの希望を託することのできるより良い土地を眺望することもできなかった。どちらに目を向けても、天は別として、目に映るものの姿は心を慰めてもくれなければ、満足も与えてくれなかった」（「プリマス植民地について」一六三〇年）。

新世界があたかも田園《パストラル》であるかのように描いた一人に、ヴァージニアの農園主ロバート・ベバリーがいる。一八世紀の初めに彼は、ヴァージニアはカナンの地（神がアブラハムとその子孫に与えると約束した地。パレスチナの称)、ペルシャ、インドの大部分、支那、日本とほぼ同じ緯度にあり、「世界の楽園《ガーデン》」の一部をなすと考えた。

「ヴァージニアの澄み切った明るい空は、そこに住む人々に新しい活力を吹き込み、憂うつな陰気な考えをすべて取り除いてくれる。……まだ人間の手の入っていない自然の美しさに彼らは目を奪われ、せせらぎの絶え間ないつぶやき、風が木々の間を気ままに飛び交いながら奏でる通奏低音のセレナードは、彼らの耳に音楽を与える。鳥もまた楽しげに、この田園の合奏に、彼らの心地よい調べをもって仲間入りをする」(『ヴァージニアの歴史と現在』一七〇五年)。

ベバリーにとって一つの不満は、ヴァージニア人が彼らの自然環境に満足してしまい、「自然の果実を集めることにさえ苦痛を感じ」始めていたことであった。彼は、自然があまりに多くの恵みを与えるとき、人は怠惰に堕してしまうのであろうか、と問うのであった。

以上見てきたように、イギリス人の新世界観は両面価値《アンビヴァレンス》によって特徴づけられていた。このことは、イギリス人を中心とする白人(ヨーロッパ系住民)がもたらした価値体系の表象として内在的意義を有する。両面価値はそれ自体では中立的であり、直接的にはエスニック・アメリカの形成に寄与するものではなかった。しかしこのような価値は他のエスニック集団と共有されることによって、初めてアメリカン・アイデンティティの一部となりうる。もし共有されないで、ある特定のエスニック集団が保持するだけのものであるならば、自民族中心主義《エスノセントリズム》の傾向を強化することにつながる。現実に起こったことはこのようなことであり、ヨーロッパ人はアメリカ大陸開拓の作業において、解決が求められる大きな倫理的な課題に目を配ることはなかった。公正な人種関係の確立がそれである。とくに次節で検討する「アフリカからの移住者」との間にそれは展開されるべきものであったが、彼らは別の課題（哲学的・歴史的）を優先させ――アメリカの自然は荒野的であるか田園的であるかを決めること――、倫理的な課題をなおざりにした感がある。三つの異なる人種集団の出会いの意義は、ヨーロッパ人（白人）のヴィジョンと実践が優先されるままに、展開したのであった。

4　黒人――アフリカからの移住者

◇西アフリカの原住者――その部族文化

ヨーロッパ人は新大陸で、先住のインディアンのほかにもう一つの異なる人種に出会った。黒人、すなわちアメリカに移住者として渡ったアフリカの原住者である。しかし、より正確には、白人によって強制的にアメリカに連れてこられたというべきであろう。今日、合衆国に住む黒人の大部分はこのアフリカからの初期の移住者の子孫である。そこで彼らのエスニック集団としてのアイデンティティは、彼らの祖先がアフリカからもたらし、その後変わることなく受け継がれた文化的遺産によって定められなければならない。彼らがアフリカ系アメリカ人もしくはアフロ・アメリカンと一般に呼ばれるのは、そのためである。

現在のアメリカ黒人の祖先のほとんどは奴隷としてアメリカにきた。したがって、アフリカ系アメリカ人のエスニック・ルーツを辿るには、アフリカのどの地域において奴隷制が存在し、奴隷貿易がもっとも盛んであったかを見る必要がある。

彼らはアフリカ大陸の西海岸、とくに北緯一五度のヴェルデ岬から南緯一五度のアンゴラにいたる六〇〇〇キロの範囲から来た。とくに、かつては穀物海岸または胡椒海岸と呼ばれた上《アッパー》ギニア（現在のギニア、シエラレオネおよびリベリア）、象牙海岸（同コートジボアール）、黄金海岸（同ガーナ）、奴隷海岸（同トーゴ、ベナン、ナイジェリア西部）と呼ばれた地域からの出身者が多かった。また、そこより北のセネガンビア（セネガル河とガンビア河にはさまれた地域）および下《ロワー》ギニア（ビアフラ湾からコンゴー河以南までの地域）からも多数の奴隷が送り出された。

この西アフリカはヨーロッパ人が現れる前に、いくつかの強力な王国によって統治されたことがあった。七世紀から一三世紀まで続いたガーナ王国、ガーナが凋落し始めたとき台頭してきたマリ（マリメレともマンディンゴとも呼ばれる）王国、一五世紀頃マリ王国と力を競うまでになったソンガイ王国（その統治範囲は大西洋岸からチャド湖周辺までおよび、西アフリカの歴史を通じて最大でもっとも強力な国家であった）などである。ソンガイ王国が一五九一年にモロッコ人によって征服されて以後、大きな王国は再び起こらず、小国間にほとんど絶え間なく戦争が生じていた。

ヨーロッパ人が初めてアフリカに到着して見た原住者は、原始的状態に暮らす「野蛮人」ではなかった。実際に、西アフリカ海岸沿いのいくつかの都市は、当時のヨーロッパの最大級の都市を除いて、どの都市より人口が多かった。小さな部族でさえ、高度に組織された経済機構や効率のよい農業技術によって支えられた独自の文化を有していたのである。アフリカの部族文化がヨーロッパ人の文化と顕著な隔たりがあったとするならば、後者にあった車輪や鋤、そして少数の例外を除いて文字の使用や火薬製造技術が、前者には見られなかったことである。さらにアメリカ・インディアンの場合と似て、各部族が互いに対立することが多く、使う言語も異なった。これらの理由により、共通の敵に対して力を合わせることは困難であった。

◇アフリカ文化の遺産としての奴隷制

アフロ・アメリカンの文化的遺産を論じるとき、奴隷制の存在を忘れることはできない。それは、ヨーロッパ人との接触が始まる以前から、アフリカにあった制度であった。刑罰を受けて他部族に売られた者、飢饉などのために家族によって売られた者、戦争捕虜などが各部族において、奴隷として使われていた。しかし、アフリカの奴隷制は後にアメリカ大陸において発達することになるものとは異なり、奴隷所有者は奴隷から大きな利益を得ることをおもに考えていたわけではなく、奴隷もかなりの自由を有していた。また、奴隷を作るために他部族の人間を捕捉したり誘拐したりする習慣は古い時代には存在せず、ヨーロッパ人との間にいわゆる奴隷貿易が盛んになってから生じた行為であった。

商品としての奴隷の輸送と交換は、ヨーロッパとアフリカとアメリカを結ぶ三角貿易の名で知られている。この中間部分すなわちアフリカからアメリカへの大西洋を越えての奴隷の輸送は、中間航路《ミドル・パッセージ》と呼ばれ、奴隷船がその主要な役割を果たした。奴隷船の内部の状態がいかに悲惨なものであったかについては繰り返し述べられてきた。ばら積み《ルースパッカー》にしろ、ぎゅう詰め《タイトパッカー》にしろ、船のあらゆる空間を利用して奴隷は積み込まれた。その結果、船内はきわめて非衛生になり、一七八九年のイギリス枢密院の推定で一二・五％という高い平均死亡率を生む原因となった。これに積み出し港に到達するまでの死亡率（推定で平均四・五％）とアメリカに到着後の気候馴化《じゅんか》期間中の死亡率（同三三％）を加えると、アフリカで買われた奴隷のうち、実に二人に一人は新大陸の開拓に参加できなかったことになる。このような悲惨状態の責任は誰に帰せられるべきかは難しい倫理的問題であり、軽々しくは論ぜられない。奴隷貿易（そこでは「黒い積荷」が輸送・交換される商品であった）に関してすぐれた研究のあるダニエル・P・マニックスの次の言葉は、その問題への重要な示唆をもつ。

アフリカからの奴隷とそれを売買するヨーロッパ人。

　「奴隷貿易の罪をどれか一つの国民に帰することは容易ではない。イギリス人、フランス人、オランダ人、デンマーク人、プロシア人、ポルトガル人、ニジェール川から海岸に奴隷を連れて来たマンディンゴ族、ダホメーの絶対君主、アメリカ人船長、コンゴ人の仲買人、オールド・カラバルのイボ族の商人等々、奴隷貿易はそれに関係したほとんどすべての者を残忍にした。奴隷貿易の罪は全面的に白人にあるというのではないし、部分的にアフリカ人の王と奴隷商人にあるというわけでもない。罪はそれを超えた人間性全体に……ある」（『黒い積荷』一九七六年）。

◇アメリカ大陸への「移住」

一五世紀末からの四〇〇年の間にアフリカからアメリカ大陸に輸入された奴隷の数は、一〇〇〇万人とも一五〇〇万人ともいわれている。このうち現在のアメリカ合衆国の地域へは、奴隷貿易が禁止される一八〇八年までに約四九万人が入ったと推定される。西半球の他の地域で奴隷の輸入がほぼ全面的に禁止される一九世紀半ばまでに、さらに二五万人が密輸入された。

エスニック研究の観点からいえば、これらアフリカからの移住者がどのような民族的文化をアメリカにもたらし、そこにおいて先住者であるインディアンおよび彼らをそこに連れていくのにもっとも関係のあったヨーロッパ人といかに融合したかが中心的課題となる。

奴隷船の中での黒人奴隷の体験は、文化の継承という点から見れば、一種のブランク状態であったといってよいであろう。大海の光景やそれと対照的な暗い船内の様子は、彼らに大きな不安を与えたものと想像される。彼らがそれまでに知っていた経験からは、そのような状況を説明できなかった。また、将来起こりうることも予測できなかった。不安と絶望から暴動を起こして命を失った者、海に飛び込むなどして自ら命を絶つ者、発狂した者がいた。もっとも悲劇的なのは、「固定性憂うつ症」

に陥った者である。これは十分な食物を与え、丁寧に扱い、比較的清潔な状態に置いても、奴隷が次々と死んでいく症状であった。ヨーロッパ人の医師たちは、奴隷のこのような状態を「はなはだしい［生きる］意欲の低下」と診断することができただけである、と前出のマニックスは書いている。このように生存が第一の条件であったとき、生き残ったものは彼らの悲しみを歌に託すことが多かった。よく出てくるのは故郷の思い出であり、それだけが彼らの苦しみを和らげることができたという記録が残されている。アフリカの文化的伝統は、このようにして辛うじて維持されたのであった。

アメリカ到着後は、プランテーションにおいて、タバコ、米あるいは綿花の栽培に彼らの労働力を提供したのであった。習慣や伝統の存続という点では、そこは奴隷船の中と同様に苛酷なものであった。合衆国においての場合、彼らに対して、アングロ・アメリカ文化への順応という圧力が加わった。そのような状況の中で、アフリカからの移住者は強固に自らの文化的遺産を守り、そしてアフリカ文化はアメリカで生きのびたのであった。とくに民話や信仰儀礼、さらには労働・遊び・美的表現（音楽や言語など）にアフリカ文化の影響は見られる。そこにアフリカ黒人の「活力」が現れている、と黒人の歴史家ジョン・ホープ・フランクリンはいう。黒人が「エスニック・アメリカ」の形成のもっとも早い時期から参加した貴重な構成メンバーであることは確かなことである。

3章 アングロ・アメリカ社会の形成

1 アングロ・アメリカ社会の形成

広義のグレートブリテン島出身者が、もっとも早い時期のイギリス領北アメリカ植民地の開拓者・移住者であったことは先に述べたとおりである。彼らが持ち込んだ諸制度や生活様式は、当時の北西ヨーロッパの共通文化であり、状況の変化に対応が可能で、異なった背景を有する人々にも適応できる普遍的要素が含まれていた。英語を母語としない移民の流入が顕著になっても、その優位性は揺るぐことはなく、後から到来した者たちはその習得に励んだ。多少の例外は見られたが、後にアメリカ合衆国となる地域において、英語を共通語とし、共和制・自由競争・陪審制が政治・経済・司法の根本的枠組みとなり、宗教的には政教分離の原則に立つキリスト教プロテスタンティズムが広範に受け入れられた（ただし、公定教会制度は一部の地域においては独立後も継続した）。平等主義、個人主義、勤勉・倹約の精神、自発的結社などの価値観が普《あまね》く行き渡ることとなった。イギリス文化が基底となる社会――アングロ・アメリカ社会――が北アメリカ植民地に構築されたのである。

2 イギリス領北アメリカ植民地のエスニック別構成

◇「新しい人間」のルーツ

ニューイングランド、中部大西洋沿岸、南部などのイギリス領北アメリカ植民地は、イングランドおよびイギリス本国の他の地域（ウェールズ・スコットランド・アルスター〔北〕アイルランド）出身者によって基礎が築かれたのであった。これらイギリス人より早くあるいはほとんど時を同じくして、フランス人、オランダ人、スウェーデン人が北アメリカ大陸北東部に植民地を建設したが、後にその多くはイギリス領に併合された。イギリス植民地には、ドイツから多くの移民が到来し、開拓の事業に参加した。宗派が異なるアイルランド出身者も多くいた。先に見たミシェル・ギヨーム・ジャン・ド・クレヴクールが、アメリカには「新しい人間」が誕生した、それは「ヨーロッパ人か、ヨーロッパ人の子孫かでもありますが、他のどの国にも見られない不思議な混血」であったと述べたのは、このような状況を描写したものであった（一章五節）。ただし、この「混血」に、先住民およびアフリカからの移住者＝黒人は加わらなかったことについては、本章四節および次章一節において触れられ

ニューイングランド植民地を開いたピューリタン　北アメリカのイギリス領植民地は早い段階からその人種・民族構成は多様であったが，グレートブリテン島（イングランド，ウェールズ，スコットランド）からの出身者がもっとも多かった。

よう。

◇イギリス領北アメリカ植民地のエスニック集団

イギリス領北アメリカ植民地へはグレートブリテン島出身者が多かった。以下、それぞれの集団について概観する。

イングランド系――とくにイースト・アングリア、エセックス、サフォーク、ケント、サセックス、バッキンガム、カンバーランド、ウースター地方出身者が多かった。彼らの移住の動機はさまざまで、また出身階層も多様であった。牧師や地主など郷紳階層や自営農民層に属する者もいたが、年期奉公人が過半数を占め、若い独身男性が多くを占めていた。この点については次節でさらに詳しく検討する。

ウェールズ系――ウェールズ（グレートブリテン島南西部、古名はカンブリア）からの移民およびその子孫。元来、ウェールズにはケルト系民族が住んでいたが、五〜七世紀頃侵入したアングロ＝サクソン人によりウェールズ人と呼ばれた。北アメリカ植民地に到着後の早い時期からアングロ・アメリカ文化に吸収された。

スコットランド系――スコットランドからの移民およびその子孫。イギリスのカリブ海植民地を経由して渡ってきた者もいた。イギリス系とは言語・慣習面で違いはあったが、共通した要素も多く、同化は早かった。おもに長老派、クエーカー派、カトリック教徒のいわゆる国教会不服従派が多かった。独立・建国期において、政治・学問の分野で指導力を発揮した。アメリカ独立宣言署名者五六名のうち、一一人はスコットランド系である。

スコッチ＝アイリッシュ系――スコットランド低地地方（アバディーン、エディンバラ、グラスゴーなど）からアイルランド島北部（アルスター、北部六州）へ移住した人々およびその子孫。彼らの大部分は長老派教徒で、イギリスの国教会制度への不満ならびに高い土地賃貸料が移住のおもな動機であった。北アメリカ大陸へは「第二の」移住となった。アルスター・スコッチあるいはスコットランド系アルスター人が正しい呼び方であるが、カトリック教徒のアイルランド系移民と区別するために、スコッチ＝アイリッシュ系という呼び方が用いられる。北アメリカ大陸到着後、おもに大西洋岸から二、三〇〇キロ奥地のアパラティア山脈地方に定着した。彼らはイギリス系とは言語・慣習面で違いがあり、不摂生・礼儀を弁《わきま》えないというマイナスのイメージをもたれたが、イギリス系との共通点も多く、アングロ・アメリカ社会への同化は早かった。その好戦的なイメージから、インディアンや本国という敵に対する緩衝《バッファー》として用いられることがあった。

アイルランド系――一七世紀初めよりアイルランド島から移住した人々。アメリカ独立宣言署名者五六名のうち、八人を数える。当初はスコッチ＝アイリッシュ系と区別されなかったが、社会的出自が低いこと、宗教がカトリックであることから、区別されるようになった。本国の飢饉を逃れてアメリカに大挙して渡り、北東部の衣服産業や林業に従事するようになるのは一八四〇年代以後の移民である。

スウェーデン系――一七世紀初めにデラウェア植民地（ニュースウェーデン）を設立したが、その支配は一六五五年に終わった。一七九〇年の時点で、デラウェア州人口の八・九％を占めていた。

オランダ系――一七世紀初めオランダはデラウェア河とコネティカット河の間の地域の領有を宣言した（ニューネーデルラント）。交易所が建設され、「パトルーンシップ」といわれる荘園制度の下に開拓作業が進んだ。さらに同領土の中心都市としてニューアムステルダムが建設されたが、一六六四年イギリスに支配される。その後、オランダ系住民はニュージャージーやペンシルヴェニアに移り住む者が多く出た。

フランス系――カナダから移住してきた者、フランスのプロテスタント（カルヴァン派のユグノー教徒）に信仰の自由を認めたナントの勅令廃止（一六八五年）後の弾圧を逃れて、サウスカロライナに渡った者が多かった。

スペイン系――一六世紀初頭以来、北アメリカ大陸南西部にスペイン人が植民地を建設したが、アングロ・アメリカ社会の形成に直接の貢献はなかった。ただし、この時期セファーディ系のユダヤ人がスペインから到来した（五章三節参照）。

ドイツ系――ドイツからの移民はとくに一七世紀末からペンシルヴェニアに数多く入った。同植民地は、信仰の自由を重んじ、彼自らが属するクエーカー派のように迫害されている人々のための安住の地を作ることに熱心であったイギリスの貴族ウィリアム・ペンの設立によるものであった。彼はヨーロッパとりわけラインラント地方のキリスト教敬虔派（メノ派やモラビア派）に向けてキャンペーンを行い、その結果同地方出身者が多く渡来した。彼らがドイツ語を含め独自の慣習を維持したことから、ドイツ系住民が「イギリス化」されるより先に、ペンシルヴェニアが「ドイツ化」されるのではないかという不安が一部のイギリス系住民の間に生じたこともあったが、ドイツ系は比較的早くアングロ・アメリカ社会に同化していった。

◇イギリス領北アメリカ植民地のエスニック別構成――統計から

上記のエスニック集団について、それぞれの数を測定する試みがなされてきた。もっとも頻繁に用いられる基礎統計は一七九〇年の第一回国勢調査であり、それに基づいた推計がなされてきた。総人口は三九二万九〇〇〇人で、白人は三一七万二〇〇〇人（八〇・七％）、黒人は七五万七〇〇〇人（一九・三％）であった。エスニック別人口を算出するのに名前（姓）の地理的分布が応用された。たとえば、イングランドとウェールズに多いパーカー（Parker）という名前を選んだとする。アメリカにおけるイングランド系とウェールズ系住民の総数（X）は、次の式から求められる。

$$\frac{X}{\text{アメリカにおけるパーカー姓の総数（1,120）}} = \frac{\text{イングランドおよびウェールズにおけるパーカー姓の総数（39,100）}}{\text{イングランドおよびウェールズの総人口（18,404,421）}}$$

$$X = 527,000$$

同じ式を他の名前にあてはめて計算し、平均を出せば、アメリカにおけるイングランド系とウェールズ系人口が算出される。同様の操作をスコットランド系、ドイツ系、アイルランド系、フランス系の名前に適用して行えば、それぞれの手段のアメリカの総人口に対する割合が算出される。

その結果は表3-1である。白人人口の四分の三近く（七四・一％）、総人口の約六〇％がグレートブリテン島出身者すなわち広義のイギリス系であったことが示される。しかし、この方法に関して、選ばれた名前は特定の地域に固有なものであるといえるか、いくつかの地域に共通の名前があるときその起源をどのように定めるか——たとえばアンダーソン（Anderson）、フレミング（Fleming）、ロス（Ross）、ウォーレス（Wallace）などはスコットランド系の名前であるが、イングランドの北部にも多く見られた——、移住者およびその子孫に名前の偏りはないか、基礎となるそれぞれの地域の人口算定は正確であるかなどの疑問が提起された。さらに、ドイツからの移住者の間にアメリカに到着後名前を英語で表記する（Anglicize）習慣があったこと——たとえばシュミット（Schmidt）やミュー

表 3-1　合衆国の民族別人口（1790 年）

（%）

州	イングランド系[1)	スコットランド系	北アイルランド系	エールアイルランド系	ドイツ系	オランダ系	その他[2)
ニューハンプシャー	61.0	6.2	4.6	2.9	0.4	0.1	24.8
マサチューセッツ	82.0	4.4	2.6	1.3	0.3	0.2	9.2
ロードアイランド	71.0	5.8	2.0	0.8	0.5	0.4	19.5
コネチカット	67.0	2.2	1.8	1.1	0.3	0.3	27.3
ニューヨーク	52.0	7.0	5.1	3.0	8.2	17.5	7.2
ニュージャージー	47.0	7.7	6.3	3.2	9.2	16.6	10.0
ペンシルヴェニア	35.3	8.6	11.0	3.5	33.3	1.8	6.5
デラウェア	60.0	8.0	6.3	5.4	1.1	4.3	14.6
メリーランド	64.5	7.6	5.8	6.5	11.7	0.5	3.4
ヴァージニア	68.5	10.2	6.2	5.5	6.3	0.3	3.0
ノースカロライナ	66.0	14.8	5.7	5.4	4.7	0.3	3.1
サウスカロライナ	60.2	15.1	9.4	4.4	5.0	0.4	5.5
ジョージア	57.4	15.5	11.5	3.8	7.6	0.2	4.0
全　国	60.1	8.1	5.9	3.6	8.6	3.1	10.6

（注）　1）　ウェールズ系を含む。
　　　　2）　フランス系，スウェーデン系，スペイン系および不明。

（出所）　Forrest McDonald and Ellen Shapiro McDonald, “The Ethnic Origins of the American People, 1790”.

表3-2　合衆国の民族別人口（1790年）

（%）

イングランド系	59.7
ウェールズ系	4.3
スコッチ＝アイリッシュ[1)]	10.5
スコットランド系	5.3
アイルランド系[2)]	5.8
ドイツ系	8.9
オランダ系	3.1
フランス系	2.1
スウェーデン系	0.3

（注）1）表3-1ではスコットランド系北アイルランドとして示されている。
2）同じく表3-1ではエールアイルランド系。

（出所）Thomas L. Purvis, "The European Ancestry of the United States Population, 1790."

ラー（Muller）はしばしばスミス（Smith）やミラー（Miller）に変えられた——が指摘された。

これらの点を考慮し、再計算したのがトマス・L・パーヴィスであった。結果は表3-2に示される。表3-1と比べて見ると、ウェールズ系が別項目として挙げられている。スコッチ＝アイリッシュ系（北アイルランド系）の比率が五・九％から一〇・五％へと倍近く増え——表には示されていないが、サウスカロライナにおいては総人口の一八・九％——、アイルランド系も増えていることが注目される。同じく表には示されていないが、パーヴィスはペンシルヴェニアとサウスカロライナにおけるイングランド系の割合を二五・八％、四七・六％と算出した。パーヴィスの数字が正しければ、ペンシルヴェニアでの最大のエスニック集団はドイツ系ということになる。

◆機能するアングロ・コンフォーミティ

イギリス領北アメリカに生まれた社会は新しい社会であった。各エスニック集団がそれぞれの特徴ある文化をもってその形成に参加したが，イギリス文化の影響が強く，その結果，エスニック的特徴がもっとも強く維持されるとされる言語と宗教の面でもそれへの同化が見られた。

フィンランド人の植物学者ピーター・カルムは一八世紀の中頃アメリカを訪れ，スカンジナヴィア系移民の状況を観察し，次のような記録を残した。

「われわれの案内人はスウェーデン人だった。彼の両親はおそらくスウェーデンから移住した者であろう，彼自身もスウェーデン人の女性と結婚していたが，スウェーデン語を話せなかった。このような〔若い〕男女の多くに会った。〔アメリカでは〕英語が主要な言語なので，誰もがそれを話すようになる。スウェーデン語が自分たちの言葉であるのにそれを使ったら本当のイギリス人と思われないことを気にして，スウェーデン語を話すことを恥じている。（中略）多くのスウェーデン人の女性がイギリス人と結婚している。スウェーデン語で話しかけても，彼らは英語で応える。スウェーデン語を話せるのに，それを使わせるのは難しい」（『北アメリカ旅行記』一七七〇年）。

一七世紀末にフランスのプロテスタント（ユグノー教徒）が信仰の自由を求めてサウスカロライナに渡ったことについては先に触れた。彼らの場合，二，三世代後にはフランス系の名前を除いて，イギリス系住民と区別することが困難になった。たとえば，教会の礼拝において本来の言語ではなく英語が用いられるようになった。彼らの属している宗派の教会が近くにないとき、教義的にもっとも近い他の宗派――ユグノー教徒の場合、長老派――の教会に出席することが多くあったとされる。かくてアメリカでは、同化が比較的遅いとされる宗教の分野でもイギリス文化への吸収が生じたのであった。

3 イングランドの労働人口のもっとも生産的な部分

◇「幸福な中庸状態」

アメリカに渡った者の多くは、自分で渡航費用を負担できる場合を除いて、その費用を肩代わりしてくれる人を見つけ、その人のもとで一定期間（通常は七年）働く方法を選んだ。

誰が年期奉公人になったか、いいかえればアメリカへの移住を選んだ者の社会的背景はどのようなものであったかについては、本国におけるはみ出し者、生活困窮者、浮浪者、孤児であり、ほかに人生を切り開く可能性がなかったからであるという説明がなされてきた。同時代の記録がそれを支える。前出のクレヴクールは『アメリカ農夫の手紙』で、「さすらい、働き、飢え、その一生を辛い苦難と切羽詰まった貧困の連続として送ってきた悲惨な人」「くにからは一きれのパンも与えられず、自分の畑の収穫ももらえず、体験したことといえば金持ちのしかめっ面、法律の過酷さ、獄屋と刑罰、そしてこの地球上の広大な表面にただ一平方フィートの土地も持てなかった者」がアメリカに渡ったと書いた。またベンジャミン・フランクリンはアメリカへの移住を奨励する文書――『アメリカへ移住しようとする人々』（一七八四年）――の中で、「それぞれの母国にいたら土地が完全に占有されていて、労賃も低いので、うまれ落ちた貧しい境遇から脱することはできなかったであろう」人々が、イングランドや、アイルランドや、スコットランドや、ドイツからやってきたと述べた。しかし他方フランクリンは、同じ文書の中で次のようにも書いている。

「アメリカでは、ヨーロッパの貧民ほど惨めな人々もいないし、ヨーロッパで富豪と呼ばれているような人々もごく少なく、全般的に幸福な中庸状態《ミディオクリティ》が広がっている。大地主もほとんどいないし、小作人もほとんどいない。大抵の人々は自分の所有地を耕作するか、何かの工業や商業に従事している」。

◇イングランドの労働人口のもっとも生産的な部分

人々が「幸福な中庸状態」にあり、それに満足しているような社会は安定したものであり、かなりの程度に統合が達せられているところである。少なくとも不満分子あるいは異端と見なされる構成員は目立つ存在ではない。このこと自体は、北アメリカ大陸のイギリス植民地にどの程度完成されたアングロ・アメリカ社会が形成されたかを示すものではないが、アメリカにおいてはかなりの程度に成功の機会があったこと、いいかえれば社会的上昇《モビリティ》の道が開かれていたことを、それは意味する。イギリス本国の制度や慣習を否定することは必要とは見なされず、むしろそれらの継続――イギリス的エスニシティの維持——が望ましいことと目されたのであった。

ミルドレッド・キャンベルは、一六五四年から一六八四年にかけてブリストルとロンドンからアメリカに渡った合計四三五六人の年期奉公人のうち、出発前の職業が判明している二一〇一人の社会的出自を調査し、アメリカに移住した者の多くは日雇い労働者、すなわち社会の下層に属する人々であったとするそれまでの定説を修正し、大半は農民と熟練職人であったとする解釈を提起した。移住者の中に上層の出身者が少なかったこと、また下層階級の出身者も少なかったならば、年期奉公人の多くはイギリス社会の中層から出ていたということになる。いいかえれば、アメリカで成功する可能性が高かったものは、本国でも成功を期待しえたタイプの人間であったという見方は単純すぎるかもしれない。しかし、一七世紀にブリストルとロンドンからアメリカに渡った者は「イングランドの労働人口のもっとも生産的な部分」であり、「どの船長にとっても西方への航海で運ぶことができた最良の積荷」であったという指摘は注目に値する。

4　黒人奴隷制の起源——人種奴隷制

人種が異なっていたために、アングロ・アメリカ社会において同化の対象とならず、また同化を期待されなかった一つの顕著な集団があった。アフリカからの移住者＝黒人である。彼らをアメリカに運んだ奴隷貿易については前章で見た。本章では、アメリカにおいて彼らを決定的に従属的な地位に押しとどめることになる奴隷制——主人と奴隷が異なる人種に属したという意味で、人種奴隷制もしくは黒人奴隷制と呼ぶのが一般的である——の起源について概観する。

現在アメリカ合衆国となっている領土に初めてアフリカからの移住者が到着したのは一六一九年のことだった。植民者から代表が選ばれ、最初の植民地議会が開かれたのもこの年であった。オランダ船により二〇人がヴァージニア植民地のジェームズタウンに運ばれてきた。彼らの地位は曖昧であったが、奴隷ではなかった。他の植民者の大部分と同じく、一定の期間労働すれば自由人となる資格を有する年期奉公人(indentured servant)として扱われた。その後黒人の年期奉公人は増えていく。それに伴い、白人の年期奉公人に対するのとは異なる規定が制定されるようになった。たとえば、黒人の年期奉公人が逃亡した場合の罰則は白人の年期奉公人が逃亡したときよりも厳しくなるよう定められた。これは通常奉公期間を延長することを意味した。そしてついには黒人の場合は年期を延長できないこと、つまり終身奉公人であることが一六六一年のヴァージニア植民地法によって定められた。

一六六一年のこの法律は、奴隷とは終身または永久に奉公人であることを明確化した最初のものである。このような差別的な待遇は黒人の奉公人に対して示されたのであり、終身の白人奉公人という範疇は存在しなかった。これに続いて、永久奉公人である黒人奴隷を取り締まるさまざまな法律が制定されるにいたる。たとえば奴隷は武器を携帯できない、集会が禁止される、奴隷に読み書きを教えることが禁止される、子の身分は母親のそれに従うなどであった。黒人は奴隷としてのみアングロ・アメリカ社会において生きることが期待され、言語や宗教などの面ではヨーロッパ文化を受容したのであったが、政治や経済活動の面ではヨーロッパ人と対等な位置に立つことはできなくなった。いいかえれば、黒人に対しては構造的同化の道は閉ざされたのである。自由人の地位をもつ黒人もいたが、その数は極端に限られていた。一七九〇年の第一回国勢調査によれば、黒人奴隷は六九万七六二四人を数えたが、自由黒人は五万九五五七人にすぎなかった。

5 独立戦争とエスニック集団

◆独立支持派（愛国派）の中のエスニック集団

イギリス領北アメリカ植民地の独立運動は、本国と植民地間の政治的関係における断絶の問題として見られることが多く、エスニック集団の視点から見られることは少ない。実際に、独立支持派（愛国派：Whigs, patriots）と反対派（王党派：Tories, royalists）を人種や民族を基準にして分類することはほとんど不可能である。どのエスニック集団にも両派が見られたからである。しかし、一般的にいって、スコッチ＝アイリッシュ系やドイツ系住民には独立支持派が多かった。

スコッチ＝アイリッシュ系には、イングランド人の支配に対して抗議する十分な理由があった。独立に反対し、本国とのつながりを維持しようとする王党派の中核は、本国から派遣されてきた総督と彼の部下および植民地における彼らの支持者であった。その勢力は司法機関や立法機関にあった。その下に、本国との結びつきを通して利益を得ていた地主・商人・専門職従事者たちがいた。このような地位にあった者はほとんどがイングランド人であり、他の集団はそこから遠ざけられる傾向にあった。したがって、本国とのつながりを強くもつイングランド人が大西洋沿岸地域に多くいたからこそ、奥地に住むスコッチ＝アイリッシュ系が独立を支持したのは予想されたことだったのである。

独立を支持する愛国派の植民地軍のかなりの部分は、スコッチ＝アイリッシュ系の兵士で占められていた。一七七七〜七八年の冬、フィラデルフィア西方のバレー・フォージでジョージ・ワシントンは厳寒の中で露営を余儀なくされたことがあった。食糧の不足や給与の不払いにもかかわらず、その苦難に耐えたスコッチ＝アイリッシュ系の兵の忠誠があったからこそ、越冬は成功し、植民地側は勝利に近づくことができたのである。本国側で闘ったヘッセ（ドイツ）人傭兵隊の指揮官の一人は、「この戦争に対してどのような呼び方をなさってもかまいませんが、どうかアメリカ人の戦争とは呼ばないで下さい。これは長老派のスコッチ＝アイリッシュ系の戦争というよりほかに呼びようがありません」と記したほどである。

イギリス系の同胞からは不信の目で見られていたドイツ系住民であったが、彼らもまた独立戦争を支持した。ボストン茶会事件（一七七三年）以後ボストン港が封鎖されたとき、ボストンおよびその周辺の町に大量の生活必需品を送ったのは、ペンシルヴェニアのドイツ系の農民であった。非暴力主義の立場から、ノースカロライナのモラビア派やクエーカー派のように、直接戦闘に加わることを禁じた宗派があった。彼らは代わりに、定められた額の三倍以上の税を納めたのであった。しかし彼らの中でも、銃を取って闘う道を選んだ者もいたが、そのような場合、教会や育った共同体から追放されることがあった。彼らは自ら選んだ行為の代償を払ったのである。このような犠牲は、少数派集団の価値観とより大きな集団（多数派社会）の価値観が対立するときにしばしば生じる。このような個対全体という問題は、多民族国家としてのアメリカがその発展途上においてしばしば将来直面することになるものであった。

◇「アメリカ独立宣言」におけるエスニック集団への言及

最後に、「アメリカ独立宣言」は、イギリス国王の植民地に対する暴政を列挙し、植民地の分離・独立の正当性を訴えたのであったが、本書のテーマと密接に関連する箇所がいくつかある。たとえば、

「彼は諸植民地の人口の増大の阻止に努めた。その目的のために、外国人の帰化を妨げ、移民の来住を促進する立法の成立を拒み、土地の新しい取得の条件を厳しくした」

とある。これは、イギリス本国を離れようとする者（とくに有能な職人）に対し、当時としてはきわめて高額の五〇ポンドの出国税を課したことに抗議したものであった。現在の言葉を用いるならば、「渡航の自由」を要求したものであった。前半の部分は、同じく現在の言葉を用いるならば、「国籍離脱の自由」を抑制することへの抗議の姿勢を示したものである。

「アメリカ独立宣言」の最終案では採択されなかったが、原案には次のような一節があった。

「イギリス国王は、彼に何ら危害を加えたことのない遠い地の人間をとらえて、西半球に送って奴隷とし、あるいはその輸送途上において惨めな死に至らしめ、これらの人間にとって最も神

聖な権利である生命と自由とを侵害してきたが、これはまさしく人間性自体に対する残虐な戦いというべきである。この海賊的な戦い、信仰に背く権力行使が、キリスト教徒たるイギリス国王の戦いのやり方なのである。彼は、人間の売買のための市場を長く開放しておくために、このいまわしい通商を禁止ないし制限しようとする立法上の試みを一切抑えようとして、国王の拒否権を悪用した。このような恐るべき事実があってもまだはっきりした印に欠けてでもいるかのごとく、彼は今この奴隷たちをして、われわれに歯向かわしめ、彼らから奪った自由を、かつて彼らを売り渡した相手方を殺すことによって、買い取らしめようとしている。かくしてイギリス国王は、黒人の自由に対してなした犯罪を、別の人々の生命を犯せしめることによって償おうとしているのである」。

この部分は、もし採択されていたならば、「アメリカ独立宣言」のクライマックスになるべく計算されていた。しかし奴隷制の成立・継続を国王のみの責任に帰するのは正しくなかった。国王は、所有者による自発的解放《マニュミッション》は禁止していなかったからである。また奴隷制に基づいた農業経営に支えられていた南部植民地のみならず、北部・中西部植民地も奴隷貿易による恩恵を受けていたことは明らかであった。奴隷制廃止が全植民地の一致した見解であるとすることも正しい判断ではなかった。イギリス本国軍が奴隷を徴用したことに抗議しているが、奴隷取締法によって奴隷の武器携帯を禁止していたのは、植民地の奴隷所有者たちであった。したがって、この箇所が最終案に採択されなかったことは、奴隷制が存在し根づいていた現実を踏まえれば、理に適ったことであった。問題は、本国からの分離・独立が達成され、新国家が建設される際、このことについていかなる決定がなされようとしていたかである。このことについては、先住民の処遇の問題と併せて次章において検討されよう。

4章 国民的統合に向けて——民族のパノラマ

1 合衆国憲法におけるエスニック規定

◇国民としてのまとまり

一七八七年五月から九月にかけフィラデルフィアで、連合規約（独立宣言後の旧イギリス植民地〔邦〕間の連携のあり方——相互の関係〔連合〕、宣戦と講和、外交使節の交換、条約の締結などについて——を決めたもの。一七八一年批准・成立。連合の呼称をアメリカ合衆国と定めた。連合は課税権をもたず、対外通商および諸邦間の通商を規制する権限をもたず、各邦からの拠出金によって運営された）を改正するための会議が開かれた。そこで採択された最終案は連邦（合衆国）憲法案として認められ、翌一七八八年に必要な九邦の批准を得て、合衆国憲法として成立した（以前の植民地は独立後は“state”と呼ばれることになるが、連合規約が機能していた期間については「邦」、新憲法が成立してからは「州」と呼ぶのが一般的である)。同憲法に基づき、新国家アメリカ合衆国の統治機構および産業システムは憲法制定時には未熟であり、時を経て整備されることになる。

以下、エスニック状況にかかわる憲法上の規定を見ることにする。

◇先住民の扱い

合衆国憲法は、いずれも立法府（議会）の権限を定めた二カ所で先住民に直接言及している。

「下院議員および直接税は、この連邦に加入する各州の人口に比例して、各州の間で配分される。各州の人口は、年期奉公人を含み、課税されないインディアンを除外した自由人の総数に、自由人以外のすべての人数の五分の三を加えたものとする」（第一条二節三項）。

「諸外国との通商、および各州間ならびにインディアン部族との通商を規定する」（第一条八節三項）。

先住民は、課税されるか課税されないかを問わず、アメリカ合衆国領土内に住んでいても合衆国市民として認められなかった。いいかえれば外国人と見なされたのである。明らかに他の住民と比べて「低い」法的地位に置かれていたのであり、不利益を被むるであろうことは予測されたことであった。後のアメリカ合衆国－インディアン関係の歴史は如実にこのことを示す。先住民の市民権が全般的に認められるのは、一九二四年に「インディアン市民権法」が制定されるまで待たなければならなかった。

◇奴隷制の存続

先住民の法的地位に関する取決めは、彼らの多くが現実に合衆国の管轄領域外に居住していたことを考慮しても、きわめて公正に欠けたものであった。黒人――第一回国勢調査の時点でその九割以上が奴隷として報告された――の場合、その人口算定は、奴隷制擁護論者と反奴隷制論者の間の妥協の結果定められた。

合衆国憲法において当初定められた各州の人口算定の方法は先に見たとおりである。その中で、「自由人以外のすべての人数の五分の三を加えたもの」とあるのは黒人を指したものであることは当時普《あまね》く理解された。奴隷制を認めている地域とそれを禁止している地域が黒人奴隷の処遇について到達した妥協の結果、このような数的表現が生まれたのである。自由の身分であれ奴隷であれ、黒人は白人の「五分の三」の人間的価値しかないということを、この憲法の文言は述べているものではない。しかし、彼らが自由白人と対等な地位にないことは確定されたのであり、以後「五分の三」というフレーズは人種差別を象徴する言葉として、奴隷制廃止論の中核をなすものとなる。

アメリカ合衆国憲法ではそのほかに奴隷制に関して、一八〇八年より以前は奴隷貿易を禁止してはならない（第一条九節一項）、逃亡奴隷は逮捕し所有者に引き渡さなければならない（第四条二節三項）とした取決めがなされた。これらのことから、憲法制定者たちには奴隷制廃止の構想《ビジョン》はなかった、いいかえれば、彼らは奴隷制の継続を意図したのであり、アメリカ合衆国憲法は奴隷制擁護の歴史的文書であるという指摘が近年とみにされている。その指摘は大枠において正しい。しかし、憲法には奴隷制の廃止を可能にする条文も内包されていたこと――たとえば「共同の防衛および一般の福祉」を促進できることを謳った第一条八節一項など――および植民地時代から奴隷制廃止の請願および運動が展開されていたことも無視されてはならない。しかし、政治的および経済的理由から奴隷制の存続を正当化する勢力が強かったこともあり、人種の違いを理由にしたこの制度の存廃をめぐる論争の決着は、戦場において多数の犠牲者を出した一九世紀半ばの南北戦争が終わるまで待たなければならなかった。解放された奴隷の処遇の問題はなお残り、完全に統合されたエスニック・アメリカの到来はなお先の時代まで延期されることになった。

◇外国人法・扇動防止法

一七九八年六〜七月、連邦議会は①「帰化法」、②「外国人法」、③「敵国人法」、④「扇動取締法」の四つの法律を採択した。それらはまとめて「外国人法・扇動防止法」と呼ばれる。①は、従来あった法律を改正し、合衆国市民権獲得（帰化）のために必要な居住期間を五年から一四年に延長し、合衆国と交戦状態にある国の市民は帰化不能であるとした。②は、大統領に合衆国の平和と安全にとって危険と目される外国人を国外に追放する権限を認めた。③は、合衆国が宣戦した国または合衆国に対して侵略を企てようとしている国に属する外国人で一四歳以上の男子は「敵国人」として逮捕され、強制収容もしくは国外追放の処分を受けるとした。そして④は、内乱・暴動・不法な集会を企てるかこれらの行為を教唆した者は五〇〇〇ドル以下の罰金もしくは五年以下の懲役に処せられること、大統領または連邦議会に対しその名誉を毀損するような虚偽または悪意のある文書を発表した者は二〇〇〇ドル以下の罰金または二年以下の懲役に処せられると定めた。

このような法律を制定することは政府批判の抑圧につながるので「言論・出版・集会の自由ならびに請願権」を保証した合衆国憲法修正第一条に違反する、あるいは政府に対する陰謀もしくは政府の高官に対する名誉毀損が問われる係争事件を連邦裁判所が審査できるとすることは州の留保権限を認めた同第一〇条に違反する、という批判が起こった。しかし、当時政権の座にあった連邦派は、ヨーロッパからの政治的亡命者——その多くはフランス・ジャコバン党員、反英的なアイルランド愛国派ならびにイギリスの急進的政治思想家——が増加していること、そして彼らが対抗勢力である共和派と連携することに危惧を抱き、その予防のための措置として「外国人法・扇動防止法」を決めたのであった。とくに④「扇動取締法」の有効期限が在任中の大統領の任期が終わる一八〇一年三月三日に定められたことから、連邦派が高尚な憲法的議論より目先の大統領選挙を優先的に配慮していたと解されてきた。

実際には、外国人法・敵国人法に基づいて合衆国外に追放された外国人は一人もいなかった。しかし扇動取締法に基づき逮捕された合衆国市民の数は二五人に及び、一〇人が有罪の宣告を受けた。スコットランドからの移民であったジャーナリストのジェームズ・T・キャレンダーは「先導的ならびに合衆国政府に対する名誉毀損の」発言を問われ、訴追され、懲役ならびに罰金刑を課せられた（一八〇〇年四月）。しかし、彼は翌年トマス・ジェファソンが大統領に就任すると同時に釈放されたのであった。

◇一八〇〇年の大統領選挙とエスニック票

一八〇〇年の大統領選挙は、連邦派で現職のジョン・アダムズに代わって共和派のジェファソンが選ばれた、アメリカ合衆国史上有名な選挙の一つである。このとき決定的であったのはニューヨーク州での票の行方であった。一七九六年の大統領選挙では同州の一二の選挙人票はアダムズに投ぜられたのであったが、一八〇〇年には全票（一二票）がジェファソンに行き、彼の選挙人数における僅差の勝利（七一対六五）につながったのである。当時、ニューヨーク州では、同州に割り当てられた数の選挙人は州議会が一括して選出することになっていたので、大統領選挙（一一月）より前に行われる州議会議員の選挙（五月）に共和派は力を注いだ。とくにニューヨーク市のフランス系およびアイルランド系住民の票を確実に獲得した共和派は、州議会で多数派を占め、秋の大統領選挙で同派の候補者に投票するであろう選挙人の選出を可能にしたのであった。かりに州議会による一括選出ではなく、州内の選挙区ごとに決定される方法がとられていたならば、ニューヨークの一二票の行方は予断を許さないものとなったであろう。

2 進む同化と吸収――民族のパノラマ

◆移民の再開――西部のフロンティアへ

一八一五年から一八六〇年にかけての時期に、新国家としてアメリカ合衆国が誕生してからヨーロッパからの移民が多数到来し、ヨーロッパ移民の第一波と呼ばれる（ヨーロッパ移民の第二波は南北戦争後の三〇年間にあたる）。一八二〇年代の一〇年間に約一三万人の移民があったが、一八五〇年代の一〇年間はその数は二八一万人に達した。この時期の移民は、合衆国の広大な処女地における経済的な機会にひきつけられた人々と、本国における生活の困窮と政治的不安定から逃れてきた人々が主であった。これらの移民の半数以上はイギリス諸島、とくにアイルランドからの移民であった。これに次ぐのがドイツからであり、少数ではあるがフランス、ノルウェー、スウェーデン、オランダ、スイスからの移民もいた。

ドイツからの移民は、ババリアなど南ドイツの出身者が多かった。この地方もしばしば不作に見舞われ、また農民は高い小作料に苦しんでいた。さらに産業化に伴う社会の動揺ならびに一八四八年の革命（三月革命）に象徴される政治的不安定さとが相まって、アメリカへの移住の気運が高まっていたのがそのおもな理由である。

ドイツ系移民はアメリカ到着後、中西部の農業地帯もしくはこの時代になって姿を現し始めた都市

表 4-1　合衆国への移民（入国者）数

（人）

年	総　数	主な出身国（地域）		
1820〜30	152,000			
		アイルランド	ドイツ	フランス
1831〜40	599,125	210,000	150,000	45,000
		アイルランド	ドイツ	フランス
1841〜50	1,713,000	780,000	435,000	77,000
		ドイツ	アイルランド	イギリス
1851〜60	2,598,000	950,000	914,000	247,000
		ドイツ	アイルランド	イギリス
1861〜70	2,315,000	787,000	435,000	222,000

（出所）中屋健一編『アメリカ入門 12 講』三省堂，1982 年。

に移り住んだ。ミネソタやウィスコンシンに定住した彼らは、その地域での酪農業の基礎を築いた。イリノイやミズーリに住んだ者は小麦栽培に貢献した。テキサスとくに西テキサスはドイツ人の開拓地が多く、さらに遠く太平洋岸まで達した者もいた。ゴールドラッシュのきっかけとなった一八四八年の金発見は、ドイツ系住民のジョン・サッター所有の地で行われたことである。そしてシンシナティやミルウォーキーやセントルイスがドイツ人の町として発達したことはよく知られたことである。

西部フロンティアの開拓といえば、デンマーク、ノルウェー、スウェーデンなどのスカンジナヴィア系移民の果たした役割を忘れてはならない。彼らは、気候やその他の自然環境が彼らの母国と似たアメリカの中西部を居住地として選んだ。ミシシッピ川沿いのアイオワやダコタに彼らの残した文化的影響は今日でも見られる。また、一八四〇年代にはオランダからも移民が到来し、ニューヨーク西部からミシガン、さらにはワイオミングにまで入ったことが知られている。フロンティア開拓の歴史は、これら北欧系移民の歴史であったといっても過言ではないであろう。

◇都市のフロンティアへ

さまざまな理由から、上陸地から遠く隔たった内陸部まで入れなかった者も多くいた。彼らは、ボストンやニューヨークやフィラデルフィアなど、いわば都市のフロンティアを選んだのであるが、そのほとんどはアイルランド人であった。いい方をかえるならば、アイルランドからの移民の大多数（九〇％以上と推定される）は、おもに経済的および宗教的理由により都市に定住することを選んだのである。本国での飢饉を逃れてきたり、第二次囲い込み運動によって土地を失ったという背景が、彼らの多くにあったことを考慮するならば、西部に土地を求め、開拓に必要な資材を準備することが彼らにとって経済的に困難であったことは理解できる。彼らの信仰するカトリック教会が都市に多くあったことは、彼らをそこに引きとどめておく大きな誘因であった。彼らが都市に居住地を選んだもう一つの大きな理由は、政治的なものであった。彼らはいわゆる政治マシーン（ボス）を通して自分たちの権利や利害関係を守り、その勢力を増すことに成功したのである。このようにしてアイルランド人は、この頃新たに興った工場で職工として働いたり、個人の家で召使いとして働いたのであるが、彼らはいわば社会の底辺を支える重要な礎となったのである。しかしその反面、反アイルランド人感情が高まり、外国人排斥の気運が広がったことはまことに皮肉なことであった。

◇民族のパノラマ

連邦政府が入国者に関する全国的統計を取り始めるようになったのは一八二〇年からである。しかしこのことは、連邦政府が新たに移民の流入に関する制限を設けたという意味ではない。移民に関することがらは依然として各州の措置にまかされたのであり、その結果、入国者数は前掲表4－1に示されるように、一八二〇～三〇年の時期から一八六〇～七〇年の四〇年間に、約一五倍に増えたのであった。したがって、一九世紀の最初の半世紀が過ぎるより前から、合衆国は多様な民族構成の国であるという認識が当時の人々にあった。先に見た、アメリカは「多数の民族からなる国家《ネーション・オブ・ネーションズ》」であるというホイットマンの発想は、きわめて広く行き渡っていたのである。

ホイットマンと共通した表現は、この頃の文献には頻繁に見られる。たとえばハーマン・メルヴィルは、「この西半球においてはあらゆる部族《トライブ》と人間が一つの国をつくっている」といっている。スイス人のフィリップ・シャフが一八五四年にベルリンの聴衆を前にして行った講演は、あたかも、合衆国への入国者の出身地一覧表を読みあげているように思われた。彼はいう。

「そこ［合衆国］ではイングランド人、スコットランド人、アイルランド人、すべての州からのドイツ人、スイス人、オランダ人、フランス人、スペイン人、イタリア人、スウェーデン人、ノルウェー人、ポーランド人、マジャール［ハンガリー］人が、よく知られているそれぞれの民族的特徴（その長所と短所）をもって、政治的および社会的平等のうちに平和に住んでいる」。

そこには、まさしく、民族のパノラマが展開していたのである。

しかしこのことは、文化多元主義の考え方が当時有力であったことを意味するのかというと、必ずしもそうではない。統合の力は十分に強く作用していた、と見るのが正しいであろう。連邦議会は一八一八年に、ニューヨークとフィラデルフィアのアイルランド系住民から出されていた、西部における土地の下付を願う申請を却下したが、これは画期的なことだったといえる。もしこのような申請が認められるならば、同様の申請が他のエスニック・グループからも出され、その結果、合衆国の中に外国人区域（国家の中の国家）が形成されることにならないか、という懸念が国民のかなりの部分にあったことが、このような決定をもたらしたといっても過言ではないであろう。この頃のアメリカには、たとえばセクショナルな力（南部、西部、北東部）が働いており、分散化の諸傾向が存在したのは事実である。しかしそれは、多様なエスニック集団の分離を認めるものではなかった。パノラマは、あくまでも、全体的なまとまりがあって初めて成立しえたのである。

◇民族のパノラマからの除外者

アメリカにおけるこの民族のパノラマに入ることを認められなかった二つのグループがあった。まず黒人である。この時代にわずかな例外を除いて、黒人は南部諸州において農業奴隷として働いていた。彼らこそ南北戦争前《アンテ・ベラム》のプランテーションの生活を支えていた真の功労者であった。しかし黒人奴隷は彼らの労苦を報われることは少なく、彼らを束縛していた制度の犠牲になることがむしろ多かったといえよう。「奴隷制のもっとも深刻な害悪の一つは、家庭の幸福を破壊する傾向である」と一八世紀のイギリスの地質学者チャールズ・ライルはいったが、彼の意味したところは、異人種間の交わり、すなわち混交《ミセジネーション》の影響についてである。これは、黒人の女奴隷が白人の主人の気まぐれや欲望にしたがうことによって起こることであったが、その影響は奴隷の「家庭の幸福」に対してのほうが、白人家庭のそれより大きくかつ深刻であったことは明らかである。このような結びつきから生まれた子どもが母親の地位にしたがって奴隷とならなければならなかったことも不幸であった。一八六〇年には全奴隷人口は三九〇万を数えたが、そのうち四一万がムラート（混血）だったのはこのような理由による。

もう一つのグループは先住民である。彼らの場合、建国以後の合衆国の発展の前に「後退」を余儀なくされたのであった。彼らはそのために生存をかけて白人社会に戦いを挑まなければならなかった。一八一二年戦争に乗じイギリス軍と連合してアメリカ軍と戦ったショーニー族長テクムシの場合は、そのよい例である。しかし彼は、ウィリアム・H・ハリソン将軍の率いるアメリカ軍に敗れ、その志は成らなかった。

黒人と違って先住民は北アメリカ大陸に長期間住んでいたので、住み慣れた土地を離れることほど彼らにとって悲劇的なことはなかった。しかし一九世紀前半の先住民と白人の関係の歴史は、後者のうながしによる前者の数千キロ離れた遠隔の地への移住、いわゆる強制移住によって彩られている。そのように移住させられた中に、チカソー族、チョクトー族、クリーク族、チェロキー族がいた。これらの部族はいずれもジョージアやミシシッピなどに居住していたのであったが、「インディアン強

図 4－1 「涙の道」

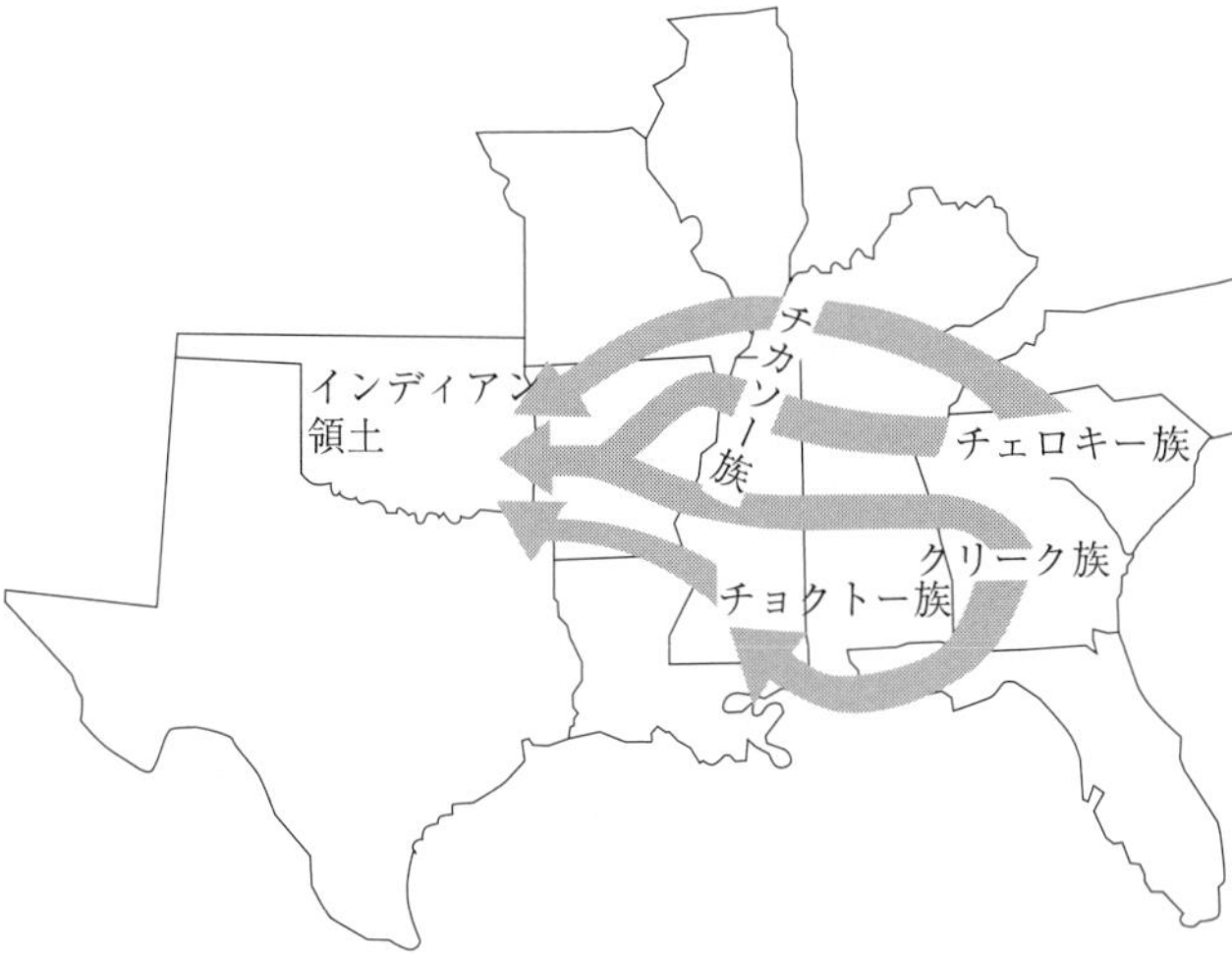

1830～50 年にかけて，インディアン（先住民）をミシシッピ川以東の居住地から同川以西の「インディアン領土《テリトリー》」（現在のオクラホマ州）に移住させる政策が取られた。アメリカ合衆国発展の妨げになると見なされたからであろう。しかし移住は彼らの伝統と文化を無視して強制的になされたもので，多くの犠牲を伴った。

制移住法（Indian Removal Act）」が制定された一八三〇年以後、ミシシッピ川以西の地に移住することを余儀なくされたのであった。とくに約二万人のチェロキー族がジョージア、ノースカロライナ、アラバマからアーカンソーまで辿った道は、目的地に到達するまでいくたの苦難を越えていかなければならず、また多くの死者（約六割）が出たために「涙の道《トレイル・オブ・ティアズ》」と呼ばれてきた。しかし、チェロキー族に限らず強制移住させられた部族の数と同じ数の「涙の道」が生まれたことを忘れてはならない。平原地方の部族も、合衆国の発展（「明白な運命《マニフェスト・デスティニー》」）の影響を免れることはできなかった。その数を増していく白人の開拓者と、あるいは獲物をめぐって競い、あるいは土地の所有権をめぐって争ったのであった。一八五〇年にニューメキシコは准州に編入されたが、その地域の「先住民」であり、メキシコから同地域が合衆国に割譲される以前はメキシコの市民権を有していたプエブロ族は、合衆国市民としての諸権利は与えられなかった。アングロ・アメリカ社会が先住民を同化の対象から除外するというパターンは、ここにおいても示されたのであった。

3　ネイティヴィズム（反外国人感情）の表れ

◇社会問題のスケープゴートとして

われわれが本章で扱ってきた一九世紀初期は、一般に「コモン・マンの時代」と呼ばれる。国家の成長と繁栄に多くの国民が寄与し、またその恩恵を享受したという意味がそこにはある。移民もまたその作業に参加したのであり、その過程において彼らが本来もっていた目的を実現させたのであった。アメリカは彼らにとって、まさに「機会と成功の国」であった。その意味で、この時代の代表的なスローガンであった「明白な運命」（アメリカ合衆国が発展しその領土が太平洋岸にまで達するのは宿命的であるという考え）という言葉が、アイルランド系のジャーナリスト、ジョン・オサリバンによって最初に使われたのは象徴的である。

しかし、この時代はまた、移民に対する批判や攻撃が顕著に出始めたときでもあった。とくに、アイルランド系移民がその対象になることが多かった。彼らの大部分がカトリック教徒であったことがそのおもな理由である。たとえば、彼らは自分たちの子どもを公立学校にやらないで、教区学校で教育を受けさせるほうを選ぶのが常だった。政教分離の原則はあったが、合衆国の公立学校で教えられる倫理的・道徳的観念がプロテスタント的影響が強いものであったので、アイルランド系移民はそれを避ける傾向があった。しかし他方で、公教育への信頼（背景の異なる国民に市民的美徳を教え、社会において成功するのに必要な知識や技術を教える場としての学校という信念）があったとき、カトリック系の施設では風紀が乱れており、教えられる科目は邪悪な内容であるという根拠のないうわさが広まる素地は十分にあったのである。ボストンにおいて修道院の付属学校が焼き打ちされる事件（一八三八年）や、ニューヨークで教区学校設立についての公的資金援助の是非をめぐる論争（一八四〇年）が起こったことは、このことを如実に物語っている。

アイルランド系移民に対する攻撃を彼らの宗教の違いだけに帰することはできない。彼らを含め外国人に対する反感（そこには外国生まれの者と比してアメリカ生まれ《ネイティヴ》の者は優越するというニュアンスがあるので、ネイティヴィズムと呼ばれる）には複雑な要素がからんでいた。その一つは、当時の社会問題のスケープゴートに外国人を置く風潮があったことであり、二つめには、その政治的影響ゆえに彼らが恐れられていたことがあった。

電信の発明で有名なサミュエル・F・モースの次の言葉は第一の点を示す。

「次々と到着する船で運ばれてくる外国の騒擾や、司祭によって操られている数万、いや数十万という機械［人間］によってもち込まれる暴動や無知が、何の前触れもなしにわれわれの社会に放り込まれて、混乱や不安が生じないことなどありえようか。澄んだ水に泥を投げ込んだとき、その水がにごらないということはないでありましょう」。

社会の変化が急なとき、そのことから起こる不安や動揺の原因を少数派の弱者に帰し、そうすることによって安定したアイデンティティを得ようとするメカニズムは、いつの時代にも存在するように見える。

◇ノー・ナッシング党

移民の大量流入に対して示された政治面での反応は、反外国人感情を党是とした政党の結成ということに、端的に示された。正式名をアメリカ党と称するこの政党は、「私は何も知らない《ノー・ナッシング》」党の名で広く知られている。従来、同党はアメリカ国内の反カトリックの風潮が現れたものとして説明されてきたが、ここでは、移民だけではないアイルランド系の全住民を対象とした政治運動であったという解釈を提起する。

この時代には奴隷制廃止の問題、関税の問題、国内交通改善の問題など、大きな政治的課題が多くあった。このような問題の帰趨にいわゆる「民族票」がどのような影響を及ぼすかに、人々の関心はあった。このようなときノー・ナッシング党は、「民族票」とくにアイルランド系住民の票を最小限に抑えるための動きを結集したものであり、奴隷制廃止論者や禁酒運動家などの社会改革者、産業構造の変化によって職を失った労働者、あるいはアイルランド系の支配をいさぎよしとしないフランス系のカトリック教徒が加わった。実際にその構成は多種多様であったのである。

その成立については不明な点も多くある。一八四五年にフィラデルフィアで結成されたネイティヴ・アメリカン党とのつながりがあったとも考えられているが、一八五二年頃ニューヨークを本拠にした秘密結社として発足したというのが定説である。一八五四〜五五年の最盛時には党員数は一五〇万人に達し、連邦議会下院議員・州知事・市長・地方議会議員選挙において多数の当選者を出した。そして、一八五五年に開かれた全国協議会で、市民権取得資格として二一年の居住期間の制定、公職からの帰化外国人の排除、学校におけるプロテスタント聖書の使用の強制を謳った党綱領を採択したのであった。

同党の消滅は、その成長と同様に急速であった。とくに奴隷制廃止問題をめぐって党内の対立が明確になったのであるが、奴隷制反対派は共和党に加わった。共和党からの働きかけがあったからである。このこととの関連において、ノー・ナッシング党批判の立場が明確に示されている、後に第一六代大統領に選出されるエイブラハム・リンカーンの次の言葉は注目に値する。

「私はノー・ナッシングではありません。それは確かです。どうして私がそうありえましょうか。黒人に対する抑圧を嫌悪する者が、白人の尊厳を傷つけるようなことを望んだりしますでしょうか。……わが国は、『人はすべて皆平等に造られている』ことを初めに宣言しました。それが『人はすべて黒人を除いて平等に造られている』と読まれるようになり、さらに将来ノー・ナッシング党が支配するようになるならば、『黒人と外国人とカトリック教徒を除いて』と読まれるでしょう」。

かくて、ノー・ナッシング党は移民を制限することをめざしていたのではなく、移民の政治参加を制限することが最大の関心であった。この二つは同じものではないことを記憶しておく必要があるであろう。アメリカは外国人にとって機会と成功の夢が達成される国であるというイメージを否定する意図は彼らにはなかったのであり、むしろアメリカの吸収力を信じて疑わなかったといってはいいすぎであろうか。しかし、移民制限と移民の政治参加の制限の違いは微妙であり、状況が変わることにより前者の方向に傾いていったことは、南北戦争後の歴史が示すとおりである。

4　南北戦争と黒人

◇南北戦争と「エスニック・グループ」

南北戦争は、アメリカ合衆国の歴史を通じて最大の出来事であった。人種・民族関係の観点から見て、いくつか重要な要素が含まれていた。第一に、北部とくに中西部のスカンジナヴィア系やドイツ系住民が奴隷制に反対し、自営農地の拡大や鉄道建設への関心からそれらの政策を進める共和党を支持したのである。第二に、これに反しアイルランド系住民は、解放後は彼らの経済的ライバルになると予想される黒人奴隷のために戦うことを嫌い、共和党（リンカーン）政権の戦争遂行政策を批判する民主党を支持することが多かった。第三は「奴隷解放宣言」である。これはリンカーン大統領により、前年九月二二日の「予備宣言」で述べられたとおり、一八六三年一月一日に発せられたもので、同日以降、反乱状態にある諸州のすべての奴隷は自由の身になるというものであった。実際には、この宣言によって一人の奴隷も解放されることはなかった。また、「反乱状態にある諸州」の奴隷でこの宣言について知らされていた者の数はきわめて限られていた。しかしそれは、アメリカ合衆国のよって立つ自由と平等の理念の象徴として、大きな意味をもつことになる。

人種・民族関係の観点からはさらに二つのテーマが注目される。徴兵暴動と黒人部隊の編成のテーマである。前者は、この時代に北部においても人種の隔たりがあったことを示す顕著な例としてしばしば指摘される（ただし、後で見るように、人種的偏見が暴動のすべての背景ではなかった）。他方、後者は、黒人が単に傍観者あるいは恩恵の対象としてではなく、自らの努力によって（そして、多大な犠牲と引き換えに）自由を獲得することができたことを示す証拠として、近年目立って取り上げられる。

◇徴兵暴動

徴兵は、戦争遂行に必要な兵力を確保するために取られる方法である。一八六三年三月三日、大統領（リンカーン）が署名し、アメリカ合衆国最初の国家徴兵制度のもととなる連邦徴兵法が成立した。対象者の年齢別リストより抽選によって選抜することと、免除対象者ならびに身代わりもしくは免除金制度（三〇〇ドル）を定めたものであった。

これに対し、アメリカ合衆国全土で同法への反対運動が起こった。なかでも、抽選日の七月一三日から一六日まで続いたニューヨークでの暴動は、その規模において最大のものであった。組織的に黒人への襲撃――黒人孤児院やテネメント（下層階級の人々が住む共同住宅）などが対象とされた――がなされ、リンチが行われた（犠牲者の数についてはさまざまな説があるが、一一名というのがもっとも信頼できるものとされている）。また、アイルランド系労働者が多かったことと合わせて、このような襲撃は「黒人の存在そのものを抹殺し、払拭したいという強い意志」の表れであり、「人種混血への恐怖」が働いていたとみる解釈もある。しかしこの事件を人種的要素だけで捉えるのは不十分であろう。第一に、徴兵法の規定には明らかに公正さを欠いた部分があり、第二に、人々を暴動に駆らせたのは将来（奴隷制廃止後の新しい人間関係）への不安が一方に、社会のエリートによる管理に対する反発が他方に作用していたとも考えられるからである。

◇黒人部隊の編成

当時兵力を確保するために考えられたもう一つの方法は、黒人部隊の編成であった。北部においては開戦後の早い時期に自由黒人の指導者たちからその要請は出されていたが、本格化するのは、解放宣言発布以後である。合計で約一八万人が北軍（連邦軍）に志願兵として入隊（全兵力の約一〇％）し、戦死者は約三万七〇〇〇人（二〇％以上で全体の戦死率より高い）であった。南部においても戦争末期には奴隷の武装化が論議されたが、偏見と反乱の恐れから実現しなかった。他方、主人に対する忠誠心を除いて（それも自由への強い願望と比べればきわめて弱かった）、奴隷が南軍のために銃を取る理由は皆無に等しいものであった。

黒人部隊は約五〇〇の作戦に参加し、そのいずれにおいても士気の高さを証明したのであった。なかでも一八六三年七月のサウスカロライナ州モリス島（ワグナー要塞）攻略に際しては、北部で最初に編成された黒人部隊、マサチューセッツ第五四連隊が、多大の犠牲を出しながらも勇敢に戦い、賞賛を受けた。しかし現実には、黒人部隊の指揮官はすべて白人であり、性能の悪い武器を与えられ、俸給は白人より低いなど、任務・昇進・給与の面でさまざまな差別を受けていた。それに加え、南軍に捕まるならば、反乱奴隷として売却されるかまたは処刑されるという大きな危険があった。しかし、ベンジャミン・クォールズの言葉を借りるならば、彼らは「合衆国軍の制服を身につけている理由は知っていた」のであり、何のために――「自己尊厳のために、そして子孫がより多くの機会をもつであろうアメリカのために」――戦っているかは熟知していたのであった。

南北戦争黒人兵士記念碑（ワシントン特別区，1997年完成）。

この戦争とその後に起こった国内の産業発

展ならびに海外への膨張が、アメリカ社会の人種的・民族的構成ならびにエスニック・グループ間の関係にどのような影響を及ぼしたかについては、五章以下で詳しく述べられよう。

◇奴隷制廃止と法的自由の獲得

南北戦争が終結し、奴隷制に終止符が打たれ、「エスニック・アメリカ」の形成にもっとも早い段階から参加していた黒人もようやく、他のアメリカ市民と対等の立場で、そのさらなる発展に貢献できる位置につくことができた。「われわれは偉大なるアメリカ国家の重要な構成要素であり、祖国およびその諸制度を愛し、祖国の偉大さを誇りに思う」と、ケンタッキーで行われた黒人会議は楽観的に宣言したのであった。

アメリカ合衆国憲法修正第一三条の批准・成立に伴い(一八六五年一二月一八日)、奴隷制は廃止された。さらに修正第一四条(同一八六八年)および第一五条(同一八七〇年)が成立し、かつて奴隷の身分にあった者も自由の地位にあった者も、アメリカ合衆国に生まれるか帰化したすべての黒人は「合衆国市民」であることが認められ、法の平等の保護を受ける権利を有し、投票権の行使において差別されないことが明記された。一八七五年には公民権法が制定され、公共施設などでの人種の違いに基づいた差別が禁止された。かくて、建国当時曖昧にされたままの〝アフリカン・アメリカン〟の法的地位は白人のそれと対等であることが確認されたのである。

実際に解放奴隷の援助に尽くしたのは、解放民局(Freedmen's Bureau)であった(一八六五年三月設置、一八七二年六月まで存続)。それは食糧を支給し、医療サービスを行い、解放奴隷の法的後見人の役割を果たし、没収・放棄された土地を管理し、学校の建設に努めたのであった。とくに解放民局の活動によって、二五万人以上の元奴隷が教育を受ける機会をもったことが注目される。

投票権は新しく黒人が得た権利であった。彼らはその権利を行使し、南部八州から二二人の黒人連邦議員が選出されることに貢献した。うち二人は上院議員で、両者ともミシシッピ州選出であった。下院議員二〇人の内訳は、サウスカロライナが八人、ノースカロライナが四人、アラバマが三人、フロリダ、ジョージア、ルイジアナ、ミシシッピ、ヴァージニアから各一人であった。しかし後に白人支配が復活すると、これらの黒人連邦議員は次々と議席を失う。再び南部諸州から黒人の連邦議員が生まれるのは、一世紀以上後の一九八〇年代になってからである。

土地を保有し、それをもとに自立の道を開いたときに究極的な解放が達成されたとするならば、それに成功した者はごく少数であった(黒人全体の五%)。自分の労働力以外に提供できるものをほとんどもたなかった黒人は、やがて借地人(テナント)や分益小作人(シェアクロッパー)になるが、このような取決めでは苦しい生活が待ち受けるだけであった。奴隷制に比べ拘束される度合いは少なかったが、地主や商人から借りたものを返済した後は手元にはわずかしか残らず、自立からはほど遠かった(南北戦争後の再建《リコンストラクション》期に続く黒人〔アフリカ系アメリカ人〕の歩みについては、八章三節および九章二節以下に続く)。

第Ⅱ部　近代アメリカの形成とエスニック集団

――「彼らを私のもとに送りなさい」

チェコスロヴァキアからエリス島に到着し，目的地の農場に向かう汽車を待つ移民の家族（1900年初頭）。

5章　「新移民」の流入

1　移民の変化

◇「黄金の扉のかたわらに、私は灯をかかげましょう」

ニューヨーク港の入り口、リバティ島（旧称ベドロウ島）に立つ自由の女神像。アルザスの彫刻家フレデリック・A・バーソルディの手になる、高さ一五二フィートのこの巨大な像は、一八八五年、フランス国民からアメリカ国民への友情のしるしとして贈られたもので、翌年、その除幕式が行われた。それ以後、右手にたいまつをかかげ、左手に独立宣言書を持つこの女神像は、新天地を求めて海を渡ってくる移民にとってアメリカの歓迎のシンボルとなる。その台座には次のような詩が彫られている。

国から国へ征服の翼を広げたとされる、
ギリシャの有名な青銅の巨像とは異なり、
ここ、海に洗われ、日の沈む、この国の門に
たいまつをかかげた大いなる女人が立つ、
そのたいまつの炎は幽閉された稲妻、
そしてその女人の名は「亡命者の母」。
彼女の指し示す手からは世界への歓迎の光が輝き出で、彼女の優しい眼は、

双子の都市が縁どる
空の橋が架けられた
湾を見下ろす。
「旧い国々よ、歴史
に飾られた貴国の威
厳を持ち続けなさ
い」。
物言わぬ唇で彼女は
叫ぶ。

自由の女神像（ニューヨーク州リバティ島）　右手にたいまつを掲げ，左手に1冊の本を持つ。本にはラテン語表記で「1776年7月4日」と記されている。アメリカ独立宣言書を象徴するという解釈が一般的であるが，大西洋を越えてきた移民に対して「古き絆を断ち，新たな出発を始めよ」とする呼びかけとも解される。

1850年代から1920年の間に，アイルランドからは飢饉などのため貧困にあえぐ400万人もの農民がアメリカに渡った。

「私に与えなさい、
自由に生きたいと請い願う、貴国の疲れた人々、貧しい人々の群れを。
人間が溢れんばかりの貴国ではくずと
もみなされる、惨めな人々を。
家もなく、嵐に弄ばれる、これらの
人々を、私のもとに送りなさい。
黄金の扉のかたわらに、私は灯をかか
げましょう」。

これは、古くアメリカに移民としてやってきたユダヤ人を祖先にもつ女流詩人エマ・ラザルスの「新しい巨像」と題する詩である。まさにこの頃、この詩の象徴する「避難所」としてのアメリカの評判が現実となったかのように、移民の入国が急増した。一八七一年からの一〇年間に約三〇〇万人の移民が入国して、一八八一年のアメリカの人口は約五〇一六万人となったが、その後の一〇年間には約五二〇万人、そして一八九一年からの一〇年間には約三七〇万人、一九〇一年からの一〇年間には八二〇万人が入国する。一八九〇年のニューヨークは、「世界最大の都市であると同時に、ハンブルクと同じほど多くのドイツ人、ワルシャワのユダヤ人人口の二倍半のユダヤ人が住む都市」となった。連邦政府により移民統計が取られ始めた一八二〇年からの約一五〇年間に、四二〇〇万人余の移民がアメリカに入国したが、その三分の一近くが一八九〇年代および一九〇〇年代の二〇年間に入国している。

◇「新移民」

入国する移民の数が増えただけではない。この頃、その質も変化し始めていた。つまり、アイルランド、イギリス、ドイツ、スカンジナヴィア諸国からの移民は減少の一途を辿り、他方、東・南ヨーロッパ出身の移民が増加し始めたのである。一八九六年にはすでにイタリア、ロシア、ポーランド、ブルガリア、オーストリア＝ハンガリー、ギリシャなどからの移民が西・北ヨーロッパからの移民を数の上で追い越していた。そして、入国者数のもっとも多かった一九〇七年（年間一二八万五〇〇〇人の入国）には、これら東・南ヨーロッパ移民が全移民の八一％を占めていた（それより二五年前、一八八二年の統計では一三％）。質のうえでのもう一つの変化は、この時期になって、少数ではあったがアジア、フランス系カナダ、メキシコ、西インド諸島からの移民が入国し始めたことである。この時期に増加し始めた移民を、それ以前に多かった「旧移民」に対し「新移民」と呼ぶのである。

「新移民とは、主として、東部および中西部諸州の工業労働者の需要に応じてヨーロッパの進歩発展の遅れた国々から、多くの場合、一時的滞在者として、渡って来た非熟練労働者である。彼らはほとんど農業には従事せず、都市および工業地帯に、アメリカ生まれのアメリカ人や古くからの移民とは離れて群居しているため、早い時期に渡来した非英語系の人々と較べて同化が遅い。……全体としてみると、新移民は旧移民よりはるかに知的水準が低く……旧移民がこの国の一部分となろうとして渡来したのに対し、新移民のほとんどが、新世界の有利な環境から金銭上の利益を得て故国に戻る意図を持って渡来する」。

これはウィリアム・P・ディリンガムを委員長とする合衆国移民委員会（U.S. Immigration Commission）が一九一一年にまとめた『移民委員会報告書』の中の言葉である。同委員会はもともと移民制限を唱える議員を中心として設置されたものであり、この表現の中に新移民に対する偏見が存在することは否定できない。しかし、ここに述べられている要素が、一九世紀末以後に急増した移民の生活に見られることは事実である。そしてそれは、彼らがどのような動機で故国を離れ移民としてアメリカへ渡来したのか、すなわち、彼らを押し出した「プッシュ要因」と、引き寄せた「プル要因」が何であったかを考えれば明らかになる。

◇プッシュ要因

彼らを押し出した要因としては、まず経済的困窮が挙げられる。これは「旧移民」が故国を離れた動機でもあったが、「新移民」に関して重要と思われるのは、この時代のヨーロッパの人口増加と、農業を犠牲にしての工業の発展であろう。人口増加に伴い、一人当たり、一家族当たりの土地が減少し、その土地からの収益だけでは家族を支えることが難しくなると、一家の働き手は工場などの賃金労働者になる。しかし、都市産業はこれらの労働力をすべて吸収できるほどに発展していないため、余剰労働力の一部は移民となる。このように、安定した伝統的農村共同体の崩壊が移民を送り出す力となったのである。二〇世紀初頭、ポーランドの一農夫が出移民援護会とも呼ぶべき組織に宛てた手紙を見てみよう。

「私はアメリカへ行きたいと強く願っています。故郷を離れたいのです。私たちは六人兄弟で、わが家の土地はきわめて小さいため、生活が大変苦しいのです。父は私を結婚させ、二〇〇ルーブルくれました。それがわが家の土地の価値の私の取り分なのです。……私の賃金は非常に少なく、妻と二人でやっと生きられるといった状態です。だからぜひアメリカに行きたいのです。アメリカでは多分もう少しお金が入るでしょう。……私は二四歳の健康な男子です。どんな仕事も厭いません」。

政治上・宗教上の抑圧も、この頃のアメリカへの移住の重要な「プッシュ要因」であった。ロシアやオーストリア＝ハンガリーなどの多民族国家には、自分たちの言語や文学や宗教を抑圧されている少数派集団があった。これらの被支配民族の指導者が自分たちの伝統的言語・文学・宗教などを復活させようと、政治上・文化上の自立を求めて立ち上がると、必ずや支配層からの圧力は強まるのであった。たとえば、ドイツ帝国におけるポーランド人は学校でポーランド語を教えることを禁じられたし、ロシア帝国では少数派集団の「ロシア化」計画が強圧的に実施されていた。トルコ帝国ではアルメニア人やギリシャ人が絶えず攻撃され、虐殺される例すらあった。このような状態から逃れて自由を得ることが移民の動機となったのである。こうした動機でアメリカへの移民となった最大の被抑圧者少数派集団は後に触れるユダヤ人である。

◇プル要因

この時期、移民をアメリカに引きつけた「プル要因」は、もちろんそれ以前の移民の場合と大きく異なるわけではない。アメリカにおける経済成長には常に非熟練労働力の需要があった。そしてその需要を満たすため、それ以前の時代と同様、移民が必要だったのである。ところが、この時代、すでに工業化の進んでいた西・北ヨーロッパの労働者はもはやアメリカが提供する低賃金の非熟練職には振り向かなかった。そして、いわゆる新移民がこれらの職に引きつけられることとなる。

アメリカ社会はこの頃、大きな変化を見せていた。一八六九年に最初の大陸横断鉄道が完成して以来、交通網はますます広がり、かつ独占化が進んだ。南北戦争直後の一八六五年に一万四〇〇〇トンであった鋼鉄生産量は、一八八〇年には一四万トンとなり、九〇年には四〇〇万トンを超えた。同年、工業生産額が農業生産額を上回った。一九世紀初め、大西洋岸に人口の集中した静かな農業国であったアメリカは、一九世紀末には巨大な工業国となっていたのである。一八九〇年の国勢調査の後、連邦政府は、アメリカのフロンティアは消滅したと発表した。そして機械化や種子の改良などの結果である農産物の過剰生産、その価格の下落、工業製品価格との格差、といった悪循環のため農村地域は経済的に豊かではありえなかった。農村から都市への人口移動は当然の成り行きであった。そして移民はもはや農業地域には向かわず、大都市をめざし、そこで工場労働者となった。一九世紀末から二〇世紀初頭に入国した移民の四分の三以上が都市に定着したといわれる。そしてここに、この時期のアメリカ社会の特色（都市における多様性と、そこでの先住のアメリカ人と新移民の対立、そして都市と農村の対立）が生まれるのである。

もう一つのプル要因は、いわゆる「アメリカ書簡」である。旧移民の場合と同様、すでにアメリカに渡った移民は故国の家族や友人に手紙を書いた。手紙には渡米の旅の苦難、故国を離れた寂しさ、仕事のつらさ、親しい人の死の悲しみなどが述べられてもいたが、多くの場合、そこには自分の希望がかなえられた、あるいは間もなくかなおうとしている、といった楽観的な気持ちが込められていた。そしてそのような内容は口伝てに、故郷の村じゅうに広まる情報となり、住民に移住の決意を促すことになった。同様の効果をもっていたのが、出稼ぎ移民としてアメリカで何年かを過ごした後、故国に帰った人々の役割である。ことに、成功した移民が「黄金の国」アメリカから帰郷すると、「アメリカ熱」がその土地に蔓延し、そこからの移民が増えたほど、その影響は大きかった。

ただし、都市に住みついた新移民の生活は必ずしも彼らが故国で夢見ていたものではなかった。「アメリカ書簡」や帰国者の伝えたことが現実ではない場合も多かった。次節に見られるように、職も住居も、得られるだけで幸運といった状態が、移民のアメリカ到着後当分続くのが普通であった。それでも移民は続々と到着したのである。

2 イタリアからの移民

いわゆる新移民の代表とされるのは、イタリア人である。一八八〇年からの四〇年間に四〇〇万人のイタリア人がアメリカに到着したが、この数字は移民統計がとられるようになって以来、アメリカに入国したイタリア人総数の八割近くを占める。イタリアからの移民はこの時期に新しいものではない。すでに一七世紀に、イタリア人はニューアムステルダム（現ニューヨーク）、ヴァージニア、ロードアイランド、コネティカット、ペンシルヴェニアなどに定着していた。公式の移民統計が残っている一八二〇年から一八六〇年の間に約一万四〇〇〇人の移民が記録されているが、その四分の三近くは一八五〇年代に入国しており、一八四九年にカリフォルニアで金が発見されたとの情報に引かれた人々であったと思われる。北部イタリア出身者が多く、商人であったり、青果栽培やぶどう栽培、ワイン醸造に従事する者もいた。しかし彼らは、世紀転換期に入国したイタリア人の数に比してきわめて少数である。一九〇一年からの二〇年間に入国した移民の中で最大の集団はイタリア人（とくに南部イタリア出身者）であった（図5-1を参照）。

世紀転換期に入国したイタリア人移民のほとんどが貧しい南部イタリアの出身であった。そして一六歳から四八歳までの男子が大半であり、ニューヨーク、ニュージャージー、ペンシルヴェニアなどの大都市に住んだ。これらのイタリア人移民の特色の一つは、彼らがアメリカに永住するのではなく季節労働者として働いてお金を貯めると帰国する、「渡り鳥」と呼ばれる出稼ぎ労働者であったことである。入国した移民の約半数に相当する人々が同期間に故国へ帰ったといわれる。それらの人々の中には、帰国後、お金の必要があると再び

図5-1　アメリカ入国移民の出身国トップ5

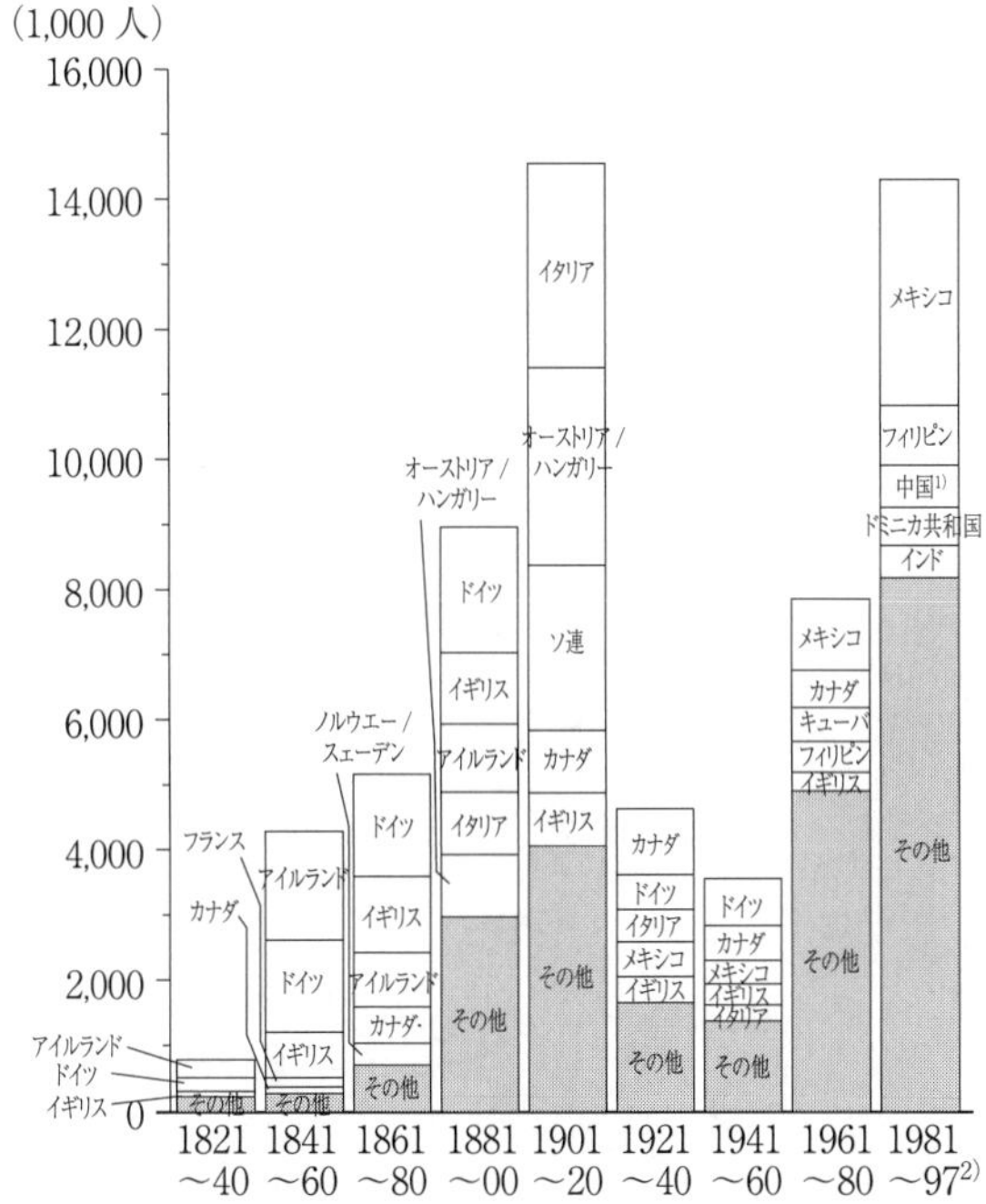

（注）　1）　台湾も含む。
　　　 2）　17年間。

（出所）　U. S. Department of Justice, *Statistical Yearbook of the Immigration and Naturalization Service*（*1997*）.

アメリカに向かうという同じ過程を繰り返す者も多かった。

アメリカに到着して最初に住むところは、第一に家賃が安い、そして仕事場に近い、という条件を満たさなければならなかった。そしてそこに、出身地の同じ者同士の助け合いが見られることになった。先に移民し、住居や職をもつ者は、親類や同郷者が移民してくるとしばらくは自分の住居に彼らを住まわせる。仕事が見つかり、職場の近くに新しい住居をさがして移る新参者もいたが、多くの場合は先住者がより快適な住居を見つけて出ていくまで共同生活が続いた。新参者の増加があまりに早いときは、彼らはともかくその近所の倉庫などを仮りの住まいに変えて群居し、その地域は混雑を極めることとなった。こうして、上下水道の設備も不完全な都市の一隅に衛生状態の悪いスラム街ができていく。そして、伝染病や暴力沙汰の絶えないこのスラム街と移民の関連が、後に、一般の人たちの移民排斥感情の一因ともなるのである。同時にこの環境が政党地方組織（マシーン）の活躍の場となり、また、ジェーン・アダムズのハル・ハウスの例に見られるようなソーシャルワーカーの活動の場となるのであった。

◇パドローネ

どの時期をとってもイタリア人移民のほとんどが農民であったが、新大陸で農業に従事したイタリア人は初期の移民であり、彼らの中でも念願の土地を手に入れた者はごくわずかであった。一九世紀半ば、ニューヨーク市のイタリア人の多くは、熟練・半熟練労働者としての仕事またはサービス業に

エリス島の食堂

従事していた。一八七〇年のシカゴの統計では、北部イタリア出身者の職業として、酒場経営者、バーテンダー、果物・菓子・アイスクリーム売り、菓子製造、理髪業、レストラン経営者などが挙げられている。今日のサンフランシスコにはアメリカでもっとも富裕なイタリア人集団があるが、彼らは漁師、魚取引人、商人、園芸師、食品加工業者として成功した人々である。

世紀転換期に到着したイタリア人の中には、北部イタリア出身者とは異なり、ほとんど無一文で入国し、入国直後から子どもも、外で働くか、母親が仕事に出ているあいだ家事をするといった家族が多かった。この頃のイタリア人移民が従事したのは建築産業が主であった。この分野にイタリア人が集中した理由の一つは、そこにイタリア語で「パドローネ」と呼ばれるボスが存在したからである。英語がわからずアメリカの生活習慣に馴染みのない南部イタリア人にとって、通訳を兼ね、祖国の伝統やしきたりにくわしいと同時にアメリカのビジネスの仕組みを心得ており、雇用者との仲介の労もとってくれるボスは有難い存在であった。彼に頼る以外、この社会で生きながらえる手段はなかったのである。

『ある移民の魂』（一九二一年）と題する自伝を引用しよう。幼くして両親を失い船員となった少年コンスタンティン・M・パナンジオは、二〇世紀初めにイタリアからアメリカへやってきた。彼は運よく努力を実らせることができ、大学に学び、大学教授・作家となるのであるが、アメリカ到着直後の生活はつらいものであった。

アメリカ到着後五日目に彼はルイと呼ばれるフランス人船員と出会い、二人でボストンの北端にあるイタリア人居住地《コロニー》のイタリア人下宿屋に転がり込む。もちろん、ルイはイタリア人を装って。「そこは三部屋のアパートで、女主人は満員だと言ったが、われわれには行くところがなく、仕方なしに泊めてくれることになった。すでに泊まっていた人たちにわれわれ二人が加わり一四人になった。夜になると台所の床も食卓もベッドになった。ルイと私は他の二人の男と共に一つのベッドに寝るように言われ、二人は北を向き、二人は南を向いて寝た……」。彼はその下宿屋で仲間から「つるはしとシャベル」(pick and shovel) と呼ぶ仕事があること、それがイタリア人にとって唯一の仕事であることを聞く。彼の耳にはこの二つの語が初めての英語であり、非常に重要な意味をもつと同時に魅力的に聞こえた。彼はまず、この言葉がうまく発音できるよう練習してから、期待をもってパドローネのところへ行く。しかし現実は厳しかった。パドローネを紹介され、それが本国での尊敬すべきパドローネとはまったく異なった、みすぼらしく品のない人物であることに驚きつつも、「つるはしとシャベルの仕事」を斡旋してもらえることに感謝して、指示された工事現場に行ってみた。「いかにも寛大そうに見えわれわれを感動させたパドローネが人非人同然とわかった」のはそこであった。日給一ドル二五セントのその仕事をするために現場のそばの掘っ立て小屋に住み、そこの店で食料を買い、パドローネに仕事の斡旋料として五〇セントを支払うと、「われわれに残るのは痛む腕と背中だけ」という状態だったのである。

このような状態は技術をもたない当時の若いイタリア人移民に共通であったと思われる。そしてその後も、この作者のように知的職業に就くにいたらず、あるいは故国へ帰るだけの貯金もできず、低い賃金で重労働を続けた移民が大半であったろう。彼らの多くはアメリカで生まれた子どもたちに期待をかけることになるのであった。

以上のようなパドローネ制度はイタリア人移民の増加がピークを示す一九〇〇年から一九一四年頃には衰退する（その理由は、一つにはソーシャルワーカーらの努力が実り、州政府が、パドローネを頼っての移民の入国に制限を加えたため）が、この制度に慣れていた南イタリア出身者は、早くから政党地方組織（マシーン）との関係から得られる恩恵に気づいていたようである。後に非難の的となるこのマシーンと移民とのギブ・アンド・テイクの関係は、新しい環境における困難な生活への対処から生まれた。つまり、住居や職を見つけることから医者の世話や娯楽にいたる日常的な援助を受ける代わりに、移民は市民権を得たときには自分たちの住む地域を牛耳る政治ボスのマシーンへの投票を約束するのであった。国や州・市政府が都市の移民の惨状を救う手段をもたなかったときに、マシーンの差しのべる手は移民にとってなくてはならぬものだったのである。ただし、このようなマシーンとボスの力は、贈収賄や官職任命権を通しての政治の腐敗をもたらした。これは、『都市の恥辱』(一九〇二〜〇四年)を書いたリンカン・ステファンズをはじめとする革新主義の時代の暴露作家たち(いわゆるマックレイカーズ)が暴いた主題であるが、同時に、この移民と政治ボスの関係は移民排斥の一要因ともなったのである。

◆マフィア

イタリア系アメリカ人にとって、組織的犯罪のほうがマシーンより有利な収入源になったといわれるのは禁酒法時代である。一九一九年、憲法修正第一八条が批准され、ヴォルステッド禁酒法が成立し、禁酒法時代が始まった。禁酒運動の歴史は古いが、この頃になって全国レベルでの禁酒が実現した裏には、酒類製造や酒場が政治の腐敗と結びつきやすかったこと、飲酒と犯罪の関連が、増加していた移民(ことにカトリック教徒)にあてはまったこと、そして第一次世界大戦参戦に伴う愛国的風潮があった。しかしこの「高貴な実験」の結果は、「清潔な思想と生活」の新時代を期待した人々にとっては皮肉なものであった。酒の密造、密売、密輸入、そしてもぐり酒場などの違法行為が盛んになり、それを牛耳る暗黒街の地下組織やギャングの活動が目立つようになったのである。その中でも目ざましかったのがイタリア系の人々であった。アル・カポネ一家などのギャングは酒類不法取引を有利な事業とし、互いに流血の抗争を繰り広げつつ、富を築いたのである。

もちろん、イタリア人と犯罪のつながりは禁酒法とともに始まったのではない。「アメリカへの移民が始まってからイタリアの犯罪が減った。犯罪者がアメリカに来てしまったから」といわれるほどイタリア人と犯罪とが結びついたイメージは強かった。事実、南部イタリアやシシリーではマフィアのような秘密犯罪組織は生活の一部であり、イタリア人の犯罪者が移民となってアメリカに入国すると、そこで同様の組織を作ろうとするのは当然であった。ことに一九二〇年代、ファシストの動きが盛り上がったイタリアからマフィアの中心人物がアメリカに逃れてきて以来、アメリカの犯罪組織が本格的活動を始めたといわれる。そして、問題の多かった禁酒法が撤廃されても彼らの組織は変わらず、賭博、麻薬、売春などを事業として利益を上げたのである。そしていまだにマフィアとイタリア系アメリカ人のイメージは消えていない。ただし、一九二〇年代においてさえ、イタリア系アメリカ人全体の犯罪率がアメリカ全体の率より高かったという事実はない。

◇教　育

世紀転換期のイタリア人移民のもう一つの特色は教育に対する彼らの姿勢である。イタリア人移民は自分の子どもに教育を受けさせようとしない、子どもが親に抜きん出ることを望まない、などといわれたが、たしかに彼らは、教育の不足のためによい仕事を得られないと認識していながらも、子どもを幼い頃から働きに出すことをためらわなかった。義務教育の期間、子どもを就学させた場合も放課後には仕事に就かせる親が多かった。第一次世界大戦直前の統計では、イタリア系の子どもの小学校就学率は七三％であったが中学校就学率は一％にも満たなかった。親自身の教育程度が低かったことも一因であろう。一八九九年から一九一〇年の統計では、アメリカに住む東・南ヨーロッパ出身者集団の中で南部イタリア出身者の識字率は最低であった。また、生活が苦しかったために子どもに高い教育を受けさせられなかったこともうなずける。しかし、貧しくとも、また親が教育を受けていなくとも、いやそれだからこそなおいっそう、子どもには教育を、と願う親も多い。イタリア人の場合はそうではなかったのである。彼らの価値観では、学校で得る知識よりも実際面での知識のほうが有用であり、「仕事に就かず学校に行きたがるのは悪い息子、母親を手伝わずに学校に残りたがるのは悪い娘」ということになるのであった。教育による長い眼で見た利益よりも、金になる仕事の即時的利益のほうが彼らには魅力的でもあった。『ゴッドファーザー』の著者マリオ・プゾーは、このようなイタリア人移民の息子としてアメリカに生まれた二世であるが、自分の背景についてこう述べている。

「母は私に鉄道事務員になってほしいと思っていた。そしてそれが母の最高の望みだった。母はそれ以下でも満足していただろう。……母は読み書きができず、イタリアで小作農として生活していた体験から、作家になれるのは貴族の息子だけだと信じていたのだ」。

それでも、二世の時代が進むにつれイタリア系アメリカ人の大学就学率も上昇した。一九六〇年代末には三五歳以上のイタリア系アメリカ人ではアメリカ全体の平均教育年数より二年短く、大学卒業者数は全国平均の三分の二以下であり、ことに都市部の高校では退学者の中にイタリア系アメリカ人の多いことが指摘されていた。しかし一九八〇年代以降、状況は変わり、二〇〇〇年の統計では教育年数・高校卒業者、大学卒業者ともにアメリカ全体の平均より高い。

◇イタリア系の活躍

職業上・経済上の上昇はむしろ教育面よりも早くから見られた。ニューヨークにおいて、一九一六年には職業に就いているイタリア系アメリカ人の半数が労働者であったが、一九三一年には三一％に減った。この点ではイタリア系は、彼らより二〇年も前にアメリカに来ていた、カトリック教徒が多いという共通点をもつアイルランド系に追いつき、追い越したと見られる。一九五〇年にはこの二つのエスニック集団の職業分布はほとんど同じになっており、一九六〇年代末から七〇年代初めには、イタリア系アメリカ人の所得がアイルランド系のそれをやや上回っている。ただし、両者が属するカトリック教会組織においては、イタリア系アメリカ人の活躍はアイルランド系ほど見るべきものがない。一九七二年、イタリア系アメリカ人人口二一〇〇万人のうち半数以上が活発なカトリック教徒と自認しているにもかかわらず、イタリア系の司祭は全米で九人しかいなかった。カトリック教会の全会員の一七％にすぎないアイルランド系アメリカ人が司祭の半数以上を占めている事実と対照的である。

経済界での成功者は早い時期の移民であった北イタリア出身者に多いが、よく知られているのは、プランター・ピーナッツ会社を設立した「アメリカのピーナッツ王」アマデオ・オビチ、ニューオーリンズに有名なホテルを建設し二つの銀行の重役職にあったアントニオ・モンテレオーネ、シガー会社とワイン醸造で成功したペトリ兄弟、世界最大の個人銀行バンク・オブ・アメリカを創設したアマデオ・P・ジャンニーニなどである。早くからマシーンとの関係が強かったにもかかわらず、イタリア系アメリカ人は政治の分野での上昇は遅かったが、一九二〇年代以降、著名な政治家を輩出している。イタリア人移民を父に、ユダヤ人を母にもつフィオレロ・H・ラガーディアは、下院議員からニューヨーク市長となり、改革派政治家として卓越した能力を示した。また、一九三一年から一四年間サンフランシスコ市長をつとめたアンジェロ・ロッシ、一九三六年から一〇年間ニューオーリンズ市長であったロバート・S・ミーストリもイタリア系二世であった。最近では、一九八四年の大統領選に女性初の副大統領候補となったジェラルディン・フェラーロや下院議長ナンシー・ペロシもイタリア系である。

アメリカにおいてイタリア系が抜きん出ているのは音楽の分野（クラシックでもポピュラーでも）である。エンリコ・カルーソー、アルトゥーロ・トスカニーニ、アンナ・モッフォなどはクラシック音楽界で、フランク・シナトラ、ペリー・コモ、ディーン・マーティン、トニー・ベネットらはポピュラー界で、名を馳せたイタリア系アメリカ人である。

イタリア系アメリカ人は、学校や貧困地区の生活改善や教育にあたるセツルメント・ハウスやその他の外部の組織が指示する「アメリカ化」に長く反発していたが、彼らなりの速度で彼らなりに、アメリカ人としての意識を確立したのである。

3　ユダヤ人移民

一九世紀末から二〇世紀初頭にかけてヨーロッパでのさまざまな抑圧のために東ヨーロッパの故国を離れたユダヤ人は二〇〇万人を超すが、その九〇%以上がアメリカへ来たといわれる（入国時の移民登録は、出身国名および宗教を明らかにするものであり、ユダヤ人として登録することはなかったので、正確な数は不明。移民局は一八九九年以降、「人種」による分類をしたが、その分類では「ヘブライ人」の項目に含まれたユダヤ人も多い）。大部分がロシア、そしてポーランドやオーストリア＝ハンガリーの出身者であった。国内の政治・経済上の危機に悩まされていた帝政ロシアは、自らの政治上の不成功から民衆の眼をそらせるためもあり、ユダヤ人に対し激しい差別と迫害を行った。狭い居住区への隔離、教育上・職業上の差別、特別課税などによる貧困化、そして政府の黙認する虐殺《ポグロム》、といった苦しみに耐えかねたユダヤ人はアメリカへ逃れ、この時期、イタリア系に次ぐ大集団を形成することになる。

◇セファーディ系とドイツ系のユダヤ人

これらの移民は、アメリカに来た初めてのユダヤ人ではなかった。ユダヤ人のアメリカ移住の最初は一六五四年にニューアムステルダム（現ニューヨーク）に到着した二三人といわれる。彼らはセファーディ系ユダヤ人と呼ばれるスペイン、ポルトガルからの移民であった。イベリア半島での迫害と国外離散の結果、キリスト教に改宗するよりは、とブラジルに移り住んでいたユダヤ人の一部が、ポルトガル領となったブラジルを離れたのである。独立前のアメリカにはこのようなユダヤ人が約三〇〇〇人いたとされるが、彼らはユダヤ人社会の中心となり、後続の人々への道を作ったといえよう。

植民地時代を通じてドイツ系ユダヤ人もわずかずつ入国していたが、ドイツにおける一八四八年の革命の後、この数は急増し、ユダヤ人移民の第二波となる。南北戦争の頃のアメリカには約一五万人のユダヤ人がいた。彼らは少数のエスニック社会に集中せず、行商人や職人として各地に広がり、非ユダヤ系の人々と交わった。ペンシルヴェニアや中西部のドイツ人農民の中に定着した者も、西部開拓の幌馬車について西部へ入った者もあった。今日きわめて一般的な、リーヴァイスと呼ばれるデニムのズボンは、開拓者の重労働に耐えるよう考案し西部を売り歩いたドイツ系ユダヤ人の衣類行商人リーヴァイ・ストラウスが自分の製品につけた名が社名として続いているのである。背に荷をかついだ行商人は、お金を貯めて馬を使い始め、さらに成功した者は地方に店を開いた。このような出発をして富を蓄えた有名なユダヤ人は、グッゲンハイム家、ギンベル家、アルトマン家など、数多い。

一九世紀半ばには、ユダヤ人はすでにアメリカ社会の中産階級に受け入れられており、その中で事業家や銀行家として活躍している者が多かった。彼らはメイシー百貨店、通信販売で知られるシアーズ・ローバック、『ニューヨーク・タイムズ』紙など、アメリカを代表するものの発展に重要な役割を果たした。一八八〇年の統計では、ドイツ系ユダヤ人家族の四〇％が召使いを少なくとも一人雇っており、家長が行商人をしている家族は全体の一％にすぎなかった。

◇東ヨーロッパ系（ロシア系）ユダヤ人

一八八〇年のユダヤ系アメリカ人人口は約五〇万人で、そのほとんどがドイツ系ユダヤ人であった。だがその後の一〇年間に約二〇万人、一八九〇年代には約三〇万人、一九〇〇年から第一次世界大戦までの間に約一五〇万人、と膨大な数のユダヤ人がアメリカに入国する。一九二〇年にはユダヤ系アメリカ人人口が四〇〇万人を超えたが、その八〇％が世紀転換期に入国したユダヤ人であった（ロシア、ポーランド、リトアニア、ラトビアなどバルト諸国のユダヤ人をロシア系ユダヤ人と呼び、ハンガリー、ルーマニアのユダヤ人を東ヨーロッパ系ユダヤ人と呼んで区別することもある。また、ポーランドのユダヤ人はポーランド系ユダヤ人と分類されることを好むといわれる。しかし、ここではすべてを含め、東ヨーロッパ系と称する通常の例に従う）。故国を離れなければならなかった動機からも当然のことであるが、彼らの多くは家族とともにアメリカへの定住を決意している若者であった。この時期に入国した全ユダヤ人の七〇％が一四歳から四〇歳、二四％が一四歳以下であり、女性は全体の四四％を占めていた。彼らは東部および中西部の大都市に定着したが、なかでもニューヨーク市への集中は著しかった。

入国者が多かったこと、都市に集中したこと、そして彼らの生活ぶりが、ドイツ系ユダヤ人に衝撃を与えた。移民の常ではあったが、その貧しさ、教育の低さ、ドイツ系ユダヤ人の改革派ユダヤ教とは異なる正統派ユダヤ教の信奉、そして彼らの話す独特のイディッシュ語——いずれもアメリカナイズされたドイツ系ユダヤ人には恥と困惑の種であった。このような人々の流入が、すでにアメリカ社会で地歩を固めた富裕なドイツ系ユダヤ人の社会的評価を傷つけることになるのではないか、新たな反ユダヤ人感情を煽るのではないか、とドイツ系ユダヤ人は恐れた。ドイツ系ユダヤ人の発行する新聞は、「豚のような、わけのわからぬ言葉」を話し、「だらしない身なりの粗暴な」、この新しい移民をあからさまに批判した。東ヨーロッパ出身のユダヤ人を「カイク」(語尾が-(s)ki, -(s)kyとなる姓が多かったため、これをもじってkikeと呼んだ、という説と、入国手続きの書類に記入する際、普通用いられる×印をきらって○印〔イディッシュ語でkikel〕を書いたため、移民局の係官らが彼らをkikelと呼び始め、それがkikeとなったとの説がある)という蔑称で呼び始めたのはドイツ系ユダヤ人だったのである。

ニューヨーク市のユダヤ人に関して用いられた「アップタウン」(ドイツ系)と「ダウンタウン」(東ヨーロッパ系)という語はユダヤ人の間の対立を象徴して他の都市のユダヤ人にもあてはめられるが、この対立は一九〇〇年代から一九四〇年代にかけてはことに激しい敵意となっていた。しかし、この敵意や両者の間の社会上・文化上の溝にもかかわらず、ドイツ系ユダヤ人は新参者に対する援助という責任は果たした。彼らは新参者のために慈善組織を広げ、募金をし、必要な物を提供するのであった。このような対応は、抑圧された者への同情から生まれる博愛主義の表れでもあったが、同時に自分たちのためでもあった。新参者のアメリカへの適応を助けることで、彼らがユダヤ系の人々全体にもたらした不名誉を拭い去ろうとしたのである。現実にはもちろん、ロシア系ユダヤ人の得たものは大きかったといえよう。両者は政治面でも交わることがなかったが、初期には対立の要素であったシオニスト運動（国家統一のためにユダヤ人のパレスチナ復帰をめざしたユダヤ人の運動）があらゆる層の支持を得るにいたったことと、ヒトラーのユダヤ人迫害によって、両者の溝はいくらか狭まったと見られる。

◇衣料産業とユダヤ人

世紀転換期に入国したユダヤ人が何よりもまず職を見つけなければならなかったことは、他の移民と同様である。ただ、彼らがやや特殊であったのは、彼らの大半がユダヤ人居住区の中の衣料産業に従事したことと、彼らの多くが熟練労働者となったことである（一八九九年から一九一〇年に入国したユダヤ人の職業別統計では六七％が熟練労働者。同時期の移民全体では二〇％、南部イタリア人では一五％）。彼らはタバコ産業、建設請負業、パン製造業などにも従事したが、何といっても衣料産業が、ニューヨーク市、ボストン、フィラデルフィア、ボルティモア、シカゴなどの大都市におけるユダヤ人社会の主力産業であった。一八八五年、ニューヨーク市には二四一の衣料工場があり、そのうち二三四はドイツ系ユダヤ人の所有であった。そして、ロシア系ユダヤ人が入国した時期は、まさに大量生産の既製服産業が発展しつつあったときなのである。偶然とはいえ、これは彼らにとっては非常に有利なことであった。彼らはドイツ系ユダヤ人所有の工場に職を得ることができたのである。当然、ドイツ系とロシア系の対立はここでは労使の対立ともなるのであったが、少なくとも新来者にとって職があることは幸運であった。そしてその二〇年後には、衣料工場の大半がロシア系ユダヤ人の経営となり、その労働者はロシア系ユダヤ人および他の移民となる。

第一次世界大戦を契機にユダヤ人移民は急減するが、この後、アメリカ国内の経済状態が向上するにつれて、すでにアメリカにいるユダヤ人労働者の生活水準も著しく上昇した。一九一四年からの五年間で、ニューヨーク市の衣料工場労働者の平均年間所得は三倍近くになった。商人やホワイトカラー就業者と同様、労働者もゲットーを離れ始めた。そして労働者階級にいたロシア系ユダヤ人は中産階級へ、ホワイトカラー職へと移った。一九〇〇年には雇用されているロシア系ユダヤ人男子の六〇%が労働者階級に属していたが、一九三〇年にはその数字は二〇%と減少し、専門職に就いている者は三%から一五%へと増加した。一九三〇年のボストンでは、「ロシア系ユダヤ人は、一九世紀末のドイツ系ユダヤ人と同様、息子に有利なスタートをさせられるほどに生活を確立していた」といわれるのである。

◇映画と学術とユダヤ人

ロシア系ユダヤ人が実力を示し指導的地位に就いた分野に映画産業がある。彼らはゲットー近辺の映画館の所有者となることから出発し、フィルム配給、映画館チェーン所有と手を広げ、ついには映画制作に関わることになった。大衆の娯楽として一九一〇年代から人気を得始めた映画は一九二〇年代に黄金時代を迎えるが、一九三〇年には、主要映画会社は一社を除いてすべてユダヤ系アメリカ人の手にあった。パラマウント社、ユニヴァーサル社、メトロ・ゴールデン・メイヤー社、コロンビア社、二十世紀フォックス社、ユナイテッド・アーティスト社、ワーナー・ブラザーズ社である。映画産業がまだ確立されておらず経済的に危険な時期にそこに入った、これらロシア系ユダヤ人は、アメリカを代表する大衆文化の強力な担い手となったのである。興味深いのは、これらユダヤ人の制作による映画の多くが、WASPを主人公とする、よきアメリカを見せるものであったこと、そして一九五〇年代になっても、出演する俳優は、ユダヤ人などWASP以外の背景をもちながら名前をWASPらしく変えていた（たとえば、バーナード・シュワルツはトニー・カーティスに、ドリス・カッペルコフはドリス・デイに、ダニエル・カミンスキーはダニー・ケイに）ことである。WASPを中心としたアメリカとアメリカ人像を世界に示した映画を制作したのがユダヤ系の人々だったわけである（これはもちろん一九六〇年代以降、大きく変わるが）。

ユダヤ系アメリカ人の進出のめざましかったもう一つの分野は学術である。彼らの間では専門職の地位は高く評価されており、その地位への志向は強かった。学問を尊ぶ彼らの文化において学者は尊敬された。したがって、彼らにとって教育を受けることは社会的に必須であり、親が子どもに高い教育を受けさせようと努力する傾向が強かった。そしてその面での母親の影響は大きかった。ちなみに今日の日本の「教育ママ」に相当する英語はJewish motherである。医師、歯科医、弁護士になるユダヤ人も多かった。一九三七年のニューヨーク市において、ユダヤ人は市人口の二五％を占めていたが、市の弁護士および判事の六五％、歯科医の六四％、医師の五五％がユダヤ人であった。

世紀転換期に入国した東ヨーロッパ出身のユダヤ人の著しい経済的・社会的上昇を説明するものは

何であろうか。入国時の所持金や教育の点でユダヤ人が他の移民に優っていたわけでもなく、政治に長けていたわけでもない。アメリカ社会の受け入れ方が他の移民に対してよりも好意的であったという事実もない。むしろユダヤ人に対する差別・排斥感情はどの時代にも強く、ことに一九二〇年代には厳しい反ユダヤ主義の現れがあった。それにもかかわらず、ユダヤ人の価値観はアメリカの経済界における成功の条件に合致したのである。ユダヤ人は、アメリカでちょうど発展しつつあった産業に従事するに適した技術をもって入国してきた。また、長年にわたって都市生活と商業上・工業上の活動に調和した生活の仕方を身につけていた。スラムに住んでいても、そのスラムは他の移民のそれとは異なっていた。アルコール中毒率や犯罪率が低く、子どもの非行も少なかった。彼ら自身の組織の数が多く、選挙の際の投票率も高かった。要するにユダヤ人は、スラムに住みながらも中産階級の社会形態と価値観を身につけていたのである。これが、彼らの社会的・経済的地位の上昇を速めた大きな要因であり、教育を受けた二世の時代に、それはさらに加速されることになる。

一九三〇年代半ばからはナチスの手を逃れてドイツから多くのユダヤ人がアメリカへ渡ってきた（一九三五年から四一年の間に約一五万人）。大半は中産階級に属する中年層（七四%が四〇歳以上）であった。これら亡命者の中には卓越した学者が多い。ノーベル物理学賞を受けたアルバート・アインシュタインが有名であるが、ほかにも原子力研究に貢献したオットー・スターン、レオ・ジラード、精神分析学の分野で重要な役割を果たしたヘリーン・ドゥーチェ、エリック・フロム、社会科学の分野のハンナ・アレント、カート・ルーウィンなど枚挙にいとまがない。

◆戦後

戦後、ユダヤ系アメリカ人は一段と豊かになった。アメリカの経済が拡大したことも一因であるが、この時期に人種上・宗教上の差別が減少したことも、ユダヤ系アメリカ人の教育上・職業上の機会を広げた要因であった。この時期に成人となった世代は、公民権運動の中心であり、政治的には自由主義、急進派を形成し、学術分野においても活躍するにいたった。戦後二〇年余を経た一九七〇年に全米の三〇三の大学の教員約六万人の宗教上の背景を年齢別に調査した結果では、五五歳以上では五％、四五〜五四歳では八％、三五〜四四歳では一〇％、三四歳以下では一〇％をユダヤ系が占めていた（トップとされる一七の大学に限っての数字を見ると、それぞれ一二％、一六％、一九％、一八％と、さらにユダヤ系の割合は高くなっている）。これは、当時のユダヤ系人口が約六〇〇万人、全米人口の三％であったことを考えるときわめて高い率である。四五〜五四歳の年齢層からユダヤ系の割合が高くなっていることは、明らかに戦後の高等教育拡大の時期にユダヤ系が教職の分野で大きな前進をしたことを示している。

ほかにユダヤ系アメリカ人の活躍した分野としては、やはり衣料産業（戦後、ユダヤ系労働者は減少したが、管理職層には相変わらず多い）、不動産業、マスコミ関係（ＣＢＳのウィリアム・ペイリー、ＮＢＣのデイヴィッド・ザーノフらはテレビ時代の中心となった）、そして出版界（アルフレッド・A・クノッフ社、ランダム・ハウス社、サイモン・アンド・シュスター社はいずれもユダヤ系の所有であった）などがある。作曲や音楽演奏の分野で活躍したアーヴィング・バーリン、ジェローム・カーン、ジョージ・

ガーシュイン、アイザック・スターン、レナード・バーンスタイン、劇作家アーサー・ミラーも戦後の著名なユダヤ系アメリカ人である。

知性重視、急進主義、同化主義といったユダヤ人の特色は、多くの作家や評論家を生む背景ともなった。英雄的資質に欠けたユダヤ人の主人公や、ユダヤ人社会を通して疎外などを描きつつ、アメリカ社会にも批判の眼を向けたソール・ベロー、バーナード・マラマッド、フィリップ・ロス、J・D・サリンジャー、イディッシュ語でユダヤ人の生活を描いたアイザック・B・シンガー、ホロコースト（大虐殺）を扱ったイーリー・ウィーゼルらがよく知られている。彼らの作品は同時に、ユダヤの文化を世に紹介することにもなった。

4 中国と日本からの移民

◆中国人移民

中国人も日本人も、いわゆる「新移民」のカテゴリーに入る移民であるが、ヨーロッパからの移民とは異なった歴史をもつ。アメリカに入国した中国人は、東南アジアからカリブ海にまで広がる華僑の一部である。一九三〇年までに八〇〇万人以上の中国人が中国を離れ世界中に定着したといわれるが、アメリカに定着したのはその小さな一部分である。移民の公式統計がとられ始めた一八二〇年に入国した中国人は一人、次の一〇年間には二人にすぎないが、一八五〇年までには七五八人の入国が記録されている。一八四七〜五〇年の広東省の長期旱魃がきっかけでアメリカに渡った者が多いが、この時期はちょうどカリフォルニアのゴールドラッシュという「プル要因」も働いたと思われる。一八五〇年代には四万人を超える中国人が太平洋を渡った。ゴールドラッシュに続く一八五〇年代は大陸横断鉄道建設に安い「苦力《クーリー》」労働者の需要が高まった時期である。中国人は理想的な労働力と見なされて歓迎され、セントラル・パシフィック鉄道の敷設に携わった労働者一万人のうち九〇〇〇人が中国人であったと推定される。彼らの多くは鉄道会社の契約労働者として、あるいはアメリカで仕事の斡旋をする中国人組織から金を借りてアメリカへやってきた。大半が男子であり、季節労働者としての金儲けを目的としており、一定期間をアメリカで過ごした後、帰国する者が多かった。大陸横断鉄道の完成後もアメリカにとどまった中国人は、農場労働者、コック、洗濯屋などとして働いた。一八七〇年、カリフォルニアの農場労働者の一〇％が中国人であり、その率は一八八〇年代半ばには五〇％を超えた。今も残る洗濯屋としての中国人のステレオタイプは、一八五〇年代、鉱山で働く男たちが「女の仕事」として避けた洗濯やアイロンがけを、他の職種で差別された中国人が引き受けたことから発している。

中国人は安い賃金で長時間働くため雇用者には好まれたが、一八七〇年代の不況期には、まさにその点が他の労働者にとっての脅威となった。中国人は非白人であり非キリスト教徒であった。どちらか一方だけでも深刻な障害となった時代のアメリカ社会に、中国人がスムーズに受け入れられるはずはなく、ましてや経済的な脅威と見られるにいたると、彼らに対する暴動や排斥は頻繁になった。当時、約六万三〇〇〇人の中国系人口の大半がカリフォルニア州に集中していた。「中国人は消えろ」との声はここで起こり、アメリカ全土にこだますることとなる。

一八八二年、アメリカ史における最初の移民制限立法である中国人排斥法が制定された。当然、中国人人口は減少する（一八九〇年の一〇万七〇〇〇人から一九二〇年には六万一〇〇〇人へ）。再び増加し始めるのは、一九三〇年代である。戦後は共産主義を否定する亡命者がアメリカへ入国する例が増え、さらに一九六五年の移民法改正によって新しい移民が加わった。一九六〇年末には中国系アメリカ人の人口は約四三万五〇〇〇人となった。

これまでの差別にもかかわらず、今日の中国系アメリカ人は、アメリカ全体の平均より高い所得を得ており、職業上の地位も高い（就職している中国系アメリカ人の四分の一が専門職に従事）。ジョン・F・ケネディ記念図書館など多くの建物を手がけた建築家I・M・ペイは中国系であり、物理学の分野にもすぐれた中国系の学者が多い。また、中国系アメリカ人の活躍が理科系の分野に限られるという古いステレオタイプに反し、最近ではエイミー・タンなどといった中国系アメリカ人作家の活躍がめざましい。

◆日本人移民

中国人が入国を禁じられてから増加したのが日本人移民である。アメリカへの定着の過程など、中国人の場合との類似点もあるが、日本人独特の点も多い。

日本人移民がアメリカの移民統計に現れる最初は一八六一年の一人であり、その後の一〇年間に一八五人が入国しているが、その全員が移民であったとは考えられない。明治維新の混乱のさなか、出国許可を得られないままハワイ王国に渡った「元年者」と呼ばれる日本人労働者の一団や、一八六九年、カリフォルニアで「若松コロニー」と称する開拓村を築こうとした人々がいたこともよく知られている。しかし彼らは定着せず、後の日本人移民の先達としての役割を果たさなかった。一八八五年、ハワイ王国と日本政府の間に契約労働者に関する協定が結ばれ、協定終了の一八九四年までに計三万人近くがハワイ王国へ渡ったが、これはアメリカ本土への移民が増加し始める時期でもあった。

一八八〇年代の日本は産業資本の形成期、つまり資本主義経済への移行の始まった時期で、農村経済の困窮から、労働力は都市へ流れ、あるいは海外へ流れたのである。ハワイ王国への官約移民の第一回（一八八五年）募集人員六〇〇人に対し二万八〇〇

表5-1　日本人移民入国数

年　度	
1861～1870	186
1871～1880	149
1881～1890	2,270
1891～1900	25,942
1901～1910	129,797
1911～1920	83,837
1921～1930	33,462
1931～1940	1,948
1941～1950	1,555
1951～1960	46,250
1961～1970	39,488
1971～1980	49,775
1981～1990	47,085
1991～2000	66,600

（出所）U.S. Immigration and Naturalization Service, *Annual Reports*, 1969 ; *Statistical Abstract of the U.S. 1993*, No. 8 ; U.S. Census Bureau, *We The People: Asians in the United States*, 2000.

表5-2　日系人人口

年　度	アメリカ全体（全土）	カリフォルニア州
1870	55	33
1880	148	148
1890	2,039	1,147
1900	24,326	10,151
1910	72,157	41,358
1920	111,010	71,952
1930	138,834	97,456
1940	126,947	93,717
1950	141,768	84,956
1960	464,332	157,317
1970	591,290	213,280
1980	700,974	261,822
1990	847,562	312,989
2000*	796,700 1)	288,854
	1,148,932 2)	394,896

（注）2000年度の統計は，国勢調査で複数の選択肢から自分の出自を選んだ結果である。1）は，日系のみを選んだ者（people of pure Japanese heritage）の数。2）は複数を選んだ者（people of mixed heritage）の数。

（出所）U.S. Department of Commerce, Bureau of Census, *Historical Statistics of the United States: Statistical Abstract of the U.S.*; U.S. Census Bureau, Census 2000, special tabulations.

○人が応募した（採用は九五三人）ことからも，この時代に，農村の経済的疲弊による潜在的移住希望者が多かったことがうかがえる。また，アメリカへの日本人移民の大多数が，広島，山口，和歌山，福岡など，個人所得において全国平均を下回る農民の割合が大きかった県の出身であり，このことも，プッシュ要因として経済上の動機が大きかったことを示している。ほかにも，移民の募集や渡米手続きなどを一手に引き受けていた移民会社の活躍に加えて『渡米案内』や『渡米の手引』といった出版物が移住のきっかけにな

エリス島をアメリカへの東の門とするなら，カリフォルニアのエンジェル島はアジアからの移民を受け入れる西の門であった。ここに到着した日本からの写真花嫁の査証を調べる連邦議会の議員。

ったこともあろうし、言論界での海外移民促進論もプッシュ要因となった。少数ではあるが徴兵を忌避して移民となった者もいた。

もちろん、アメリカへの日本人移民増加の原因は日本側のものばかりではない。アメリカでの労働力不足が、他の移民と同様、日本人移民を引きつけたプル要因であった。日本人移民は太平洋岸の港に到着するのが常であり、その後もカリフォルニアに集中して定着したが、そこはゴールドラッシュの後で急激な発展途上にあり、経済上の可能性が大きかった。ことに中国人移民の入国が禁止された後も必要とされていた安価な労働力を日本人移民が提供することになったわけである。

彼らは季節労働者としての望ましい条件（若く、元気で、よく働く独身者）を備え、「もっとも粗末な設備ともっとも簡素な食事に満足する」労働者と見なされた。家庭の召使いや料理店の雇人になる者もあったが、言葉が通じなくとも仕事ができ、経験や技術をそれほど必要としない割には賃金の高い、鉄道工夫や製材人夫といった肉体労働に従事する者が多かった。日本人が雇用者の条件どおりによく働く労働者となりえたのは、長い封建制度の遺風のゆえに身分関係を基盤とした不平等を容易に受け入れたからだとの説明もなされる。しかし、この頃の日本人移民は、お金を貯めることを目的としていたから悪条件でもよく働いたのだともいえる。多くは、当時、日本で家が建つといわれた一〇〇〇円の貯金ができれば帰国する、つまり錦衣帰郷を夢見る出稼ぎであったから。一八九一年頃の日本人移民は『日本外交文書』（大正期第二十四冊）に次のように描かれている。

「……渡米の目的は最早留学に非ずして純然たる出稼ぎとなり、英語を解せず米国の風俗に通ぜざるは勿論、多くは、眼に一丁字なく自己の姓名さえも記すこと能はざるものもあり。抑々渡米を企つるに至りし動機に於て何等一定の目当ありしに非ず。唯在米友人等の通信等に眩惑せられ単に一攫千金の妄想を抱き家財を売り払ひて旅費を支弁したるもの多かりしか為、着米早々糊口に窮し、或は移民法の所謂貧困者に該当するもの頻出し、又従来の如く単独に渡来せず郷党相語らひ一団となりて来れるを以て、屢々契約労働者たるの嫌疑を掛けらるること多く、為に上陸禁止の厄に会ふもの多数に上れり……」（句読点、筆者）。

ただし、増加の傾向を見せたとはいえ、日本人移民の数は当時の中国人の比ではなかった。一八九〇年の国勢調査では、中国人約一〇万七〇〇〇人に対し在米日本人は約二〇五〇人であった。また、日本人入国者が一〇〇〇人に達した一八九一年の全移民入国数は五六万人余であった。

◆排　日

それでも、中国人排斥に引き続き、この頃からすでに日本人移民排斥の風潮が見られた。そして、日本人移民入国数がピークを迎える一九〇〇年代には排斥は組織的かつ全国的なものとなる。一九〇六年、サンフランシスコで起きた地震のあと、サンフランシスコ市当局が、市内の学校の多数が焼失し学校設備に不足をきたしたことを理由に、市内の日本人および韓国人学童全員を東洋人学校に転校させると発表した。当時、市の全学童約二万五〇〇〇人のうち日本人学童は九三人にすぎなかったのであるから、教育局のこの措置は明らかに当地の排日的世論を反映していた。この問題に関して日本政府はアメリカ政府に抗議をする。カリフォルニアにおける排日運動の圧力を受けつつも日本との友好関係の維持を望むセオドア・ローズヴェルト大統領の意向を受けて、トマス・J・オブライエン駐日大使と林董外務大臣の間で交渉が行われた。その結果、日本政府が自主的に労働者への旅券発行を停止することを確認した、いわゆる一九〇七～〇八年の「日米紳士協約」が締結された。日本側としても、アメリカ側が、中国人移民に対して行ったように、法律で日本人移民の入国を禁ずるという日本の面目にかかわる事態は避けたかったのであろう。この後、日本人移民の入国は減少し、すでにアメリカにいる日本人移民は「定着の時代」に入る。

この頃から日本人移民はしだいに内陸部へ入り、農業に従事し始めた。最初は土地をもたず農場労働者として働くが、目的は独立した農場経営者となることであり、出稼ぎとしての性格は消えていた。初期の農業における成功者、「ポテト王」と呼ばれた牛島謹爾（通称ジョージ・シマ）は、一九二六年に死亡したとき、推定一五〇〇万ドルもの財産を残していたといわれる。ちなみに、彼の成功物語は再々、日本の新聞・雑誌に掲載されたが、これが若者のアメリカ移住を促す刺激剤となった例も多い。

日本人農夫の働きは目ざましく、土地所有および借地面積はどんどん増加した。日本人は手のつけられない荒地を肥沃な土地に変える、と、その魔法とも思える努力が賞讃される一方、その努力のゆえに、彼らへの排斥も激しさを増した。排斥の理由は、もはや、日本人が出稼ぎの安い労働力であることではなく、アメリカ人の土地を奪うことにあった。そしてついに一九一三年、市民権を得る資格のない外国人（つまり日本人）の土地購入を禁止する外人土地法がカリフォルニア議会を通過した。借地権も三年以内と制限された。そして、その法の抜け穴ともいうべきアメリカ生まれの二世の名義での土地購入が進むと、排斥の気運はいっそう高まり、一九二〇年には日本人の借地権をも奪う土地法が制定された。同様の土地法は続いてワシントン、オレゴン諸州でも制定される。一九二〇年当時、アメリカ本土に住む日系アメリカ人約一一万五〇〇〇人のうち約九万五〇〇〇人が太平洋岸に集中していたが、この地域全体で日系人は定住の基盤となる土地所有を拒否されたのである。この地域の農業への日系人の貢献が高く評価されたにもかかわらず。

一九二四年の移民法制定（六章四節参照）後、日本人移民の入国は激減したが、すでにアメリカにいる日系人は着々と地歩を固めていた。一九三〇年には農業従事者が五二％、家庭労働・雑役従事者が二三％、小売商が一二％という割合であった。ことに日本人の技術がよく知られるようになったのは庭師としての腕であり、庭のある家をもつ中流階級の白人にとって「日本人庭師」は手放せないものとなった。農産物卸売市場、グローサリー・ストア、洗濯屋を経営するにいたった日本人も多かった。そしてある程度の経済上の安定が達成されると、一世が望んだのは二世の教育であった。もともと日本人移民はほとんどが男子であり、白人との結婚は許されていなかったため晩婚で、子どもである二世との年齢差は大きかった（一九四二年の統計では、一世と二世の平均年齢がそれぞれ五五歳と一七歳であった）。そして、親の期待どおり教育を受けた二世は、アメリカ社会に受け入れられることを望み、一方で親との世代のギャップは広まるものの、アメリカ社会への同化は他のエスニック集団と同様に進むことになる。

◇強制立退き

ただし、第二次世界大戦中の日系人の体験はアメリカ社会での日系人の位置に大きな影響を与えるものであり、他のエスニック集団の歴史には見られないものであった。一九四一年一二月七日、日本軍がハワイの真珠湾を奇襲した。アメリカ政府の対応は敏速であった。即日、日系人社会の中心的人物が拘引され、司法省管轄下の抑留所に入れられた。一世の預金は凍結された。そして翌年二月、フランクリン・D・ローズヴェルト大統領が行政命令第九〇六六号に署名した。これは、必要があれば国内に軍事地区を指定し、そこに住む者で国防を犯すと認められる者には強制立退きを命ずる権限を、陸軍省に与えるものであり、実質的には、西部防衛司令部司令官ジョン・L・ドゥウィット中将がそれを実施することになった。その対象には市民権をもたないドイツ人やイタリア人も含まれていたが、実施にあたって適用されたのは日系人（市民権の有無にかかわらず）だけであった。そして三月、ドゥウィットは第一軍事地区を定め、そこから日系人の自発的立退きを勧告するが、このときに立ち退いた約一万人の人々は移動先で抗議や妨害に遭い、この計画は中止となる。そこで政府は、日系人を保護するためとの理由を加えて、強制立退きの実施に踏み切ったのである。立退き者の管理を任せるため戦時転住局（WRA）も設置された。政府内部からの批判もあったが、すでにこのとき、「軍事上の必要性」は何ものにも優先した。この名目で、ワシントン、オレゴン、カリフォルニアの三州に居住する日系人約一一万人の強制立退きが実施に移されたのである。日系人は一世も二世も、家や家財道具を二束三文で手放し、または政府や友人に託し、職を捨てて、住み慣れた土地を離れることとなる。それまで長年かかって築き上げた生活が音を立てて崩れたのである。

彼らはまず、ワシントン、オレゴン、カリフォルニア、アリゾナ諸州の計一五カ所に設けられた仮収容所へ集められ、そこから転住所（政府はこう称したが、ナチ強制収容所の連想から「強制収容所」と呼ぶ人たちもいた）に向かった。仮収容所となったのは競馬場の廏舎や農産物品評会用地内の建物で、悪臭に辟易したとの感想は立退き者の多くに共通している。転住所はユタ、アリゾナ、コロラド、ワイオミング、アーカンソー、アイダホ、カリフォルニア諸州に計一〇カ所急造されたが、いずれも砂漠や荒地で気候の変化の激しいところであった。鉄柵に囲まれ、監視塔の見張りの下、日系人は、それまでの苦難とはまったく異なった苦難を体験することになる。

一世にとって、物理的・肉体的な逆境に置かれた苦しみもさることながら、戦前にやっと築き上げた財産や社会的地位、そして仕事を失った精神的打撃は大きかった。転住所を出た後も立ち直る機会も気力もないまま亡くなった一世の例すらある。また、アメリカで生まれアメリカ市民として生きてきた二世が、アメリカに裏切られたと感じたとしても当然であったろう。しかし、二世にとっては転住所生活が人生の大きな転機ともなった。WRAなどの協力を得て、太平洋岸に住み続けていては不可能であったかもしれない東部・中西部の大学への入学・転学を果たした者もいた。転住所から志願してアメリカ軍に入隊した者もいた。ハワイ出身の二世による第一〇〇歩兵大隊を編入した第四四二連隊戦闘部隊は、転住所から志願した二世のみによる編成であったが、この部隊のイタリア戦線、フランス戦線での活躍は有名である。犠牲者の数も膨大であったが、アメリカ軍事史上もっとも多くの功績を立てたとされるこの部隊の、アメリカに対する血の忠誠は、戦後のアメリカ社会における日系人の地位の飛躍的上昇の一要因である。ただし二世の中でも、主たる教育を日本で受けてアメリカへ戻った、いわゆる帰米二世はやや複雑な立場にあった。約九〇〇〇人の帰米二世の中にはアメリカではなく日本に愛着を抱き日本の勝利を願う者もいたからである。

◇戦　後

戦後、ＷＲＡの努力により一世にも東部・中西部への再定住の道が開かれた。一九三〇年の結成以来、日系人のアメリカ化を促すと同時に、日系人の立場を一般に理解させる努力や第一次世界大戦に従軍した一世の帰化権獲得運動に活躍していた全米日系市民協会（ＪＡＣＬ）は戦後も目ざましい働きを見せる。強制立退きによる財産損失の補償要求や一世の帰化権獲得運動などである。このような動きに伴い、カリフォルニア州外人土地法は一九五六年に廃棄され、他州における外人土地法も一九六六年までにはすべて廃棄されるにいたった。

戦後は日系人の社会的・経済的地位の上昇に伴い、居住地も拡散し、他のエスニック集団の人々との結婚も進んだ。二〇〇〇年の統計では、約八〇万人の日系アメリカ人の三分の一弱がハワイ州、三分の一強がカリフォルニア州に住み、残りは全米に広がっている。家族所得では全米平均を四〇％上回るが、その要因の一つは教育程度の高いことである。一世は農業、庭園業、小売業など、高い教育を必要としない職業に就いていたが、教育を重視する彼らの期待を担って二世は高い教育を受け、専門職に就いている者が多い。三世四世になるとその傾向はさらに強くなる。二〇〇〇年の統計では、二五歳以上の日系人六九％が短大卒業以上の学歴をもち、これはアメリカ全体の率より高い。建築家ミノル・ヤマサキ、言語学者Ｓ・Ｉ・ハヤカワ、上院議員ダニエル・Ｋ・イノウエ、宇宙飛行士エリソン・オニヅカ、商務長官および運輸長官を歴任したノーマン・ミネタ、オバマ政権のもとで復員軍人庁長官に任命されたエリック・シンセキなど、アメリカ社会に重要な貢献をしてきた日系人は多い。

5 エスニック社会の形成

以上のように、世紀転換期に入国した移民は、都市に定着したにせよ、農村に自分の場を見出したにせよ、大きな問題に直面した。非熟練労働者は終わることのない貧困に、そして、経済上の問題をどうにか解決した者も、新世界での生活様式を習得しなければならなかった。いずれにしても、移民となったことで故国でのそれまでの経験がすべて消えてしまったのではなく、また、単に新しい慣習を学べばことが済むわけでもなかった。彼らは自分たちの古い慣習を新たな状況に適応させせなければならなかったのである。これは、言語、思考様式、信仰、家族形態などあらゆる面にわたった。

◆近 隣

このような困難に直面した移民は、当然のことながら、互いに助け合おうとした。すなわち仲間を求めた。また、新来者は、自分たちより前に入国していた人たちの失敗も含む種々の体験から多くを学ぶのであった。そこに、これらの困難を和らげるための組織が生まれることになる。もっとも初期の段階は、同じエスニック集団に属する人々が近隣に集中して生活する形の助け合いである。これは、移民した直後に先住者と住居を分かち合うという物理的条件から派生したと同時に、慣れない土地での精神的支えでもあった。リトル・イタリー、リトル・トーキョー、チャイナタウン、ポロニアなど、

貧困を逃れ，生活の向上を夢見たイタリア人家族は，ニューヨーク市の「リトル・イタリー」に雑貨店を開いた。

あちこちに作られたこれらのエスニック集団居住地は、彼らが同族中心的で、アメリカに住んでいることを認めようとしないことの証拠であるとして批判されることもあった。しかしこのような生活の仕方は、文化的・経済的に故国とあまりに異なる土地に、英語を解せず、仕事も金もなく到着した人々にとっては、アメリカ化の第一歩だったのである。アメリカで生きるために必要な情報は、この近隣から得られたのであるから。

次の段階でもっとも一般的であったのは、同じ郡、教区、地区の出身である移民が集まって作る友愛組合的な組織である。イタリア系の場合は、カラブリアやナポリなどの出身地別に組織ができ、それらの組織は全国的な「イタリアの息子たち」という組織に組み込まれた。日系人は県人会を作ったし、ユダヤ人も他の移民も同様の組織を作った。昔の友人に会ったり、古い歌を歌ったり、故国の祭日を祝ったりする場として、この組織は移民のショックと寂しさを和らげる役目を果たすと同時に、アメリカ社会への適応の際の摩擦を小さくする機能も果たしたのである。

◇教　会

海を渡った誰もが故国から携えてきた組織、それは教会（ユダヤ人の場合はシナゴーグ）であった。彼らは故国を離れても自らの宗教は捨てたくなかった。そして彼らの多くは、故国で馴れ親しんだ信仰、礼拝形式を新世界でも再現しようと努力した。彼らが執着したのは教義だけではなく形式でもあった。したがって彼らは、アメリカにすでにあった教会あるいは他の移民集団のそれを受け入れようとはせず、自分たち自身の教会を作り上げるのであった。

同じ信仰をもつ人々はまず、一つの宗教団体を組織し、礼拝をとり行う司祭、牧師またはラビを探す。礼拝の場所は、個人の家であったり学校の建物であったりした。そして資金を集めて礼拝のための建物を建設する。そこは礼拝だけでなく情報交換など社交的機能を果たす場ともなる。さらに何年もの間にその教会あるいはシナゴーグは、アメリカでの体験から派生した機能をもつにいたる。つまり、そのエスニック集団のアメリカ化を助ける働きをすることになる。

ある記録には、一八八〇年代にポーランドからの移民が到着し始めたコネティカット州のある工業都市にカトリック教の教会が作られた過程が次のように描かれている。一八九四年には、司祭が年俸五〇〇ドルで近隣の教区から来て、古びたアイルランド系の教会で定期的にミサが行われるようになった。翌年にはこの教区だけのための司祭が任命され、人々の努力により木造の教会が建てられた。そして、司祭はその教区の人々の生活をよくする努力をした、と。そして、その後の二〇年間にその教会を中心に学校や孤児院、印刷所などの施設が次々と作られ、町が発展しつつ、住民のアメリカへの適応も進んだのである。

◆相互扶助組織

移民はまた、病気、事故、失業、死などに対応するために、相互扶助組織を作った。生活が確立していない時期に一家の稼ぎ手が病気や事故や死に遭うことは、その一家の餓死にもつながる。それを防ぐために、集団の一人一人が定期的に少額のお金を共有の資金として拠出し、非常の場合に支払いを受けるのである。見知らぬ土地で病気になったり、適当な埋葬もされずに死ぬことへの恐れが、彼らに相互扶助組織を作らせたともいえる。そしてまた、もう一つの目的は、移民のアメリカ社会への適応を助けることでもあった。

たとえば、一八九四年、イリノイ州ジョリエットで組織されたスロヴェニア移民の相互扶助組織カーニオリアン・スロヴェニアン・カトリック・ユニオンは、一九二〇年までに一万七〇〇〇人の会員を擁し、資金は六五万ドルとなっており、すでに一三八万ドル近くの扶助金を支払っていたという。

イタリア系移民も多くの特色ある相互扶助組織を作った。一九一〇年代のシカゴには一五万人のイタリア系人口に対し一一〇の相互扶助組織があり、それらはたいてい、同じ地域、ことに同じ村の出身者を会員としていた。もっとも知られていたユニオーネ・シシリアーナ（暗黒街の顔役、アル・カポネも加わっていたことがある）の場合、病人への扶助金は週八ドルから一二ドル、死亡した者の家族へは一〇〇〇ドルの扶助と葬儀費用五〇ないし九〇ドルが支払われた。会員は月三〇ないし六〇セントの会費を支払い、生命保険のような形で年に一二ないし一五ドル納めるのであった。金銭上の扶助だけでなく、会員の葬儀には他の全会員が出席する義務もあったといわれる。

ギリシャ人移民の例では、一九一〇年代にすでに全米組織となったものもあった。その始まりは多くの場合、ギリシャ教会の建設と社交を目的としていたが、病気や死亡の際の扶助金支払いに加えて、アメリカにおけるギリシャ人の状況の改良、労働者の保護、そしてアメリカ社会への適応を促す計画を打ち出す組織もあった。

ユダヤ人の間では、富裕なドイツ系ユダヤ人が、後から入国した貧しいロシア系ユダヤ人のアメリカ化を助けようと組織した慈善団体以外に、ロシア系・ポーランド系ユダヤ人によるものも現れた。経済上の相互扶助のみならず、教育・文化面での企画をたくさんもつ点がこれらの組織の特色であった。

以上のような組織が発達して大銀行や保険会社になった例もあり、これは、エスニック集団に属する人々をアメリカの実業界の主流に入り込ませる過程でもあった。

◇エスニック新聞

移民の母国語で書かれた新聞も、教会や相互扶助組織と並んで、移民の社会に欠かせぬものであった。一九二〇年にすでに三五以上の言語で、一〇〇〇種以上の新聞が発行されていたということは、移民がいかに自分たちの言語で書かれたものを欲したか、また、英語を読めない移民にとってこの新聞がいかに重要な情報源であったかを示している。これらの新聞は、失業した教育ある移民により、わずかな元手で始められ、実業家がスポンサーとなった例が多い。内容は多様であったが、共通して見られた形式としては、第一面に故国のニュース、たとえば故国のその年の収穫や教会の行事など、そして二面にアメリカのニュースが母国語に翻訳されて掲載された。

もっとも広く読まれたのは詩や小説、そして編集者への手紙であった。文学的才能があるというよりは感傷的な読者が自作の詩や小説を編集者に送り、掲載を待ったし、著名な作家の作品も連載された。多くの新聞に「身の上相談」欄があり、問題を抱えながらほかに解決策の助言を得る場のない読者にとって、編集者は僧侶、精神分析医、社会事業家《ソーシャル・ワーカー》などの役目を果たした。なかでも有名なのはイディッシュ語で書かれた『ジューイッシュ・デイリー・フォワード』紙の手紙欄である。「父は私がお白粉を使うのを嫌がります。お白粉を使うことは罪ですか」といった幼いものから、「移民してきて四カ月にしかなりませんが、夫が家を出てしまい、私は生後六カ月の赤子を抱いて働くことができません。上の子どもたちを売りたいのですが……」との深刻なものまで、アメリカ社会での移民のとまどいが、イディッシュ語で綴られる。新聞はまさに彼らの生活状態を映し出す鏡であった。

また、広告欄もエスニック集団の特色を示していた。たとえば、ボストンのあるリトアニア語新聞には次のような広告が出された。「求む。一九歳から二二歳までの、宗教的に自由で、リトアニア語の読み書きのできる少女、または子どものいない寡婦。当方、飲酒も喫煙もしない二九歳の写真家」。

このように人々は、エスニック新聞が自分たちの関心や問題を反映していたから、これらの新聞を読んだのであった。根なし草になった移民にとって故国のニュースをもたらす新聞は故国との絆の象徴であったのかもしれない。したがって、新聞は移民社会、エスニック集団の結束を強めるものであった。しかし同時に、アメリカのニュースやアメリカの制度に関する記事をも多く掲載していたこれらのエスニック新聞は、結局はアメリカ化を進める重要な媒体として作用したのである。ウクライナ語新聞の主筆であったジュリアン・チャプカの「アメリカの絵」「アメリカ合衆国憲法」「アメリカ、ことにペンシルヴェニアにおける法と裁判所について」といった記事は、その好例である。

◇エスニック演劇・文学

新世界において故国の言葉がもつ重要性が示されたもう一つの例は、移民の文学・演劇である。エスニック新聞に自作の詩や小説などを投稿する読者が多かったことは前に述べた。移民としての自分たちの大きな体験を記録しておきたい、自分たちの感情を表現したい、という欲求、また、他国の文化的・政治的支配下にあって用いることを許されなかった自国語で何かを表現したいという欲求（彼らにとって抑圧されている言葉を用いることは、その言葉を話していた国民の生存の象徴であった）、これらの欲求が新世界において言葉の爆発となったのである。そしてその一つの現れが素人演劇であった。母国語を用いての演劇は、慰みというより生活の重要な一部であり、贅沢というより必需品であったといわれる。

演劇は教育程度の低い人々も楽しむことができ、そういった人々とともに故国からアメリカへもち込まれた。そのせいもあって、エスニック演劇は故国の特色および伝統を長く保持した。これは、多くのエスニック新聞がアメリカでの発展過程において、全段抜き大見出し、スポーツの頁、漫画など、アメリカの形式を真似るようになった事実と対照的である。

もっとも古い移民演劇の一つは中国人のものであり、これには曲芸も含まれていた。料理店や洗濯屋で一日一四、五時間もの重労働を終えた中国人移民はそのあと四、五時間も演劇を楽しむのであった。出演者は全員が男子で女役も担当し、豪華な衣装で舞台に立ったが、中国人には珍しくなくともアメリカ人一般には奇妙に映るものもあったようである。今日の「ソープ・オペラ」に相当するメロドラマを上演し、観客に一種の慰めを与えた例もある。

イタリア人の場合は、マンドリンなどを弾き、歌い、パントマイムをしてお互いに楽しむ、素人の集まりが、しだいにわずかな料金を払った聴衆に見せる集団となり、その中からプロの劇団が生まれるにいたった。そのような中で非常に成功した例は、サンフランシスコのイタリア人地区ノースビーチに一九〇五年に開場したサーキュロ・ファミリエール・ピサネリ劇場である。女優でもあり興業主でもあったアントリエッタ・ピサネリ・アレッサンドロの創立したこの劇場では、ブロードウェイの劇や、シェイクスピアやゲーテの古典をイタリア語に翻訳したものを上演した。何よりも聴衆を湧かせたのは、故国を想い出させる伝統的なイタリアの演《だ》し物である。アレッサンドロ自身の歌うイタリア各地方の民謡と、地方独特の人物を扱った短い喜劇とが常に好評であった。しかし、ピサネリ劇場に限らずイタリア人の劇場で人気のあったのは、何といってもオペラである。どの劇場も、プログラムには必ずオペラが含まれていた。「椿姫」「リゴレット」「ラ・ボエーム」「オセロ」などがとくに好まれた。イタリア人はオペラを娯楽としてだけでなく生活の必需品として見た、といわれるが、舞台が小さく予算もわずかであったため舞台装置が貧相であっても聴衆は失望しなかったのである。

移民の築き上げた演劇で重要なものに、イディッシュ語演劇がある。社会的地位と富とを確立したドイツ系ユダヤ人にとっては、イディッシュ語演劇を観ることとは、父祖の国やその伝統への郷愁を満たすことであり、貧しい労働者にとって演劇は魅惑であり興奮を与えるものであった。それは、まさに、シナゴーグでの礼拝のようであって、礼拝以上に報われた気持ちになるものであった、とイディッシュ語演劇研究者は書いている。ことにニューヨーク市のロシア系ユダヤ人ほど演劇に熱中した集団はない、といわれるが、二〇世紀初頭のニューヨーク市イーストサイドにおけるイディッシュ語演劇について、ジャーナリストのハッチンス・ハプグッドはその著書『ゲットーの魂』（一九〇二年）の中で次のように述べている。

「バウリー通りの三つのイディッシュ語劇場では、ゲットーの世界——巨大で複雑で生命と文明にあふれたロシア系ユダヤ人のニューヨーク——が表れている。……これら三つの建物にゲットーのすべてのユダヤ人が入るのだ。赤ん坊を抱いた工場働きの女性、日雇い労務者……小さい店の店主、ロシア系のアナキストや社会主義者、ラビや学者、詩人、ジャーナリスト。……貧しく無知な人々が大多数であるが、学者、知識人、革新主義者もいる。……ものすごい熱狂が見られる。心の底からの笑いと涙が、真剣な演技に伴って起こる。……幕間にはソーダ水やキャンディやけばけばしい色のついたあれこれを売り歩く人が、聴衆と交わる。……幕が下りると、それを合図に友人は寄り集まって、今観た劇について、あるいは一週間の出来事についてのおしゃべりを始める。……ここにイディッシュ語の社会が見られるのだ。……」。

ここでのイディッシュ語演劇のもう一つの特色は、演し物にゲットーでの問題が取り上げられた、リアリズムとも呼ぶべきものである。ゲットーの現実を演し物の中に示すことは聴衆にとって不快であったかもしれないが、そこに現実生活、つまり自分たちの生活している社会の制度に対する怒りと、それを通しての改革の思潮が同時に示されることで、彼らは満足したのである。ここでも、イディッシュ語演劇が「民衆の演劇」であったことがわかる。また、イディッシュ語演劇からブロードウェイやハリウッドのスターも生まれた。

このような演劇は、娯楽であると同時に教育的でもあった。劇化された母国の名作に接する機会であると同時に、英語で書かれた作品が母国語で演じられるのを観る機会でもあったからである。そして、当然、母国語や文化を存続させることにも役立った。しかし、その最大の意義は、エスニック新聞と同様、人々が自らを表現することであり、演劇は彼らの感情を鏡のように映していたのである。彼らはそれを通して故国を想うと同時に新しい環境を受け入れる心の準備をすることもできたのであろう。

6章 自由の女神の涙

1 黄禍論（イエロー・ペリル）

◇中国人排斥

一九世紀末から増加した、いわゆる新移民は、アメリカ社会への適応の過程でさまざまな困難に遭遇したが、なかでも厳しかったのがアメリカ社会にあった移民排斥の感情である。もちろん、外国人に対する不信感は植民地時代にすでに存在した。しかし同時に、アメリカは常に安価な労働力を必要としていたし、貧しい者、抑圧された者にとっての安息所・避難所としての伝統、アメリカには移民を迎え入れる余地があるとの確信、アメリカの環境は移民を「新しい人間」に変えることができるとの信念、これらのものが初期のネイティヴィズムに打ち勝っていた。一九世紀半ばに「アメリカ人のためのアメリカ」を叫んだノー・ナッシング党は、高まる時の速さと同様の速さで消えてしまったのである。

しかしながら、その根底にあった反カトリック・反移民感情は、一九世紀末には徐々に政策としての形をとどめることになる。安価な労働力はまだまだ必要であったが、アメリカが移民を受け入れ、「新しい人間」にすることができるとの確信が揺らぎ始めた時期である。連邦政府が一八七五年に売春婦や罪人の入国を、そして一八八二年に精神病者、痴呆、公共の負担となる者の入国を、禁止するとの移民法改正を行ったのは、移民を排斥するというよりは、国を守る当然の措置であったろう。しかし、一八七〇年代から見られ始めていたカリフォルニアの中国人移民に対する暴力行為は、明らかに特定の労働者階級としての移民を締め出そうとしたものであった。

安い労働力として好まれていたはずの中国人移民が排斥され始めた理由は、その人数が急増したこと（一八六〇年の四万人から八〇年の一〇万人へ）と、自分たちの働き口が奪われるのではないか、生活水準が下がるのではないかとの、他の労働者の不安と不満が高まったことであり、そこに一八七〇年代の不況が重なったのである。サンフランシスコで歌われた「さらに一二〇〇人」と題する次の歌には白人労働者の恐怖感がよく表れている。

おい、親愛なる労働者諸君よ、いま流れているニュースを聞いたかい？

中国の汽船がまた一せき
この町に着いたとさ。

今日、俺は新聞を読んで
とても心が痛んだぜ、
第一面にこんな見出しがあったから、
「さらに一二〇〇人!」

ああカリフォルニアが落ちぶれてきているのが
はっきりとわかる、
彼らはチャイナマンばかりを雇って
お前や俺をクビにするんだ。

一二〇〇人の正直な労働者が
今日、仕事から追い出される
このチャイナマンたちが
サンフランシスコに着いたから。

こんな状態は
我々のこの黄金の地では決して続くはずがない。
なぜなら、まもなく復讐の声が聞こえるだろう
「チャイナマンを追い出せ！」と。

もちろん、中国人と白人との間には文化的・人種的に大きな差異があって同化は不可能であるとの偏見も根強かった。そして売春、麻薬、賭博に関わる中国人が目立ったため、中国人全体が道徳心の低い移民と見なされたことも排斥の理由であった。

もっとも激しい排斥運動を展開したのは、鉱山への投機で財産を失った、アイルランド系移民の船員デニス・カーニーであり、労働者党が彼に続いた。カーニーは、当時盛んになり始めていたイエロー・ジャーナリズムの力を借りて一挙に煽動者として注目を浴びることになる。このイエロー・ジャーナリズムとは、けばけばしい写真やセンセーショナルな記事を掲載することで発行部数を伸ばそうと競争した安価な新聞である。その典型であった『サンフランシスコ・クロニクル』紙は、カーニーの中国人排斥の演説を掲載して発行部数を伸ばしたのである。

カリフォルニアでの排斥運動の影響を強く受け、一八八二年、連邦議会はついに中国人の入国禁止を立法化した。この「中国人排斥法」は一〇年間の時限立法であり、その後一八九二年および一九〇二年に更新される。そしてこの法以後、在米中国人に対する暴力行為は減少したものの、偏見と差別

20 世紀初頭，希望を抱いてアメリカに渡る移民の数は増加したが，アメリカ社会は移民の流入を制限する方向へ動き始めていた。

は残り、「チンク」「ジョン・チャイナマン」といった蔑称とともに中国人の望ましくないイメージは定着してしまった。「チャイナマンの可能性」(a Chinaman's chance) という英語が「あるか無きかのわずかな可能性」を意味することからも、中国人がいかに差別されたかを窺い知ることができる。中国人は一九五二年まで市民権を得られず、中国人との異人種間結婚を認めない州も多かった。

◇日本人排斥

以上のような偏見を受け継ぐ対象となったのが日本人移民であった。五章でも見たとおり、彼らは中国人が入国を禁じられてから増加した移民であり、中国人への偏見と差別が、同じアジア系で一般の眼には中国人と見分けがつかず、同種の仕事に従事した日本人移民にすぐさま向けられるようになったのも当然であろう。しかし、日本人移民排斥の気運は、重要な点で中国人排斥とは異なっていた。一九〇一年の米国産業委員会の報告の言葉を借りると、日本人は中国人より「はるかに望ましくない」人種であって、「あらゆる点で中国人を下回り、ずるくて信頼がおけず、不正直だ」との評価を受けたのである。二〇世紀に入ってからはとくに、中国人のように苦力《クーリー》労働者にとどまらず、カリフォルニアの農業において能率的な労働者として、また栽培者として、頭角を現し始めた日本人への恐怖が見られた。そこに、一九〇五年、日本が日露戦争で勝利を収め、太平洋における強力な国家として浮かび上がったことが重なって、アメリカ人の眼には日本人移民が現実の脅威と映ったのであろう。イエロー・ジャーナリズムのハースト系新聞は、「これらの日本人移民は一人残らず日本のスパイだ」とセンセーショナルに書き立てた。

もともとヨーロッパで唱えられていた黄禍論（Yellow Peril）をカリフォルニアと結びつけたのは『無知の勇気』を書いたホーマー・リーであったが、彼の論（日本人を恐れるのは彼らの劣等性の故ではなくむしろ優等性の故である）には説得力があり、新聞はこれを効果的に用いたのである。たしかに、日本人移民はカリフォルニアの農業において勤勉であると同時に有能であることを示していた。また、それが日本の国力増大の時期と一致したのであり、日本の膨張的傾向はこの後たしかに、対華二一カ条要求、山東問題、シベリア出兵、満州占領などに見られることになる。そして、同じくこの地域への市場開拓などを望んでいたアメリカとの間に緊張と摩擦を生み、それがひるがえって日本および日本人移民・日系人に対するアメリカの世論に大きな影響を及ぼすのである。しかし、当時の日本人移民がアジア・太平洋における日本の膨張主義と関連づけられることは皮肉なことであった。なぜなら、五章に述べたとおり、日本人移民の大半は日本の資本主義の急速な発展がもたらした貧困のため、あるいは人口問題のため、日本を離れたのであり、彼らの最大の目的（アメリカでの彼らの厳しい仕事ぶりを支えたもの）は「錦衣帰郷」であった。当然、アメリカに勢力を築くことなど不要でもあり、そのような余裕すらなかったからである。土地を購入するにいたっても、その目的はあくまで経済的自立であった。

この黄禍論は、中国人移民への排斥と共通の人種イデオロギーに基づく不同化説とも結びついた。その背景には、一九〇七年以前の日本人の多数入国と、高出産率ゆえの人口増加という事実があったことに、問題にされたカリフォルニア州での増加は著しかったが、現実には、同州全人口中の日本人の割合は二％（アメリカ全人口の〇・一％）にすぎず、同州が日本の一州になるのではないかとの不安に根ざした排日論は正当づけ難い。ただ、日本人移民が自分たちだけで群がり、日本語を用いて生活していたことが、外部の人たちの不安の原因となったのはうなずける。見知らぬもの、不可解なものへの恐怖心は容易に植えつけられ、煽られうるものである。その心理構造を巧みに利用して一般の人々に人種的偏見を植えつけようとする移民排斥論者の側から見れば、日本人の集団居住は格好の例証であったろう。

カリフォルニア州では日本からの移民に対し，早くから敵意を示す者が多かった。

◇日本人移民の集団生活

二〇世紀初頭の日本人移民の生活状態、そして同化の過程は、当時のヨーロッパ移民と大きく異なってはいなかった。新世界で言葉がわからず、他に頼る人のない移民が、言語や習慣の同じ者同士でゲットーを形成して生活すること、そして、新たに到着する移民が違和感を感じることのより少ない同国人のゲットーに加わることは自然の成り行きであった。ただ一つ日本人が他の移民と異なった点は、日本人が都市を離れて農業労働者となり、土地を購入して定住することになっても、都市のゲットーにいた頃と変わらない、惨めな住居での集団生活を続けたことであろう。日本人移民の最盛期であり、これから労働者移民の日本出国が停止されようという一九〇八年に、カリフォルニア州サクラメント川下流の農村ウォールナッツグローヴにおける日本人の生活状態を描写した、外務省二等書記官、埴原正直の視察報告を引用してみよう。

「……しかしてこれら日本人の居住営業地域の光景を観るに、河岸を距る僅かに五、六十歩たる低湿の地に板屋作りの粗造なる数十戸の家屋は相接して自ら一廓をなし、修理をも届かざればにや、戸々頽廃の姿見すぼらしく、外よりこれを望めば、あたかも当年四ッ谷鮫が橋付近における貧民窟を一小廓内に集めてみるが如く、廓内に入れば奇臭紛々《（ママ）》鼻を突き、不潔極まる狭巷斜路、不規則に縦横し、……日本人家屋中には……いずれも外戸よりその卑陋醜怪なる内幕を透見し得べく……雑然としてこの一小廓内に混在し、幾条の不潔なる狭路は淫姿乱態見るに堪えざる婦女と無頼の徒の往来に任じ、附近幾百の日本人は日々この怪窟に出入して賭博淫遊身を過り、同胞の声価を損じ、他の社会に害毒を流しつつあるなり……」。

これが日本人移民の一部にすぎなかったこと、そして、埴原の見方がエリート外交官のそれであったことは認めても、やはり日本人移民全体が奇異の眼で見られていたであろうことは想像に難くない。このような生活状態が変わらなかったために、日本人はアメリカ社会に同化しないとの批判や、黄禍論に基づく日本人への恐怖感が一般の人々の間に生まれたのである。

2　一〇〇％アメリカニズム

◆ＡＰＡ

移民制限を唱える人々を支えていたもう一つの要素は宗教上の偏見であり、この偏見も古くからアメリカに存在した。プロテスタントの多くが、カトリック教はアメリカの価値観や制度を脅かすと信じていた。プロテスタントの著名な牧師ジョサイア・ストロングは、『我が国・その将来と現在の危機』（一八八五年）と題する著書で、カトリック教徒はアメリカではなくローマ法王と教会に忠誠を誓うのだと論じ、一般から強い支持を得ていた。一八八七年に結成された反カトリック組織「アメリカ保護協会」（ＡＰＡ）は、一八五〇年代にノー・ナッシング党が主張したネイティヴィズム（ローマ・カトリック教徒の不道徳性やローマ法王の勢力がアメリカに及ぶのではないかとの恐れを理由に、カトリック教国出身の移民を排斥する）を再び示したといえる。この頃急増したいわゆる新移民は汚く、無知で、犯罪を犯しやすく、貧窮状態に陥りがちな「まさにヨーロッパのくずやかすだ」と決めつける新聞もあったが、そのような移民の中にカトリック教徒が多かったことが、反カトリック教の伝統と移民排斥とを結びつけたのであった。全盛期には一〇〇万人もの会員を擁していたＡＰＡが標榜したのは、カトリック教徒の立候補者には投票しないこと、カトリック系学校への政府援助に反対すること、カトリック教徒の労働者がプロテスタントの同僚にとって代わるかもしれないストライキには参加しないこと、などであった。

さらに、この時代の新しい状況の特色を表していたのは、ＡＰＡが移民を急進主義と結びつけたことである。一八八六年、シカゴのヘイマーケット広場での労働者集会に爆弾が投げ込まれ、警官一人と数人の見物人が死亡した。犯人としてドイツ生まれのアナキストと見られる一団が公判に付され、四人が処刑された。「ヘイマーケット事件」と呼ばれるこの事件に関し、新聞は、「アメリカ人アナキストなどというものはない」と報道した。アナキストは移民でなければならなかったのであり、世論はそれを受け入れた。つまり、非難は「貧しく、不道徳で、急進的な」新移民に向けられたのである。この事件は当時頻繁に起こった労使の対立を象徴すると同時に、一般の人々の移民に対する危惧を如実に示しており、ＡＰＡの活躍の背景はここにあったのである。

◇「一〇〇％アメリカニズム」

ＡＰＡ自体はノー・ナッシング党ほどの成功すら収めずに消えてしまうが、移民に対する暴力行為などといった排斥の気運は消え去りはしなかった。第一次世界大戦は、アメリカ国内のナショナリズムを高揚させると同時に、移民および移民を父祖とするエスニック集団の人々に対するネイティヴィズムを一段と強め、広めることとなる。アメリカはまさに、「一〇〇％アメリカニズム」を唱える超愛国主義者の独擅場ともなったのである。ことにドイツが敵国であったため、ドイツ系アメリカ人はスパイ、国賊、破壊工作員になる可能性があると見られ、食物、言語、音楽、文学などアメリカ社会に溶け込んでいたドイツに関するものすべてが抑圧された。ドイツ系アメリカ人の圧倒的多数とドイツ系アメリカ人の新聞が戦争支持を表明していたにもかかわらず。高校や大学のカリキュラムにあったドイツ語は削除され、個人、会社、そして町までも、ドイツ系の名であれば変えざるをえなかった。レストランのメニューでは「ザワークラウト」が「自由キャベツ」と名を変えた。ドイツ民謡を口ずさんでも、ドイツ訛りの英語で話しても当局への出頭を命じられたり、戦争を支持することの証明になるだけ戦争債券を買わなければ近所から疑いの眼で見られる、といったことをドイツ系アメリカ人は経験しなければならなかったのである。当時の自由主義的な新聞への、あるドイツ系アメリカ人の投稿には次のような個所がある。

「……ドイツの親類や友人と戦うことはつらい。しかし今はこれしか道はない。それよりずっとつらい——残酷なほど不正で不必要だからつらい——のはドイツの伝統の中の美しく貴重なものすべてを理不尽にも殺してしまうことだ。馴れ親しんだ言語をしゃべることは反政府活動。古い民謡を歌うことは反逆罪。われわれの父祖の音楽、思想、建築、文学は全くの害毒。……［言論の自由を奪われることは］敵性外国人には当然のことだが、これが、子ども時代の罪のない歌を口ずさんだり、最愛の母親に、彼女がうまく使える唯一の言語で話しかけたりするかもしれない一〇〇％アメリカ人一般にまであてはめられているのだ……」（*The New Republic*, April 20, 1918）。

同様の警戒心は、ドイツ系アメリカ人にとどまらず、オーストリア＝ハンガリー帝国やトルコ帝国出身、あるいはスラヴ系のアメリカ人にも向けられた。一九一八年には治安法・防諜法が拡大強化され、軍隊、国旗、そして軍服すら、批判すると二〇年の投獄の刑を科されることとなった。ある知識人は、敵国を父祖の国とするアメリカ人は〝ダイナマイト〟だ、と述べた。文化的または政治的に敵国人と同一視される人々が人口の大きな部分を占めているという事実は、戦争をしている国の国民にとって耐え難いことであったろう。この〝ダイナマイト〟を安全なものとする唯一の方法として、「一〇〇％アメリカニズム」をめざす「アメリカナイゼーション」が叫ばれたのである。移民とその

国外退去を待つ（1920 年頃，エリス島アメリカ合衆国移民局）。

子孫は一〇〇%アメリカ人になるようにと圧力をかけられるのであるが，その圧力は眼に見えるものであった。市民権取得申請をしていない外国人の昇進，そして雇用すらも拒否する企業もあった。英語の授業に出席することを雇用の条件にする工場もあった。これらをアメリカの理念に反すると見なし不快に思う者も多かったが，このような圧力のもとで，たしかに移民およびエスニック集団のアメリカ化は進んだのである。そして，第一次世界大戦後のアメリカ社会においてこの種の圧力は，特定の移民およびエスニック集団に対するものにとどまらず，一〇〇%アメリカニズムに合致しないものに対する不寛容の精神となって残ることになる。

◇「赤の脅威」

移民制限を実現させる方向への動きはもう一つあった。いわゆる「赤の脅威」(Red Scare)、すなわち共産主義に対する危惧である。一九一七年春、ロシア皇帝が廃されたとき、アメリカ国民はそれを承認した。ところが同年秋にボルシェヴィキが政権を取り、個人の財産所有廃止などを実行し始めるや、アメリカ人は震え上がった。そして第一次世界大戦直後の激しい労使の対立、ストライキや暴力行為などはすべて、このボルシェヴィズムの影響を受けたアメリカ国内の新移民(ことにロシア系)と結びつけられるにいたった。移民と急進主義との関連はそれ以前から問題にされていたが、今や移民は共産主義者と同義語のごとくになった。そして「赤の脅威」は野火のように全米に広がった。

「革命の火はあらゆる機関を舐めつくし、アメリカの労働者の家庭に入り込み……社会の基盤を焼き尽くしてしまうのだ」と述べて、この共産主義に対する恐怖心を煽った司法長官A・ミッチェル・パーマーの「パーマーの赤狩り」はこのような社会状況において行われたのである。政治的野心に燃えるパーマーの命令で、一九二〇年初め、連邦および州政府の係官と警察が、外国生まれの共産主義者と思われる人々を一斉検挙した。そして三〇〇〇人が国外追放の身となった。犯罪者や過激派の革命主義者だけでなく、急進主義的な書物を持っていたなどという薄弱な根拠によって追放された者もあった。共産主義に対する恐怖のためパニック状態にあったアメリカ社会の不寛容さが如実に表れている。この恐怖に基づく不寛容さは次の例にも見られる。

「赤の脅威」が最高潮に達していた一九二〇年四月、マサチューセッツ州サウスブレイントリーで一つの事件が発生した。翌日の『ニューヨーク・タイムズ』紙が取り上げもしなかったほどの、全国いたる所で頻発していた類の犯罪事件（従業員の給料の入った箱を輸送中の製靴会社の会計主任と守衛が二人の男に射殺され、犯人は現金を奪って逃走）であった。二週間後、ニコラ・サッコとバルトロメオ・ヴァンゼッティが犯人として逮捕された。二人ともイタリア生まれのアナキストであった。一年後、この二人は有罪判決を受けた。しかしこの判決が、殺人を犯したという事実ではなくて二人がアナキストであるという事実に基づいているとの意見が国の内外で出され、事件の再審理と二人の赦免を求める運動が起きた。新たに見つけられた証拠は二人にとって有利なものが多かったといわれるが、控訴に次ぐ控訴が棄却され、ついに一九二七年八月、二人は電気椅子に送られた。二人が実際に罪を犯していたか否かは不明であるが、少なくとも、アナキストは受け入れないとする当時のアメリカの世論がこの判決に大きな影響を及ぼしたことは明らかである。反共・反移民の風潮の高まる一九二〇年代を象徴する事件といえよう。

3　不寛容——KKK

◆反ユダヤ主義

第一次世界大戦中およびその後の人種上・宗教上・エスニック上の少数派に対する不寛容の風潮は反ユダヤ主義としても現れた。「赤の脅威」の高まった頃、ユダヤ人もまた政府を覆そうとするボルシェヴィキだとの見方が一般に広まった。政府機関やジャーナリストは、ユダヤ系の急進主義活動家の中にボルシェヴィキを捜し出そうとした。連邦議会や州議会の催す公聴会や集会でも、ロシア系ユダヤ人移民といえばかならず、ロシア革命を企てた者、アメリカを乗っ取る準備をしている共産主義の手先として描かれるのであった。

T型自動車の発明で、二〇世紀初頭に一躍アメリカ文明を代表する人物となったヘンリー・フォードは、一九二〇年代初め、自ら発刊した『ディアボーン・インディペンデント』と題する新聞（ディアボーンとは彼の自動車工場のある場所の地名。ミシガン州デトロイト郊外）に、「国際的ユダヤ人は世界の問題」であるとのテーマで九一回に及ぶ連載記事を掲載し、激しい反ユダヤ主義を展開した。彼の論では、ユダヤ人はウォール街から、衣料産業、違法とされている酒類取引、不道徳の代名詞ともいうべき劇場、賭博、売春、ジャズにいたるまですべてを支配している、つまりユダヤ人はアメリカの悪徳の根源だ、というわけであった。このような攻撃は理不尽ではあったが、この時代に一般に広まっていた反ユダヤ主義の誇張された表現なのであった。

反ユダヤ主義は、フォードの『ディアボーン・インディペンデント』紙のような文字による攻撃だけでなく、日常的場面での差別となって現れた。それまでも、富裕なドイツ系ユダヤ人は社交クラブへの入会や避暑地や寒地でのホテル宿泊を拒まれ、その子どもたちは伝統ある学校への入学を拒絶されるといった経験をしてきていた。もっともよく知られている例は、一八七七年、ドイツ系ユダヤ人の銀行家ジョーゼフ・セリグマンが、ニューヨーク州の保養地サラトガ・スプリングスの一流ホテルで宿泊を拒否されたというものである。ほかにも痛ましくも屈辱的な暴力事件があった。一九二〇年代の東ヨーロッパ系ユダヤ人は、もっとも日常的な面での差別も味わった。たとえば、借家、住居購入、ホワイトカラー職への雇用などにおける差別である。ことに、経済的に上昇したユダヤ人の郊外へ移ろうとする動きが、不動産業者の巧みな方策で拒まれた。ユダヤ人が流入すると、その土地における家屋の価格が低下するという理由であった。

高等教育における差別も明らかであり、教育を重視するユダヤ人社会を動揺させた。一九二〇年代の初め、在籍ユダヤ人学生の多かった東部の大学では、学生の地理的・社会的不均衡を正すため、あるいは反ユダヤ主義の強まりを防ぐ措置として、という理由で、ユダヤ人学生の入学を制限するような割当てを定めた。ことに医学部ではユダヤ人にとって厳しい制限が課された。一九二〇年から二二年の間にコロンビア大学は地域割当て制度を設けた。ユダヤ系の応募者のほとんどが東部出身であったので、この制度によりユダヤ系の学生は全体の四〇%から二二%に減少した。ユダヤ系学生の多かった医学部ではことに制限が厳しかった。また、教員の任命や学生の友愛会《フラタニティ》への入会においても、ユダヤ人は明らかに差別されていた。著名な文学者ルドウィグ・ルーイソンは、次のような悲嘆に暮れた経験を書き残している。一九二二年にコロンビア大学で大学院課程を修了した彼は、アメリカ中の大学の英文科主任から就職を断られた。なかにはその拒絶の真の理由を隠そうともしない主任すらいた。彼はコロンビアでの担当教授からも、「ユダヤ系の男がよい職を得るのがいかに至難の技であるか」という冷ややかな手紙を受け取った。「その手紙をもてあそびながら」彼は下宿の椅子に座り、かならず何か達成してみせると心に誓った。そして、「夕方、パン屋に行くまで何も食べなかった。パン屋の鏡に映った自分の姿が眼に入ったので、私は物憂い客観性をもって自分の黒い髪、悲し気な眼、間違いなくユダヤ人のものである鼻を観察した……見捨てられた人間だ」。

◇ＫＫＫ

一九二〇年代、人種差別主義と不寛容はほかにも種々の形をとって現れた。シカゴやワシントンなどの大都市では白人が黒人に対して暴動を起こした。オレゴン州ではカトリック系の学校が違法となった、等々。そしてこれらの風潮すべてを総合した形で、ネイティヴィズムの象徴のように勢いを得たのがクー・クラックス・クラン（ＫＫＫ）であった。

ＫＫＫは、もともと南北戦争後の南部で、白人の優位と黒人の差別を唱え、感傷的な南部の理想主義を擁護する秘密結社として誕生した組織であったが、連邦政府の取締りもあって消滅していた。牧師やセールスマンの職についていたといわれるウィリアム・Ｊ・シモンズによって一九一五年、ジョージア州で再結成された新しいＫＫＫは、友愛会的・愛国主義的組織であったが、会員の増加と指導者の変遷に伴い、その性格は変わった。この組織が唱えた信条は、白人優越、反ユダヤ主義、反外国人主義、反カトリック教、一〇〇％アメリカニズム、プロテスタンティズム、厳格な道徳、であった。そして、この信条と相容れないものすべてに反発を示したのである。このようなスローガンに同調する会員は急増し、最盛期の一九二四年には四五〇万人に達した。そしてついにはオレゴン、オクラホマ、アーカンソー、カリフォルニア、インディアナ、オハイオ、テキサスなどで州や郡の政治に関与するほどに勢力を伸ばしたのである。

会員は、白いずきんのついたマント様のものをすっぽりかぶった姿で、燃えさかる十字架のまわりにたいまつを持って集まり独特の儀式を行った。彼らの信条に反する人々にリンチを加える一方、時には列をなしてプロテスタント教会に赴き多額の献金をする、といった行動も見られた。会員の資格は白人でアメリカ生まれのプロテスタントということであったが、会員には社会的・経済的にあまり成功していない下層中流階級に属する因習的なアングロ゠サクソン系の人々が多かったようである。彼らが会員となった動機はさまざまであったと思われるが、典型的なものは、彼らが愛する国とその制度が危機に瀕しているとの危惧であった。戦時の繁栄が終わり不況が居座ろうとしているアメリカ社会に、カトリック系、ユダヤ系、スラヴ系などの移民が流入し、伝統的なアメリカが揺らぎ、消えてしまうのではないかとの恐れに、彼らはアメリカ人を代表して挑んだのであろう。すでに一九一六年に、伝統あるアングロ゠サクソン系家族の出身者であるマディソン・グラントは、その著書『偉大なる人種の消滅』において、非アングロ゠サクソン系移民によってこの国は脅かされている、との危機感を述べていたが、その危惧は一九二〇年代のKKKにとってはまさに現実のものとなって感じられたのであろう。KKKの一研究者の言葉を借りれば、KKKは「ずきんをかぶったアメリカニズム」と呼ばれるにふさわしい組織であった。「KKKのずきんをかぶった人々は古いアメリカ人と古いアメリカが過去のものとならんとしていた時の、痛み、悲しみ、そして厳粛な警告の表現」(David

M. Chalmers, *Hooded Americanism*, 1965）であったという言葉もうなずけるのである。
この組織は、鞭打ちから殺人にまでいたるリンチやさまざまな奇行への批判を受け、また一九二四年以降は組織内部の醜聞もあり、しだいに影響力を減じた。一九三〇年には会員数は一万人にとどまるほどとなり、注目されない存在となる。ただし、現在もこの組織は小規模ではあるが南部に存続している。

4　一九二四年移民法制定に向かって

◇読み書きテスト

一九二〇年代、ＫＫＫに象徴されるネイティヴィズムの高まりの中で、連邦議会は再び移民制限の問題に取り組むことになる。五章に述べたように、移民制限が連邦政府の問題となるのはこの時期に新しいことではない。古くは一八八二年の中国人排斥法の制定および二度にわたるその更新、一九〇七〜〇八年の日米紳士協約の締結など、いずれも連邦政府が関わるものであった。また、一八九四年にボストンで結成された移民制限同盟は、たびたび「読み書きテスト」による移民制限を提案し、連邦議会はそれを取り上げてきていた。ただし、当時の大統領クリーヴランドもタフトもこれに拒否権を発動し、「読み書きテスト」は議会を通過しながらも立法化されずに終わっていたのである。

一九一五年、ウィルソン大統領のとき、またしても入国する移民に「読み書きテスト」を課すことを定める法案が連邦議会に出された。ウィルソンは、それまでの移民のアメリカへの貢献を讃え、「読み書きテスト」の目的は移民の「選択」ではなく制限であってその実施は「この国の伝統的な政策」から離れることである、と述べて、この法案を拒否した。ところが一九一七年、移民法改正に伴い、またもや同様の法案が連邦議会に出された。ウィルソンは二年前の姿勢を崩さなかったが、今回は戦時のナショナリズムの高まりを背景に議会は強腰であった。そしてついに大統領の拒否を乗り越えて、移民に「読み書き」テストを課すことが定められたのである。

ところが、この法は「望ましくない」移民を制限するには効果は少なかった。一九一八年から二一年の間に約一四八万七〇〇〇人の移民が入国し、読み書きのできないことを理由に入国を拒絶された移民は六一四二人にすぎなかったのである。移民制限を唱える人々がこの数字に満足するはずはなく、彼らは新しい方法を求めるのであった。彼らは改めて、アメリカに同化し難い東・南ヨーロッパからの移民がもたらす弊害を力説した。そしてここに重要な変化が見られた。それまで安い労働力としての移民を歓迎していた実業界が、もはや彼らを求めなくなったのである。生産の合理化が進み、非熟練労働者の需要が減少していた。ましてやそのような労働者が、一般にいわれているように過激思想をもっているとあれば、雇用者が彼らを避けたかったのも当然といえよう。おまけに、戦時中減少していた移民の入国は戦後再び増加し始めた（一九二〇年の四三万人から二一年の八〇万人へ）。アメリカ経済は戦後の不況期に入り、帰還兵をも含む労働者の失業が問題になっていた。一九二〇年代の失業者は年間二〇〇万人を数えていた。

◇一九二一年緊急割当法

このような状況において、ウィリアム・P・ディリンガム上院議員が議会に提出した移民入国制限法案は、一九二一年、ハーディング大統領の署名を得て立法となった。一九二一年緊急割当法と呼ばれるこの法では、一九一〇年の国勢調査に基づき、当時アメリカに居住する外国生まれの人口を出生国別に分類して、その出生国別人口の三%に相当する数を、年間移民入国許可数として各国に割り当てるものであった。アメリカの移民政策はここで明らかに転換したのである。同法の目的は、東・南ヨーロッパからの移民を抑え、西・北ヨーロッパからの移民の入国を有利にすることであった。これによって、東・南ヨーロッパからの移民の入国数は、それまでの年間約七八万余人から一五万五〇〇〇人に減少し、西・北ヨーロッパからの移民は年間約一八万余人から二〇万人へとやや増加した。この制限法は、当初は一年のみの時限立法であったが、翌年には二年の延長が認められ、一九二四年六月末日まで存続することになった。

ところが、この割当法の効果が思わしくない（つまり「望ましくない」移民の入国は期待されたほどに減少していない）ことが明らかになり始めると、移民制限を主張する人々の声は再び高まった。そして、同法の期限の切れる一九二四年七月一日以降の恒久的移民制限法案が数多く連邦議会に提出された。

◇一九二四年移民法

長い過程を経てでき上がったものは、一九二一年の割当法と同様の仕組みであったが、変えられた点は、基盤となる年を一九一〇年ではなく一八九〇年とし、割当てを三％から二％としたことである。つまり、一八九〇年の国勢調査の際の外国生まれの人口を出生国別に分類し、その各人口の二％に相当する人数をその国からの年間移民許可数としたのである。法案および修正案を提出したアルバート・ジョンソン下院議員とデイヴィッド・リード上院議員の名をとって、「ジョンソン＝リード法」と呼ばれる同法の目的は、移民の総数を減らすことだけではなかった。基盤となる国勢調査の年度を、東・南ヨーロッパ系移民の数がまだ増加していなかった一八九〇年とすることによって、この地域からの移民許可数が大幅に減ずるはずであった。たとえば、一九一〇年にはアメリカに一〇万一二八二人のギリシャ系アメリカ人人口があり、一九二一年移民法では年間移民割当て数はその三％、つまり三〇三八人であったが、一八九〇年を基盤とすると、その年のギリシャ系人口は一八八七人にすぎず、その二％は、わずか三八人となる。同様に、イタリアへの割当て数は四万二〇五七人から三八四五人に、ポーランドの場合は三万九七七人から五九八二人になった。ただし割当て人数が一〇〇人以下になる場合は、最小限度数として一〇〇人が定められた（たとえばギリシャの場合は三八人ではなく一〇〇人）。そして入国総数は一六万五〇〇〇人と制限された。

さらに同法では、一九二七年以降は、総数を一五万人に制限し、出生国別割当ての基盤となる国勢調査の年度を一九二〇年とすることが定められた。新移民と呼ばれる人たちにとってはいっそう厳しい入国基準がこの後、長く続くことになる。

◇排日移民法

この一九二四年移民法は、「排日移民法」と呼ばれることがある。同法により、日本からの移民は最小限度数の一〇〇人すら入国できなくなったからである。しかし、同法の中に日本人移民の入国禁止を定める条項があったわけではない。それでは、なぜ、同法が排日移民法と呼ばれるのか。同法には「帰化不能外人の入国を禁ずる」との条項が付加されていた。帰化不能外人という語は、カリフォルニア外国人土地法にも用いられていたもので、要するに「アメリカ市民となることのできない外国人」を意味する。一九〇六年の新帰化法で帰化申請を認められると定められているのは「白人およびアフリカ人ならびにその子孫」であり、そこに含まれないアジア系の人々はアメリカへの帰化が認められていなかった。

さらに一九二二年には、アメリカに一〇年以上在住し、カリフォルニア大学バークレー校で大学教育を受けたという経歴にもかかわらず市民権申請を却下された小沢孝雄がアメリカ政府を相手どって起こした訴訟に対し、次のような判決が下された。日本人は、教育その他の点ではアメリカ市民となる資格があると見なされても、白人でないという理由から帰化不能であり、したがって市民権を得ることはできない。ここで改めて日本人は帰化不能外人であると確定されたわけであり、中国人はすでに入国を禁止されていたのであるから、一九二四年移民法の付加条項が、日本人という語を含まずとも、日本人に適用されるものであることは明らかであった。これをもって、同法は排日移民法とも呼ばれるのである。

この帰化不能外人入国禁止条項を付加するか否かに関しては連邦議会でもかなりの論争があり、これを阻止するための日本政府の側の努力もあった。当時のアメリカ大使埴原正直がチャールズ・E・ヒューズ国務長官宛ての書簡の中で用いた「重大なる結果」という語を、ヘンリー・キャボット・ロッジ上院外交委員長が「覆面の威嚇」と解釈し、日本の態度を批判したために、それまで同条項の付加に反対していた議員までが賛成にまわったといわれる。しかし、この条項付加の決定に関して、その政治的な成り行き以上に重要であったのは、やはり、アメリカ社会全体に浸透していた不寛容の風潮、ことに、「望ましくない」移民の入国を拒絶しようとの姿勢であろう。アジア系移民はこの時代のアメリカ社会の状況から見て、当然「望ましくない」人々だったのである。

◇閉じられる門

「わが国の人口はもうこれで十分であり、われわれは今や門を閉じ、純血のアメリカ市民を育てるべきだ」との、ノースカロライナ州選出上院議員の言葉にあるように、それまで移民に開かれていた門は、一九二四年移民法によって閉じられることとなった。ただし同法では、西半球をこの割当ての適用外に置いたため、一九六五年の新移民法成立まで、メキシコ、南アメリカ、カナダからの移民には門戸はまだ開かれていた。アメリカの門は完全に閉じられたのではなく、わずかな隙間を残して閉じられたのである。しかし、わずかな隙間があることは移民に対するアメリカの姿勢が変化していないことの証明には決してならない。アメリカの移民政策は大転換をしたのであり、ここにアメリカの移民およびエスニック集団の歴史における一時期が終焉したのである。自由の女神像はもはやアメリカのシンボルではなくなった。

7章　多民族国家アメリカ——続く移民の流れ

1　変化と継続性

◇移民法の効果

一九二四年移民法は、アメリカの移民政策の大転換を示し、その象徴的な意味は大きかった。しかし実際に移民の流入を止める効果は少なかった。たしかに東・南ヨーロッパおよびアジアからの移民は急減した。しかし、割当ての課されていなかった国々からの移民は引き続き入国したのである。たとえば、フィリピン人移民は増加したし、後に述べるメキシコ人移民もこの移民法の影響を受けなかった。

フィリピン人移民は、一九〇七～〇八年の日米紳士協約によって日本人労働者の移民の入国が減少して以来、砂糖きびやパイナップル農園での労働に従事するためハワイに渡っていたが、一九二〇年代には労働力が不足したカリフォルニアへ移る者が増えた。フィリピンから直接アメリカへ渡る者ももちろんいた。フィリピンはアメリカの属領であり、移民するうえの障害はなかった。一九二〇年に五六〇〇人であったアメリカ本土のフィリピン人人口は一〇年後、四万五〇〇〇人となる。

アメリカへの移民入国数が急減するのは一九三〇年代初頭である。これは、一九二四年移民法の効果がこの頃になって現れてきたというだけでなく、この移民法に反映されていた一九二〇年代のアメリカ社会の一般的な不寛容の風潮と、一九二〇年代末からの不況によるものでもあろう。前述のフィリピン人移民の例でも、この時期、多くが帰国した。不況のため職を失ったからである（その後、一九三四年にフィリピンの独立が一〇年後と定まると同時にフィリピンも移民割当ての対象になり、その数はそれ以後さらに減少する）。アメリカの経済状態の好転した一九三五年以降、移民の入国が増加傾向を示すことになる。したがって、ここで注目すべきは、一九二四年移民法制定後の移民の増減よりも、移民の種類の変化と定着したエスニック集団の変化である。

◇一九三〇年代・四〇年代の移民

一九三〇年代後半に増加したヨーロッパ移民は、世紀転換期に増加した移民と異なる特色をもっていた。それは、彼らには、好転したアメリカ経済に期待をかける経済上の動機以上に重要な渡米の動機があったことである。ドイツにおけるファシズムの勝利が多くの人々にアメリカへの移住を決意させたのであり、ナチスの犠牲者は主としてユダヤ人であった。一九三八年一一月、ナチス政府がドイツ系ユダヤ人地区を襲撃し、一晩で二万人を狩り集めて強制収容所に入れた、とのニュースが伝わると、フランクリン・D・ローズヴェルト大統領は、「そのようなことが二〇世紀の文明において起こるとは信じ難い」と述べ、ユダヤ人の苦境に同情して、彼らが亡命を希望すればアメリカは彼らの受入れを考慮すると表明した。

当時、まだアメリカ国内の反ユダヤ主義・反共産主義は根強く、一九二四年の移民法に定められた、ユダヤ人を含む東・南ヨーロッパ移民を減らすための割当制が変わる兆候はなかった。一九三〇年代後半の反ユダヤ主義運動においてとくに影響力の強かったのはチャールズ・E・コフリン神父である。彼はラジオを通じて説教をする「ラジオ神父」として有名であったが、しだいに自分の番組で反ユダヤ・反共産主義を説くにいたった。一九四〇年の世論調査では、国民の二〇%近くがユダヤ人を「アメリカにとっての威嚇」と見なし、一五%近くは反ユダヤ主義運動を支持すると認めている。

他方、ユダヤ人に限らず、ヨーロッパからの亡命者を温かく受け入れようとする動きもあった。「全米亡命者奉仕事業」「ヘブライ語系移民援助協会」などといった組織が、新たに到着する人々の職、住居、友人さがしの手助けをするのであった。このようにして入国したヨーロッパ各国からの亡命者の中には卓越した人物が多かった。ノーベル物理学賞を受けたアルバート・アインシュタイン、作家トマス・マン、指揮者ブルーノ・ワルター、アルトゥーロ・トスカニーニ、神学者ポール・ティリック、作曲家ベラ・バルトーク、物理学者エンリコ・フェルミなどが、よく知られている。一九七三年、リチャード・ニクソン大統領のもとで外国生まれとしては最初の国務長官を務めることになるヘンリー・キッシンジャーも、そのような亡命者の父母に連れられてアメリカに入国した一人である。

一般に、一九三〇年代の移民はそれまでの移民に比べるとアメリカ社会への適応が早かった。亡命者の多くは故国で高い教育を受けており、英語を話すことができ、アメリカで役に立つ技術を身につけていた。そして、恐怖の中でヨーロッパを逃れた彼らは、アメリカ市民となってアメリカ社会に参加することを望んでいたのである。もちろん、この時代の移民のすべてがアメリカ社会にうまく適応したわけではなかった。たとえば、作曲家ベラ・バルトークはアメリカに馴染めないまま、世に知られることなく貧困の中で、一九四五年、ニューヨーク市で生涯を閉じた。トマス・マンのように戦後、ヨーロッパへ戻った者もいる。また、故国で身につけていた教育や技術には見合わない職に就かなければならない人も多かった。

第二次世界大戦中は再び移民の入国は減少する。そしてスパイ活動の恐怖から、特定のエスニック集団への不信感が強まった。日本人および日系アメリカ人に対する不信が強制立退きという形をとったことは前に述べた。しかし第二次世界大戦後は、第一次世界大戦後のような不寛容の風潮は見られなかった。反ユダヤ主義も排日感情も消えはしなかったが穏やかにはなった。反カトリック感情も鎮まった。それはなぜか。次の三つの理由が考えられよう。

第一に、忠誠心の問題が第一次世界大戦当時ほど重要ではなくなっており、冷戦の時代にはそれが現実問題とならなかったこと。第二に、人々の教育程度、所得が上昇し、宗教が単に社会における自己確認の一要素と見られるようになったため、寛容の度合いが進んだこと。第三に、一九二〇年代の移民法の結果、エスニック集団の均衡がとれる状態になったこと。加えて、移民の世代が遠ざかり、その子孫の二世代目、三世代目となるとアメリカ化が自然に進んだということも、不寛容のヒステリアの再発を防いだ要因であろうか。

◇二世・三世の変化

移民の二世代目・三世代目の人々は多くの点で文化変容を経た。つまり、アメリカの多数派の言語、教育、技術、そして生活様式全般を取り入れたのである。二世は完全な英語を話し、親の母国語を学ぼうとせず親を失望させた。アメリカ化の証しとして名前を変えた二世も多い——ハーシュコヴィッチはハーシュに、ボーディンスキーはボーデンに、ルゲロはロジャーズに、というふうに。エドムンド・シクスタス・マーシゼウスキーはエド・マスキーとなった。宗教上の変化もあった。多くの二世は親の信仰、親の従う宗教上のしきたりに背を向けた。不便だからという理由で安息日や食事上のしきたりを厳格に守らないユダヤ人やカトリック教徒も増えた。「僕を中国人と呼ぶのはやめてくれ、僕はアメリカ人なんだ。父はたまたま中国で生まれたが、ここにきて三〇年になる。僕は中国に興味はない」。これは、一九五〇年代の典型的な中国系アメリカ人の言葉である。年老いた移民たちはこのようにアメリカ人となった子どもらを困惑して眺めた。「私はアヒルの卵を孵《かえ》した鶏のような気持ちだ」と、ある一世はつぶやいた。

だが、これが全容ではない。自分の親のように宗教上の規律を厳守しないとはいえ、完全に改宗する二世は稀であったし、三世になると、むしろ伝統的な宗教に戻る傾向すら見られた。外見や日常の生活様式では、二世・三世は他のアメリカ人と見分けがつかなくなっていたかもしれないが、意識的にせよ無意識的にせよ、移民が故国からアメリカへ持ち込んだ価値観や行動様式は、二世・三世に受け継がれていた。つまり、エスニック集団の社会は目に見える形で残っており、エスニシティは多くの二世・三世の人々の生活においても重要な役割を果たしていたのである。一九六〇年代になると、「人種のるつぼ」説も、文化多元論も、アメリカの将来を的確に描いていなかったことが明らかであった。

◇エスニック社会の継続

エスニシティが維持されていることがもっとも顕著に見られるのは、家庭生活の形態であった。強い絆を保持するイタリア系の家族がよい例である。南部イタリアの伝統である家族重視は、二世・三世のイタリア系アメリカ人にとっても経済的・精神的に必要なものであった。居住地、友人、職業なども、二世・三世の世代になってもエスニシティの影響を受けることの多い分野であった。アメリカ全土を見ても、アメリカ人口の高い可動性《モビリティ》にもかかわらず、エスニック地図は過去一〇〇年間にそれほど大きな変化を示していない——スカンジナヴィア系やドイツ系アメリカ人はいまだに中西部の農業地帯や小都市に集中し、アイルランド系、ポーランド系、イタリア系、ユダヤ系の人々は今も北東部および五大湖周辺の大都市に集中している。フランス系カナダ人はニューイングランドに、東洋系は西海岸に、という図も変わっていない。近隣の選択に関しても、不動産業者の方策や社会一般に存在する偏見のせいだけでなく、自らの希望で、同じエスニック集団に属する人たちの近隣に住む人々がいまだに多い。

職業に関しては、二世・三世は移民であった親よりも「よい」仕事、割のよい仕事を得ようとするのが一般的であった。同時に、彼らは親が得られなかった高い教育を受け、専門職に就くことも可能となった。しかし、一世・二世・三世の職業に驚くほど継続性が見られたエスニック集団もある。たとえば、パン製造や酒類醸造に従事したドイツ人移民の息子たちは、より高度な技術を得るものの、同じ分野で働くことが多い、といった具合に。

つまり、二世代目・三世代目になると、多数派の社会への参加が進むが、それでも自らのエスニック集団の社会との絆は切れてしまわなかったのである。移民の世代が求め、受け入れられた自らのエスニック社会を、二世・三世も彼らと同様の理由で求めた。そして、そのエスニック社会の構成要素である種々の機関および組織は、二世・三世が必要とすることにうまく応じたものだけが残った。たとえば教会は、伝統的に用いていた言語を英語に変え、礼拝に社交や教育活動を加えるなどして新しい世代に対応した。また、エスニック組織では「ヘレニック進歩協会」「中国系アメリカ市民同盟」「全米日系市民協会」などがよく知られているが、これらはもはや、友愛会としての性格よりも、文化・政治問題に注目し偏見や差別と闘う姿勢を示していた。ことに目立ったのは、エスニック社会とのつながりを保ちつつも、一方で、自らがアメリカ人であることを明らかにするための努力を示す組織である。たとえば、全米日系市民協会は、一九三〇年以来、日系一世の帰化権獲得を含む、日系アメリカ人のアメリカ社会への受入れをめざして活動してきた。その会員は、一九四一年、日本軍の真珠湾攻撃直前に次のように信条を述べた。

「私は日本人を祖先とするアメリカ市民であることを誇りに思っています。この背景こそが私にアメリカの良さを十分に理解させてくれるからです。私を差別する人がいても、私は苦々しく思うのではなく……そのような差別を打ち砕くため全力を尽くしたいと思います。ただし、アメリカ式のやり方で……つまり、法の裁きによって、教育によって、また自分が平等な扱いと思いやりを受けるに値すると証明することによって、差別行為をなくしたいと思います」。

二世・三世のエスニック上の絆を示す現象として、エスニック新聞も、一九五〇、六〇年代に再び増加の傾向を見せた。一九二四年移民法によって割当てを課せられていなかったメキシコ、プエルトリコ、キューバからの移民はスペイン語新聞を活発に発行したし、東ヨーロッパからの教育ある亡命者らは新たに自国語の新聞や雑誌を刊行した。英語しか読めない二世・三世のために、新聞の一部を英語版にしたものもあり、彼らもそれを受け入れたのである。

エスニック演劇は、一九二〇年代以降、ラジオ、映画、テレビとの競争に押され気味であったが、その伝統は消えなかった。アメリカの主流の演劇に融合し、その中で伝統を保持したのである。たとえば、ポール・ムニやアドラー兄弟などといったイディッシュ演劇の有名な俳優は、ブロードウェイに移り、イディッシュ語の表現を加味してユダヤ系の二世・三世をも聴衆として引きつけた。

一九六〇年代には、エスニック社会は、変遷する文化上・宗教上の一単位となっており、社会における一種のネットワークであると同時に、政治上・経済上の利益集団的存在となっていた。エスニック社会は多数派の社会とは区別されるものの、両者の間には常に相互作用する影響力があった。文化変容や同化が進んでも、エスニシティは個人および集団の生活において重要な要素として残ったのであり、その重要性は一九二四年移民法の制定にもかかわらず続いた移民の流入によりいっそう強まってきたともいえるのである。

2　移民法改正

◇難民の受入れ

以上、見てきたように、アメリカ社会への同化が進みつつも、他方、エスニック社会は存続し、同時にエスニック集団間の対立・差別が和らぐ、といった流れの中で、一九二四年移民法修正の動きが現れた。第二次世界大戦後のアメリカ社会に差別・対立の感情が見られなくなったことが、厳しい移民法の修正を進める風土を生んだともいえるし、この動きは一九六〇年代に、エスニック社会を含有したアメリカ社会が新たな状況へと進む中で当然の過程であったともいえる。また、ヨーロッパの人々の戦後の窮状に同情し、アメリカが何らかの形で対応すべきだと考えた人も多かったと思われる。

このような状況において、ハリー・S・トルーマン大統領は一九四五年一二月、アメリカは亡命者または難民を四万人受け入れるとの指令を出した。これは、アメリカの移民政策の転換を示すものであった。続いて連邦議会は、出征して外国で結婚した軍人たちの家族が再会できるよう、一九四六年に「戦争花嫁法」を通過させた。その結果、軍人の妻や外国人である子どもたち一二万人がアメリカへ入国した。

一九四五年にトルーマン大統領がとった緊急措置を恒久的なものとする「難民法」は一九四八年に議会の承認を得た。ただしそこには、バルト海諸国出身およびゲルマン系の難民で農業従事者を優先するとの条項が含まれていた。トルーマン大統領は、この条項が「ユダヤ教を信じる難民に対して冷淡な差別をしている」と非難したが、内容は変えられないまま、この法に署名した。このユダヤ人差別条項がはずされるのは一九五〇年のことである。結局、同法により、約四一万人がアメリカに受け入れられた。そして、同法の期限の切れる一九五三年には新たな「難民救済法」が制定され、この法のもとで約一九万人が入国を許された。冷戦のさなか、同法は、戦争で故国を失った、あるいは故国を追われた難民のみならず、共産圏から逃れる人々を救済する意図をもっていた。

◇マッカラン＝ウォルター法

しかし、以上のような法の変更は、アメリカの移民政策の根本的変更ではなかった。一九二四年移民法で定められた割当てに制限されながら、アメリカへの入国を求める何百万もの人々がいた。また、象徴的な意味の重要さも考慮して移民政策の寛容化を期待する国内の人々からも声が上がった。連邦議会はそれらに対応するため、この問題を調査する委員会を設置した。ただし、委員長は、移民政策寛容化への反対を強く主張していた、ネヴァダ州選出の上院議員パトリック・A・マッカランであった。同委員会は、慎重な研究・調査の結果、現行移民法の基盤となっている出身国別割当制はそのまま残すべきであるとの勧告を議会に提出した。そして、西・北ヨーロッパ系優先論には反対だとしながらも、「今後の移民は、数のうえで、入国を制限されるのみならず、わが国民の中心をなす構成要素と似た背景をもつゆえに容易に同化できる人々を入国させる方向に進むべきだ」との立場をとった。

ニューヨーク州選出議員のハーバート・レーマン、ミネソタ州選出のヒューバート・ハンフリー、イリノイ州のポール・ダグラスらは、これに対し強く抗議した。彼らは、マッカラン法案は「苛酷で差別的で非民主的」であるとし、「われわれがあらゆる人間および国家の人々の平等に基づく原則を真摯な気持ちで唱道していることを世界に示すため、移民問題全体に対して新しい方策がとられるべきだ」と主張したのである。しかし、マッカランとその同調者は、「今日、アメリカには、アメリカの生活様式に融合せず、むしろわれわれの執念深い敵である、容易に変わらない、受け入れ難い集団がいる」と警告するのであった。

移民法をより寛大にし、出身国別割当てという侮辱的な制度を撤廃したいとの考えであったトルーマン大統領は、このマッカラン法案が議会を通過すると、拒否権を発動した。しかし議会はそれを乗り越えて、この法を成立させたのである。「一九五二年マッカラン＝ウォルター法」として知られるこの移民法は、一九二〇年国勢調査に基づく出身国別割当制を維持し、基本的には一九二四年移民法と変わるところがなかった。しかし二つの点で変化があった。一つは、これまで割当てのなかった国（たとえばアジア諸国）に一〇〇名の入国許可が下りたこと、もう一つは、技術をもつ者およびアメリカ居住者の親類の優先が原則となったこと、である。

◇修正の動き

早くもその後数年のうちに、マッカラン＝ウォルター法修正の動きが始まった。不成功であった一九五六年のハンガリー革命の後、連邦議会は二万九〇〇〇人の難民を受け入れる法律を通過させた。対象は主としてハンガリー人、ユーゴスラヴィア人、中国人であった。翌一九五七年に議会を通過した法によって約三万人のオランダ系インドネシア人が入国した。さらに、国連が一九六〇年を世界難民年と定めたことに呼応して、連邦議会は「公正な取り分法《フェア・シェア・アクト》」を設け、アメリカの門戸はいくらか広がったといえる。

これらの議会の動きに加えて、ドワイト・D・アイゼンハワー、ジョン・F・ケネディ、リンドン・B・ジョンソン大統領は移民入国制限を緩めるために移民法の下での大統領行政権を行使した。たとえばアイゼンハワー大統領の指令により、一九五六年以降三万人のハンガリー人が査証なしの仮入国の形でアメリカへ入国した。ケネディ大統領はさらに、香港の中国人や、一九五九年のカストロ首相の政権掌握以後、難民と認定されることを望むキューバ人など、多数の入国を許可する行政命令を出した。

しかしながら、これらの動きに伴って、出身国別割当制の廃止に向かう動きは、人種の混合を憂慮する南部人や、「不穏な」流入を恐れる保守派からの反対を受けた。「歴史的に全体主義政治観をもつ国々からの移民を受け入れる方向に移民政策を変えれば、わが国が自由と民主主義の伝統から離れてしまうのは時間の問題だ」と、ミシシッピ州選出の上院議員ジェームズ・イーストランドは警告するのであった。これまでたびたび表面化してきたアメリカの「不安」がここにも明らかである。

このような反対があったにもかかわらず、移民法改正の機は熟しつつあった。一九六三年、ケネディ大統領は、出身国別割当制の廃止を議会に勧告した。この制度を用いることは、「論理的にも道理のうえでも根拠を欠く。この制度は国家としての必要性を満たすものでもなく国際上の目的を達成するものでもない。国家間の相互依存の時代においてこのような制度は時代錯誤である。アメリカに入国を希望する者を、出生の偶然を基盤にして差別するのであるから」と、彼は論じた。ケネディ大統領は、祖父がアイルランド移民であったことを強く意識していたのであろう。ケネディ存命中、この勧告は形とはならなかったが、彼の死後、ジョンソン大統領は、このケネディ提案を立法化するよう連邦議会に働きかけた。議会の開いた広範な公聴会では、これまでの制度の不平等が露にされ、ついに一九六五年、新移民法は議会を通過し、大統領の署名を得た。

◇ジョンソン移民法

この、いわゆる「ジョンソン移民法」は、決して無制限の移民に門戸を開いたのではない。この国にはもはやフロンティアと呼ばれうる場はなく、工業化の初期の時代にあるのでもなく、この国が過去にそうしたように多数の移民を吸収することは不可能だ、との感情は、すべての人に共通のものであった。したがって、年間制限数が定められた——東半球からは一七万人、西半球からは一二万人と。これによってラテン・アメリカとカナダからの移民が初めて制限されたのであり、これは明らかに急増しつつあったラテン・アメリカからの移民の入国を意識した措置であったと考えられる。また、一国あたり年間二万人が入国許可数の上限とされた。この限度内では、アメリカ市民の家族・親類、専門職に就いている者、「科学または芸術において例外的な能力」をもつ者、「臨時あるいは季節労働ではなく、アメリカにおいて雇用されうる、あるいは雇用希望者が不足している、特定の熟練・非熟練労働を行う資格のある移民」が優先されることとなった。

科学者など、専門職に就いている者を優先させるとした点には、やや問題があった。実際に行われてみると、訓練された人材をもっとも必要としている開発途上国からこういった人々を吸い上げてしまう「頭脳流出」が起こったのである。他方、こういった人々を国としては受け入れていながら、アメリカ各州の法では、専門職をもつ外国人の開業は難しかった。そしてまた、自由の女神像の台座に彫られた詩にあるごとく「疲れた人々、貧しい人々、惨めな人々」を受け入れるとのアメリカの伝統的立場を変えてしまう、この移民受入れ制度の倫理性を問う者もいた。

それでも、新移民法についてのジョンソン大統領の評価を、一般のアメリカ人も共有したといえよう。ジョンソンは、一九六五年一〇月三日、自由の女神像の建つリバティ島で新しい移民法に署名し、次のような声明を読んだ。

「この法は革新的な法ではありません。……これがわれわれの日々の生活を造り変えることもないし、われわれの富や権力を著しく増すこともないでしょう。

しかしながら同法は当議会の、そして当行政府のもっとも重要な法の一つであります。なぜなら、同法はアメリカの正義という織物についた深く痛ましい瑕《きず》を修復するからです。アメリカの犯した残酷で永続的な誤りを正してくれるからです。……〔出身国別割当制は〕アメリカの民主主義という基本原則、つまり各人の価値に基づき彼の重要性を認め、それに報いるという原則を犯していたのです。

いま、われわれは信じることができます。偏見と特権という二つの障害のためにアメリカへ導く門に再び影が落ちることはないと。……

無制限の移民の時代は過去のものです。しかし、やってくる人々は、自分の生まれた国のゆえではなく、自分が何であるかのゆえに入国するのです。

……この偉大な女性の掲げる灯は、今日いっそう明るく、彼女が守る黄金の扉は、世界中の国々からの人々のために増した自由の光の中でいっそう輝いている、とわれわれは信じることができるのです」。

3　ヒスパニック系アメリカ人

◇ヒスパニックとは？

現在アメリカで最大の「外国語系」エスニック集団であり、アメリカ社会の大きな問題を生んでいるのがヒスパニック系アメリカ人（Hispanic Americans；Hispanics）である。ヒスパニック系とは、スペイン語を母国語とする集団で、メキシコ系、プエルトリコ系、キューバ系、中央・南アメリカ系などが含まれる。一九八〇年度の政府統計資料によると、ヒスパニック系は「スペイン語系・ヒスパニック系」（Spanish/Hispanic Origin or Descent）と規定されており、人種上の分類では白人も黒人もアジア系も含まれる（of any race）。それ以前の統計では、ヒスパニック系は人種的には白人に分類されており、独立した分類ではなかった。一九六〇年代の公民権運動の影響を受け、自分たちの言語・文化に対する誇りと自覚を表現する呼称として「チカノ」（Chicano）が用いられ、ことに若者の間では好まれたが、一九七〇年代半ば以降は、政治家や実業家が「ヒスパニック」という名称を頻繁に用いるようになり、この語のほうが一般的になったといわれる。この語は一九三〇年代以来、メキシコ系アメリカ人の一部のエリートによってスペインの血筋と文化・伝統を誇る言葉として用いられてきたとの説もあり、したがって、スペインの文化・伝統を強調し、社会・政治的にアメリカ社会の主流に同化することが期待される意味合いが強いとして、この語を用いることに批判的な者もいる。また、ヒスパニックやチカノといった表現では不十分であるとして、インディオやメスティーソなども含むラテンアメリカ全体の民衆の伝統や文化を表す「ラティノ」(Latino) という用語を用いるよう主張する人々もいる。

◇急増する人口

二〇一〇年度の国勢調査によるとヒスパニック系の人口は五〇四八万人で、アメリカの全人口の一六・三%を占めている。一九七〇年度のヒスパニック系人口は九〇七万人、一九八〇年度は一四六一万人、一九九〇年度は二二三五万人、二〇〇〇年度は三五三一万人であり、その増加は著しい。ことに一九八〇年度国勢調査と一九九〇年度国勢調査との間の人口増加率が、白人の六%、黒人の一三%に比べ、五三%ときわめて高く、二〇一〇年頃にはヒスパニック系人口が六八〇〇万人に達し、これまで長い間マイノリティ集団の中で最大であった黒人人口を抜いて、アメリカ最大のマイノリティになるとの予測が一九九〇年代末になされた。そして、その予測よりも早く、二〇〇〇年度にはヒスパニック系が最大のマイノリティとなったのである。ヒスパニック系と一口でいっても、その内容は多様である。二〇〇〇年の統計では、ヒスパニック系の中で最大の集団はメキシコ系で、全体の五八%を占めており、一九九〇年代の増加率は五四%である。次いでプエルトリコ系が一〇%(増加率二五%)、キューバ系が四%(増加率二四%)、その他(エルサルヴァドル、ジャマイカ、ドミニカ共和国などの出身者)が二八%(増加率五〇%)となっている(なお、二〇一〇年度国勢調査の結果の一部は二〇一一年三月に公表されたが、詳細なデータ分析は、まだ時間を必要としており、未公表である)。

このような人口急増をもたらした要因の第一は移民である。一九六五年の移民法改正以降、ヒスパニック系の移民は大幅に増加し、二〇〇〇年の時点でヒスパニック系人口の五一%が外国生まれである。プエルトリコ系の場合は、一九一七年にジョーンズ法が制定されて、アメリカ市民権をもつため、移民とは見なされず、アメリカ入国は容易である。キューバ系の中には、アメリカが制定した難民法により、難民として入国した者も多い。増加の理由の第二は、ヒスパニック系の出生率が高いことである。二〇〇五年の統計では、アメリカ全体の平均年齢が三六・二歳であるのに対し、ヒスパニック系の場合は二七・二歳である(ヒスパニック系の中でもキューバ系は、三八・七歳とかなり高いが、メキシコ系では二三・九歳と低く、かなり差はあるが)。家族の大きいこともヒスパニック系の特徴であり、非ヒスパニック系の平均家族人数三・一七人に対し、三・七九人である(なかでも家族の大きいのはメキシコ系で、四・〇六人である)。

ヒスパニック系の著しい特徴の一つに、地域的に集中していることが挙げられる。二〇〇〇年の国勢調査によると、ニューメキシコ、アリゾナ、カリフォルニア、テキサスの四州では人口の二五%以上をヒスパニック系が占めている。とくにニューメキシコ州では、一九八〇年には人口の三分の一がヒスパニック系であったが、二〇〇〇年には四一%となっている。数のうえでの増加だけではなく、居住地域のうえでも広がりが見られる。一九八〇年にはヒスパニック系が州人口の一〇%を超える州はアリゾナ、カリフォルニア、コロラド、ニューメキシコ、テキサスの五州であったが、二〇〇〇年には、そこにフロリダ、ニューヨーク、ネヴァダ、ニュージャージー、イリノイの五州が加わり一〇州となっている。都市に集中していることもヒスパニック系の特徴で、ことにカリフォルニア州ロサンゼルスはメキシコシティに次いで世界第二のメキシコ人人口の多い都市となっている。またロサンゼルスにはメキシコ系以外のヒスパニックも多く、市人口の三分の一がヒスパニック系である。テキサス州のサンアントニオでは市人口の半数以上をヒスパニック系が占めている。プエルトリコ系はニューヨーク市に集中し、キューバ系はフロリダ州に多く住み、マイアミにはリトル・ハヴァナと呼ばれる地域すらある。

◇貧　困

ヒスパニック系の経済・社会状況は、他のエスニック集団と比べて、全体的に悪いといえる。つまり、教育水準が低く、専門職・技術職に従事する者の割合が低く、したがって家族所得も低い、という状況である。まず教育水準では、二〇〇〇年の国勢調査によると、二五歳以上で八年以下の教育しか受けていない者の割合が、ヒスパニック系の場合四一％で、これは黒人の場合の二八％、白人の場合の一七％と比べて、かなり高い。他方、高校を修了している者の割合は、五七％と、全米平均より低い。一九八〇年代以降、大学教育を受けるヒスパニック系が増加したといわれるが、それでも四年以上の大学教育を受けた者の割合は全体の二％にすぎず、全米における割合（二〇％）を大きく下回る。加えて、ヒスパニック系の中でもキューバ系の教育水準は高く、全米の水準と同じであるから、キューバ系以外のヒスパニック系の教育水準はさらに低いことがわかる。

職業に関しては、専門職・技術職に従事する者の率が低く、製造業・農林漁業の非熟練労働とサービス業に従事する者が多いことがヒスパニック系のもっとも顕著な特徴であろう。ただし、一九五九年のキューバ革命以後に政治難民として入国した者が多いキューバ系の場合は、全般に年齢も教育程度も高く、経営・専門職に就いている者の割合は二六%で、全米の割合とほとんど変わらない。一九八〇年代以降、専門職や経営に従事するヒスパニック系が増加したことが報告されており、それにともなって年間家族所得が五万ドル以上の富裕層が増加している。それでも、所得五〇〇〇ドル以下の、いわゆる貧困家庭も増加しており、ヒスパニック系全体の経済状況がよくなったとはいい難い。

一九九二年四月にロサンゼルスのサウス・セントラルで起きた暴動は、死者五八人、負傷者二三八三人、逮捕者一万五二四九人、被害総額七億八〇〇〇万ドルといった数字が示すように、アメリカの歴史に残る大規模なものであった。「ロサンゼルス暴動」と呼ばれるこの暴動を、一九六五年の「ワッツ暴動」と同様に「人種暴動」と定義づけ、とくに黒人と韓国系の間の対立を強調する説明もなされるが、この暴動の根底にあるのは、ワッツ暴動の例のように明確な黒人と白人の間の対立ではなく、アジア系とヒスパニック系と黒人を巻き込んだ、もっと複雑な経済・階級上の問題である。そしてその背景には、この地域における経済構造の変化と、先に述べたカリフォルニア州の人口構成の変化があった。ロサンゼルス郡全体を見ても、白人人口の割合が一九六〇年の約八一%から一九九〇年の四一%へと大幅に減少した一方で、アジア系人口は、二%から一〇・五%に、ヒスパニック系は一〇%

から三九％に増加していた。このような全体的な変化に加え、暴動の起こった中心であるサウス・セントラル地域では、黒人人口が一九六〇年代の八〇％から四五％に減少し、代わって最近入国したヒスパニック系が増加した。減少の理由は、行政・専門職に就く黒人中産階級がこの地を離れたからであり、古くからこの地にいるヒスパニック系も中産階級化して、二極化現象を示したのである。

以上のような特徴をもつヒスパニック系の中でもとくにメキシコ系とプエルトリコ系を歴史的に眺め、現在の状況が生まれた背景を考察しよう。

◆メキシコからの移民——第一波

約八万人というメキシコ系アメリカ人の大集団は、テキサス分離および米墨戦争に続く征服と合併によって誕生した。一八四五年から五四年の間に、もともとメキシコ共和国に属した地域のほぼ半分（現在のアリゾナ、カリフォルニア、コロラド、ネヴァダ、ニューメキシコ、テキサス、ユタ諸州の全体あるいは一部を含む）がアメリカ領となったのである。それ以外にも、メキシコ内の人口が増加したこと、土地政策が変わったために農業労働者が奴隷化したこと、などのため、メキシコを離れアメリカへ入国した者は、一九世紀にもいた。たとえば、一九世紀半ばのゴールドラッシュの時期にカリフォルニア州をめざした者、一八六〇年代の鉱山ブームや、一八八九年の鉄道建設の頃にアリゾナ州へ向かった者、などである。それでも、一九世紀には、メキシコとアメリカを隔てる経済的・社会的・地理的障害は、そう簡単には乗り越えられなかった。多くのメキシコ人にとって、借金返済のための奴隷状態から自由になることは容易ではなかったし、安い輸送機関のない時代に砂漠を越えることは困難であった。

二〇世紀になると、アメリカ南西部での労働力不足がメキシコ人を引きつけることになる。鉄道の完成、テキサス、アリゾナ、カリフォルニア諸州での綿花栽培の拡大、カリフォルニア州の農地の灌漑などに安い労働力が必要となったのである。鉄道建設は、メキシコ人に仕事を提供すると同時に、彼らの入国を助けることにもなった。また、メキシコ国内の政治紛争も、メキシコ人のアメリカへの流出に拍車をかけた。中国や日本からの移民の減少も、この時期にメキシコ人のアメリカへの流入を促す要因であったろう。ともかく、二〇世紀初頭から第一次世界大戦までの時期、アメリカ南西部での鉄道建設、ニューメキシコの鉱山、テキサスやカリフォルニアの果物・野菜栽培などに携わる労働者の六割を、メキシコ系が占めるにいたった。ある調査では、一九二八年、テキサスでは、州の建設労働の約七五%をメキシコ人が担っていると推定された。

メキシコ人にとってアメリカは、飢えから逃れることのできる「約束の地」であり、しかも、その約束の地は遥かかなたの夢の国ではなく、国境のすぐむこう側にある「北の国」であった。これらの移民の多くはメキシコでは農業労働者であったが、なかには革命時の動乱で財産を失った職人、専門職従事者、実業家もいた。いずれの場合も、メキシコの五倍にもなるアメリカでの賃金が大きな魅力であったと思われる。アメリカへの移民を募り、渡米の実際面での援助をし、雇用者との間に入って労働契約まで監督する、イタリア人移民の場合のパドローネに相当する「コヨーテ」も、移民促進に

カリフォルニア南部で１日の仕事を終えて農場のキャンプに戻る，メキシコ人季節労働者。

一役買った。鉄道建設に雇われた労働者の多くが、有蓋貨車や鉄道近くの掘っ立て小屋に住んだが、その住居が現在のメキシコ系アメリカ人社会の始まりとなった例が多い。また、季節労働者として果物・野菜の栽培に雇われた者も多かったが、農場労働者というメキシコ人のステレオタイプは、この時期に確立し、その後、長く続くことになる。

このようなメキシコからの移民は、もともとアメリカに定住することを目的としていなかった。一季節のみ、あるいはせいぜい二、三年とどまって、金が貯まれば故郷へ戻ろうという出稼ぎがほとんどであった。しかし、目的を達せずにアメリカへとどまることになった者もあり、故国へ戻ったが適応できず再度アメリカへやってくるケースもあった。つまり、メキシコとアメリカの間を何度も往復する者がきわめて多かったのである。移民としての手続きをせずに往復する者も多かった。これら非合法出入国者の数が合法的出入国者数を上回ることさえあった。リオグランデ川を泳いで渡りアメリカに入国する者はあとを絶たず、これら非合法入国者を呼ぶ「ウェットバック」という名称はすでにこの頃定着したのである（ただし、最近では、浅瀬を、背中も濡らさずに渡って入国する者が増え、それを手助けすることを仕事にしている者もいる状況で、この語は使われなくなっている）。

メキシコからの移民の第一の波は、一九二〇年末からの大恐慌によって終焉する。アメリカにも職はなく、メキシコ人を追放せよとの声が高まった。入国者は減り、国外追放者の数が増えた。一九三〇年に六〇万人であったメキシコ系人口は、一九四〇年には四〇万人以下になった。

◇ブラセロ計画

第二の波が来たのは第二次世界大戦中である。戦時の労働力不足を補うため、一九四二年、アメリカ政府は「ブラセロ計画」を始めた。「ブラセロ」とは、スペイン語で助ける手、つまり雇用人を意味するが、この計画により、特別な取決めのもとにメキシコ、バハマ、バルバドス、カナダ、ジャマイカから、季節労働者をアメリカへ入国させたのである。これらの季節労働者の七〇％以上がメキシコ人であり、この「ブラセロ計画」は、その後のメキシコ移民に重要な影響を及ぼすことになる。同計画は一九四七年に終了のはずであり、それまでに二〇万人以上の季節労働者が、この計画の下でアメリカに入国した。しかし、安い労働力を必要とするアメリカ南西部地帯の農場主らの要求もあり、同計画は一九五一年まで延長された。そしてさらに、戦後の経済発展や朝鮮戦争の影響を受けて、一九五二年に第二回「ブラセロ計画」の実施が始まる。結局、一九六四年に終了したこの計画によって、合計四五〇万人のブラセロがアメリカに入国し、二億ドル以上を故国に送金したといわれる。

◇ブラセロ計画が生んだ問題

メキシコ人にとってもアメリカにとっても望ましいもののように思えたこの「ブラセロ計画」は、大きな問題を生んだ。一つは、ブラセロとしてアメリカへ入国を希望する者、つまり労働力予備軍が多かったために、アメリカ政府とメキシコ政府の間で労働者の搾取を防ぐために種々の取決めをしていたにもかかわらず、ブラセロだけでなく、すでにアメリカに定着していたメキシコ系アメリカ人の賃金までもが改善されずに残ったことである。それによってメキシコ系アメリカ人の貧困は定着してしまったのである。

もう一つの問題は、非合法移民が増加したことである。アメリカで働きたいと願いながら、移民としての条件を充たさず、ブラセロとして契約もできないメキシコ人の多くは、正規の書類を持たずにアメリカに入国した。これら、「正式の入国書類を持たない」(undocumented) または「非合法の、あるいは、不法の」(illegal) 外国人 (または移民) は、前に述べたように、ブラセロ計画が実施される前からいた。しかしブラセロ計画が実施されている間にその数は急増し、その期間の彼らの数は、移民局の推定によると五〇〇万人に上った。これはブラセロそのものの数を上回るほどであった。

◇バリオ

一九五〇年代以降、南西部諸州では、新しい工場、住宅、ショッピングセンター、モーテルなどが続々と生まれたが、このブームの時期にメキシコ系アメリカ人は農業労働者から都市労働者に変わった。一九五〇年にはメキシコ系アメリカ人の五〇%が農村にいたが、一九六〇年には八〇%が都市に在住した。都市在住者の割合は一九八〇年の八八%から二〇〇〇年の九一%とさらに増えている。そして、アメリカ南西部諸州のほとんどの都市に、「バリオ」と呼ばれるメキシコ系アメリカ人居住区がある。もともとメキシコ人の居住区で、その周辺に他のエスニック集団の市が生まれた形の、荒廃した下町のままのバリオもあり、もとは農地や鉱山のそばの居住地で今は他のエスニック集団がマジョリティとなっている市の周辺に位置するものもある。始まりがどちらであれ、バリオに共通しているのは、「水準以下の住居、汚い街路、高い失業率、そして苛立っている住民」だといわれる。

◇プエルトリコからの移民

ヒスパニック系人口の約二割を占めるプエルトリコ人は、古くて新しいアメリカ人である。プエルトリコは一八九八年に米西戦争の結果アメリカの一部となり、一九一七年以降、プエルトリコ人は法律上アメリカ人である。にもかかわらず、住居のうえでは黒人と同様の差別を受け、職業・所得の点でも黒人に類似している。一九一〇年、ニューヨーク市のプエルトリコ系人口は五〇〇人程度であったが、一九四〇年には七万人、一九五五年には五〇万人となる。一九七〇年にはその人口は一〇〇万人となったが、二位のシカゴでは約一二万人を数えるにすぎなかったことからも、彼らがいかにニューヨーク市に集中していたかがわかる。市内では、ハーレムの東側にある「スパニッシュ・ハーレム（エル・バリオ）」が、ニューヨーク市最初のプエルトリコ人社会であったが、しだいにマンハッタンよりもブロンクスやブルックリンに住む者が増え、最近ではサウス・ブロンクスに最大のバリオを形成している。

一九八〇年代以降、状況は徐々に変化している。ニューヨーク市のプエルトリコ系人口は、これまでほどの増加を見せず、新たな集中地としてフロリダ州マイアミが注目されるようになった。最近の統計（二〇〇八年）では、ニューヨーク市の一一〇万人に次ぎ、マイアミのプエルトリコ系人口が三三万人（州全体では七四万人）となっている。

これまでの移住のサイクルは、他の移民の場合と同様、主としてアメリカ経済の上昇下降と連動しており、一九三〇年代の不況の時期にはプエルトリコからの移民が減少し、戦後の好況期には増大した。一九五〇年代にプエルトリコは新しい自治政策の下で工業化と教育によって経済問題を解決する計画を実施した。これは成功し、プエルトリコの家族所得は二〇年で三倍となった。それでもアメリカ本土への移民の波はとどまらなかった。彼らは故国で仕事がないために、どんな仕事でもよいからといった決意でアメリカに来るのではなく、「よりよい」仕事を求めて来るのであった。

初期のプエルトリコ移民は契約労働者として農場で働く独身男性がほとんどであったが、第二次世界大戦後は、家族単位でニューヨークなどの都市の中心部に定着し、ホテルやレストランなどのサービス業に職を得るか、鉄鋼、プラスティック、食品製造といった都市産業の労働者になった。とくにニューヨーク市最大の産業であった衣料産業では、ユダヤ系とイタリア系が抜け出ると、そこにプエルトリコ人が入るといった図式が明確に見られた。

早くも一九四六年、ニューヨークのある新聞は「プエルトリコ人の高波、ニューヨーク市に押し寄せる」との見出しを掲げた。プエルトリコからの移民の入国数が出国数を差し引いて年間四万人にすぎなかったときのことである。当時ニューヨーク市に入った最後の移民集団であった彼らは、彼らの前に到着していたアイルランド人、イタリア人、ユダヤ人などの移民、そして黒人と同様、もともとこの地に住んでいる人々に敵意、恐怖心、疑念を抱かせたのである。言語、肌の色、衣服などの違いのためにその人数が実際より多く見え、目立った彼らは、差別の標的となった。犯罪者や公共の負担となる者といったプエルトリコ人のステレオタイプも、やはり、他のエスニック集団が移民初期に与えられたものと同様で、事実と誤解が半々であったが、彼らの生活状況は、たしかに悪かった。

一九五〇年代、プエルトリコ系アメリカ人の経済的上昇の兆しが見られた。彼らの間で弁護士、医師、教師の協会ができたが、これはこれらの専門職に従事する者が増加した証拠であった。郊外へ移り住むプエルトリコ系の人々も増えた。しかし、このような上昇は、高い教育を受けた少数の者に限られていた。一九五〇年代に予測されたような改善は一九六〇年代のプエルトリコ系社会に見られず、むしろ黒人社会と比較すると悪化した。さらに一九七〇年代には新しい移民が流入し、これまでプエルトリコ系が集中していた職種に就き始めた。プエルトリコ系の多くは、教育程度が低いためにホワイトカラー職に上る機会が少なく、かつ、彼らよりも低い賃金で働くことを厭わない新しい移民と競争しなければならなくなった。こうして彼らは一九七〇年代後半から、大都市の底辺層に取り残されることになる。一九八〇年代後半になっても、プエルトリコ系は、ヒスパニック系の中で労働参加率がもっとも低く、失業、貧困、福祉依存の割合がもっとも高いエスニック集団であると結論づけられていた。そして、プエルトリコ系はアメリカ市民権をもち、強い家族の絆を誇ってきたにもかかわらず、教育水準がヒスパニック系の中でもっとも低く、家族が崩壊しているために、このような状態にあると論じられた。しかし、その後、状況は改善されている。最近の統計（二〇〇八年）では、ヒスパニック系の中でもっとも高い所得を得ているキューバ系の所得の九一％を得ており、これは一九九〇年に七五％であったことと比較すると、明らかな上昇である。貧困率では、やはりもっとも高い率を示しているが、一九九〇年との比較では改善されている。

◇ヒスパニック系の今後

非合法移民を含むヒスパニック系は、今後アメリカ社会においてどのように変化するのであろうか。政治的には、まだ結束力は弱いとの分析もなされるが、人口の増加率の高さとの関連で見れば、黒人と並ぶ政治力を確保するのも遠くないと見られる。『米国社会を変えるヒスパニック』（一九八八年）の著者トマス・ワイヤーは、「ヒスパニック政治の未来は明るい。……その数字だけでもそれを保証できる」と主張していた。ただし、先に見たように、ヒスパニック系の内部の多様性は、政治力を強めるうえでプラスには働かないであろう。

経済的な上昇は期待できるか。アメリカの大企業で地位を築き上げたヒスパニック系はまだ少数であるが、それでも姿を現し始めている。よく知られた例では、コカ・コーラの会長になったキューバ生まれのロベルト・ゴイズエタがいる。一九八〇年代半ばまでにヒスパニック系が所有する企業は二五万に上る。ここでも人口の増加が影響し、いわゆる「ヒスパニック・マーケット」を対象にした企業が増加するのである。この「ヒスパニック・マーケット」の視点からいうと、必ずしもヒスパニック系の資本や経営でなくとも、ヒスパニック系の人々を対象にした商店や企業が増加する傾向は明らかである。たとえば、アメリカ的な典型として知られるマクドナルドがハンバーガーだけではなくタコスや豆料理などのヒスパニック料理をメニューに加えるといった変化が、あちこちではっきりと見られるのである。

しかし、このような政治力・経済力がヒスパニック系全体の社会的・経済的地位を上昇させることになるかどうか、また、どれほど急速に上昇させるかは、ヒスパニック系の集団間の多様性と二極化傾向がどのようにプラスに働くかに加えて、教育面でのバイリンガリズムの成果や、最近のアメリカ社会におけるマルティカルチュラリズムの動きとも関わってくるのではなかろうか。

二〇〇八年の大統領選で、オバマ大統領候補は、国境警備を強化する一方、国内にいる非合法移民を合法労働者として処遇するとした「包括的移民制度改革」を訴え、ヒスパニック系人口の七割近い支持を得たといわれる。しかし、その後、状況は変化した。二〇一〇年四月にはアリゾナ州で非合法

図7-1　難民法に基づき入国した移民（1946～2003年）

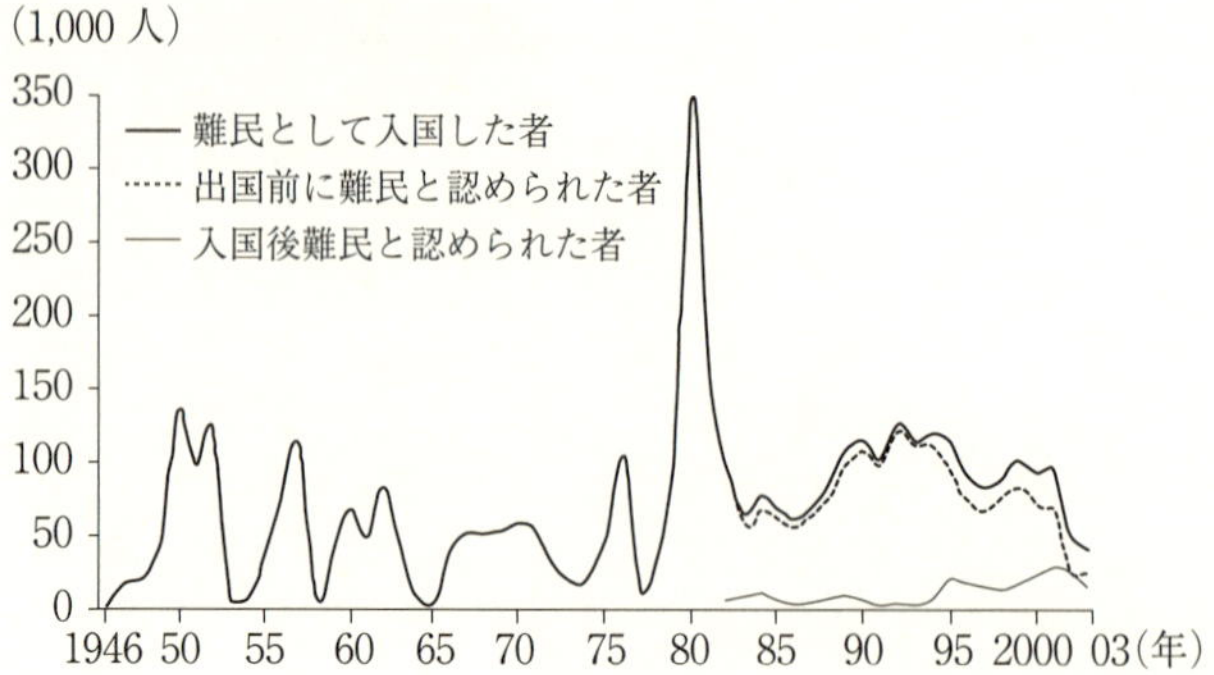

（出所）U. S. Department of Homeland Security, *2003 Yearbook of Immigration Statistics* (2004), Tables 14, 15, and 18.

移民取締法（Senate Bill 1070：通称SB1070）が成立するなど、非合法移民をめぐる議論が活発化し、オバマ大統領は改革を先延ばしにせざるをえなくなったのである。アメリカの高い失業率を背景として、この厳しい政治状況がヒスパニック系の今後に重要な影響を及ぼすことはたしかであろう。

4　難　民

第二次世界大戦後のアメリカの移民政策の変更に伴い、アメリカに入国する移民は増加しただけでなく、その質のうえで大きな変化を見せた。戦争により祖国を失った難民、反共主義の亡命者、そして戦争花嫁法通過によって入国を許された戦争花嫁（一九四五年から五九年の間に七五万人）が入国したのである。その変化の背景には、アメリカ政府の姿勢が明確である。一九四八年には難民法（Displaced Persons Act）が制定され、これによって東ヨーロッパから四〇万人が入国した。一九五三年から五六年の間には、難民救済法（Refugee Relief Act）により、いわゆる「鉄のカーテン」の国々から二〇万人以上の入国者があった。移民の難民申請は移民国籍法に記載された難民の定義に従い処理されるのであるが、加えて特定の国の国民を難民と指定する権限が大統領に与えられており、その権限が実行されることもある。一九五六年のソ連のハンガリー侵攻をきっかけに、アメリカの難民受入れは、大統領、そして司法長官が認めた臨時入国許可によるものが多くなった。その傾向は一九七五年の南ヴェトナム崩壊まで続くことになる。

難民法に加えて、難民の入国を助けたのは、宗教団体や民間団体であった。食物や衣服の世話から入学の手続きや職探しまで、あらゆる面での援助を買って出る多くの人々の善意があった。

新しい入国者たちにはそれぞれ特別の問題があった。戦争花嫁が制服を脱いだ夫と何年ぶりかで一緒になる際の適応は努力を要したであろう。故郷での現実生活は軍人であった頃に思い描いていた生活ほど楽ではなく、妻は失望したかもしれないし、夫にとってはドイツや日本で理想的に思われた女性がアメリカでは輝きを失ったり、またあまりに「アメリカ的」になって、失望を味わうこともあった。

新しい移民法を利用して香港から若い妻を迎えた初老の中国系アメリカ人の味わった苦労も同様であった。香港から来た若い女性は、夫が若い頃に知っており理想としていた伝統的な中国女性とは違った。歴史家ベティ・L・サングの話では、香港から来た花嫁が到着早々、中国人街に住む夫に、「このオンボロのアパートからすぐ出ましょう。それができなければ離婚します」と迫ったというが、このような例は多かったと思われる。このようなことが問題とされるのは、見方を変えると、この時期の移民自身の経済状態が、世紀転換期の状態とは異なるということの表れであろう。これらの新しい移民にとって、アメリカへの入国は飢えを逃れる手段にはならなかったのである。

難民の中でも、ドイツ、ハンガリー、キューバ出身者は比較的アメリカの生活への適応が早く、苦労も少なかった。教育ある中流階級に属し、専門職についていた者が多かったせいであろう。彼らは間もなく自立し、アメリカに貢献することになる。しかし、一九七五年以降に入国するヴェトナム難民の適応は困難であった。英雄として歓迎された反共主義のハンガリー人やキューバ人とは異なり、南ヴェトナム人は、政治的に意見の統一を見ない、そして軍事的にも挫折感の強かったアメリカの戦争を思い出させたからであろうか。

◇ヴェトナム難民の入国

一九七五年四月に南ヴェトナム政府が崩壊し、カンボジア、ラオスにおいても同様の政変が起こったため、一七万人以上の難民がアメリカに入国を許された。その約九〇％がヴェトナム人である。この流入以前、一九六六年からの一〇年間にヴェトナム人の入国は二万人程度、ラオス、カンボジアからの入国者は記録にも残らないほど少数であった。さらにその前の移民局統計では、これら三国の出身者はすべて「その他のアジア人」と分類されていたのである。

これらの難民は、まず香港やタイの難民キャンプに入り、そこから手続きをしてアメリカに入国した。そして政府の斡旋によって、カリフォルニア、アーカンソー、フロリダ、ペンシルヴェニア諸州に急遽開設された難民受入れセンターに収容された。必需品の供給や種々の手続き以外に、このセンターのすべきことは、難民がアメリカでの生活にできるだけ早く同化するよう訓練することであった。一九七〇年代後半という不況の時期であっただけに、彼らの保証人《スポンサー》や仕事を見つけるのは容易ではなかった。難民の側でも、祖国の習慣を捨ててアメリカの生活様式・習慣を身につけるよう圧力をかけられていると感じ、反発する者が多かった。その反発は、難民家族に保証人を見つけるときに頂点に達した。ヴェトナム人家族は祖父母、父母、子ども、親類などで構成され、一家族が二五人以上という例も稀ではなかった。保証人の側では、五人から七人を限度とすることが多かったので、難民取扱機関では、家族が分散するよう圧力をかけたが、成功する例は少なかった。それでも、政府側の計画では、一九七五年一二月末には難民受入れセンターがすべて閉鎖されることになっていたので、難民にはとにもかくにもできるだけ早く保証人を見つけねばならなかった。結局、彼らは、アメリカでの生活に対応できる心構えのできないうちに保証人のもとに移されたのである。

保証人のなすべきことは、難民の家族が自立できるまで、食物、衣服、住居を提供し、家長の職さがしを手伝い、入学手続きの手助けをし、アメリカ社会への適応に関する助言や励ましを与えることであった。かなり費用のかかることであったので、個人より組織のほうが保証人には適していたが、政府からも難民一人当たり五〇〇ドルの補助が出た。保証人が職を提供する場合が多かったが、その仕組みは搾取的であることが多かった。つまり、魚肉・鶏肉加工工場や製菓工場などが、難民の保証人になると同時に彼らを雇用し、最低またはそれ以下の賃金を支払うのである。難民の側では、保証人を気に入らなければ拒絶することもできたが、それも頻繁になりすぎたため、一九七五年九月以降は二度以上拒否することが許されなくなった。

難民が得られる職は、技術をほとんど必要とせず、賃金の低い、昇進の見込みの少ないものがほとんどであった。一九七五年の調査によれば、ヴェトナムでホワイトカラー職に就いていた難民の八五%が、アメリカではブルーカラー職に就いた。不況の時期に入国した彼らは、故国での教育程度や雇用経験に無関係に、低賃金の仕事に就くことを余儀なくされたのである。低賃金に加えて家族が大きいため、難民の家族の多くは貧困水準を下回り、苦しい仕事を求めるよりも、彼らはしだいに生活保護に依存するようになる。

◇「グック・クラックス・クラン」

また、彼らに対して、古い移民に対すると同様の人種差別的な反応が示されることもあった。一九七五年、フロリダで、ヴェトナム難民が近所に定着することに反対した高校生が「グック・クラックス・クラン」(グックとは黄色人種を指す蔑称)を結成する計画を練っていると報道された。このような姿勢があちこちで見られたこともあり、ヴェトナム難民はまとまった社会を作らずアメリカ各地に散らばることとなった。アメリカには昔からのヴェトナム人社会がなく、難民がそのような社会からの経済的・心理的援助を受けられなかったことも、彼らの状況を困難なものにした要因であろう。

世論調査では、難民受入れの枠を広げることに賛成する者よりも反対者の割合のほうが多いという結果が常に出ている。ストロム・サーモンド上院議員は、「わが国は……文化上・人口統計上の影響力を慎重に考慮すべきだ」との意見を述べている。ある週刊誌には読者からの次のような手紙が載った。

「私は、ヴェトナムも、難民《ボートピープル》も、東南アジアも、いやでいやでたまらない。貧しかったり、年老いていたり、身障者だったりする。ゲットーに住むアメリカ人のうち何人が、お金を貯めてその状態から脱け出すことができるか? 一万四〇〇〇人のインドシナ人を連れてきて、彼らのために年間五億ドルも費やす代わりに、われわれはそのお金をこの国にいる貧困者のために使うべきだ」。

◇定　着

しかしながら、時間の経過とともに、彼らの生活はしだいにアメリカ社会に根を下ろし始める。彼らはロサンゼルス、サンフランシスコ、ニューオーリンズ、ダラスなどに集中するようになり、その中で文化組織や自助組織が生まれ、自国語の新聞を発行する、といった古い移民と共通した活動が見られるようになる。

一九七五年の第一波、一七万人に加えて、一九七八年までにアメリカは約一二万人の難民を東南アジアから受け入れた。加えて一九七八年には、一九六五年移民法による入国許可数（西半球から一二万人、東半球から一七万人）を、全体で二九万人を限度とする、との変更があり、その後も東南アジアからの難民の入国は続いている。

もちろん、ヴェトナム難民を受け入れることはアメリカの責任だと論じる者もいる。ジミー・カーター大統領は、一九七九年の国連人権宣言記念日に次のように述べた。

「難民は、われわれの世界が、平和と人権の原則に則って生きることに失敗したために生まれた、生きている犠牲者であります。彼らを助けることは人間としての単純な義務であり、アメリカ人として、すなわち大半が難民の子孫から成る国民として、われわれはその義務を痛いほど感じているのであります。わが国はできる限りのことをします。……われわれには常に、われわれの公正な取り分以上を受け入れる準備ができていてほしいと、私は希望します」。

そして同年、アメリカはインドシナ難民の割当てを一カ月七〇〇〇人から一万四〇〇〇人へと倍増し、他の国々も同様の動きをするよう促した。そして一九八〇年、カーター大統領は新しい難民法に署名した。これにより、難民入国の許可数は年間五万人とされ、「重要な人道的」理由があればその数を増やすことができる、と定められた。一九七五年の第一波の人々と比べると、その後の新しい難民には教育程度の低い者が多い。これらの難民は、アメリカの他のエスニック集団が経たと同じ過程を経ていくのであろうか。結論を出すのは難しい。

◇最近の難民

一九八〇年の難民法は、それまでの反共産主義の姿勢からの転換を示すものと思われたが、この法が制定されてからの数年間、受け入れられた難民の出身国を見ると、大きな変化はないようである。一九八〇年以降に入国を許された難民の大多数がキューバ、ソ連、東ヨーロッパ、そしてインドシナであり、共産主義国からの脱出であると考えられた。難民法に定められたいくつかの条件の一つは「明らかな証拠のある迫害の恐怖」であったが、それを根拠に一九八〇年代には上記の国以外に、たとえばハイチからの難民希望者が増えた。ハイチの経済的・政治的状況から見て、難民としての資格ありと論じる者もいたが、国務省は難民の定義は厳しくなくてはならないとの立場をとり、受入れには、たとえば迫害の証拠が必要であるとした。その結果は、ハイチからの非合法入国であり、一九九〇年代には、小さな船で海をわたってアメリカに入国しようとして逮捕されたハイチ人の例が、とくに南部で新聞の一面に取り上げられた。

二〇〇〇年以降、数のうえで大きな変化が見られる。二〇〇一年九月一一日に起きた同時多発テロ事件が、アメリカの難民受入れにも大きな影響を及ぼしたのである。たとえば、二〇〇三年度に難民としての入国が認められた入国者は、前年度から六一%減少しており、その後も警備上・保安上の手続きが厳しく、難民としての入国者は減少したままである。この事実が今後、難民のアメリカにおける経験を変えていくのかもしれない。

第III部

アメリカン・ドリーム

——理想と現実

1970年代末，海上で救助されたヴェトナムからの「ボート・ピープル」。

8章　平等の達成

1　新しいネイティヴィズム（移民法改正）

◇一九八六年移民改革・管理法

一九八六年一〇月一七日、アメリカ合衆国第九九議会で移民法改正法案が可決された。一一月六日には大統領が署名し、正式には「一九八六年移民改革・管理法」（Immigration Reform and Control Act of 1986）と称される新移民法が発効したのである。この法がいかにやっかいな問題を扱っているかは、これがカーター政権時代に議論され始めたにもかかわらず、このときまで成立しなかったことからも明らかである。移民法改正案はさらにそれ以前に提案されていたが、議会の要求のもとに「移民および難民政策特別委員会」が正式に設置されたのは一九七八年のことであった。この委員会は全米一二の都市で公聴会を開き、その結果を報告書にまとめ、一九八一年に発表した。この報告書の勧告に基づき、レーガン政権は「レーガン移民計画」と称する移民法改正案を作成し発表した。上院では提案者アラン・シンプソン議員の名前からシンプソン法案と呼ばれ、下院ではローマン・マゾーリ議員の名からマゾーリ法案と呼ばれたこの法案は、難航し、内容に変更が加えられて再提案されるといった経過を経て、ようやく一九八六年に成立したのである。

移民法改正にいたる過程に五年という年月がかかったのは、この改正の中心が非合法移民問題対策であったからである。七章から成るこの新移民法の中で非合法移民に関する条項は二章ある。「非合法移民の管理」と「合法化」と題された二つの章に示された政府の意図は、①非合法移民・非合法滞留者の憲法のもとでの諸権利および人権を守り、彼らの身分を合法化することと、②非合法移民・非合法滞留者と知りながら彼らを雇用した者を処罰することである。①の措置は具体的には次のようになる。一九八二年一月一日以前にアメリカに不法入国し、その後ずっとアメリカに非合法的に滞在している者、および、過去三年間、各年九〇日以上アメリカの農場に就労したことのある者を有資格者とする。有資格者は五年以上の非合法滞在または農場就労経験を証明する資料を提出して暫定的合法居住者の身分を申請し、一八カ月ないし二年後には永住権を申請することができる。そして五年後には市民権を申請することが可能である。②の措置に関しては以下の懲罰が規定されている。企業が非合法滞留者を、それと知りながら雇用した場合、初めての違反であれば、非合法滞留者一人につき二五〇〜二〇〇〇ドル、二度目の違反には同じく二〇〇〇〜五〇〇〇ドル、三度目以降では三〇〇〇〜

一万ドルの罰金が科される。違反の常習者に対しては刑事罰が科されることもあるという、かなり厳しい規定である。

このような措置を盛り込んだ新移民法の成立を歓迎して、『ニューヨーク・タイムズ』紙は次のように述べた。「……すでにアメリカに暮らす非合法移民の地位の合法化に踏み切ることは、偽善を正すことといえる。他方、今後の非合法移民の流入を断ち切る努力をすることは、正規の手段でアメリカに移民として入国しようと辛抱強く待っている世界中の何百万という人々に対する公平な姿勢といえよう。これらの措置を含む一九八六年移民改革・管理法は、アメリカの理念に敬意を払う立派な法律である」。

◆非合法移民

非合法移民の九〇%はメキシコ人だといわれるが、それは国境近辺に警備が集中しているせいで、実際には他の国からの非合法移民が四〇%近くもいるともいわれる。要するに、非合法移民に関しては調査のすべがなく、推測に頼るしかないのである。移民局の推定では、一九八〇年代前半にアメリカに居住する非合法移民は三〇〇万人から五〇〇万人とされた。移民法改正直前の一九八六年には一六〇万人が非合法に入国したとされる。数は明確ではないが、メキシコ以外では、ハイチ、西インド諸島、ドミニカ共和国、イスラエル、中国、ギリシャなどからの移民が大半であった。とくに一九七〇年代以降、学生や観光客として入国し、認められた期間を過ぎても滞在する者や、偽装結婚によっ

表 8－1　1996 年移民法制定後の非合法移民数(推定)出身国トップ 10 と居住州トップ 10

出身国	人　数	居住する州	人　数
2000 年　合計	8,460,000	合計	8,460,000
1.　メキシコ	4,680,000	1.　カリフォルニア	2,510,000
2.　エルサルヴァドル	430,000	2.　テキサス	1,090,000
3.　グァテマラ	290,000	3.　フロリダ	800,000
4.　フィリピン	200,000	4.　ニューヨーク	540,000
5.　中国	190,000	5.　イリノイ	440,000
6.　韓国	180,000	6.　ニュージャージー	350,000
7.　ホンジュラス	160,000	7.　アリゾナ	330,000
8.　インド	120,000	8.　ノースカロライナ	260,000
9.　エクアドル	110,000	9.　ジョージア	220,000
10.　ブラジル	100,000	10.　ネヴァダ	170,000
その他	2,000,000	その他	1,760,000
2009 年　合計	10,750,000	合計	10,750,000
1.　メキシコ	6,650,000	1.　カリフォルニア	2,600,000
2.　エルサルヴァドル	530,000	2.　テキサス	1,680,000
3.　グァテマラ	480,000	3.　フロリダ	720,000
4.　ホンジュラス	320,000	4.　ニューヨーク	550,000
5.　フィリピン	270,000	5.　イリノイ	540,000
6.　インド	200,000	6.　ジョージア	480,000
7.　韓国	200,000	7.　アリゾナ	460,000
8.　エクアドル	170,000	8.　ノースカロライナ	370,000
9.　ブラジル	150,000	9.　ニュージャージー	360,000
10.　中国	120,000	10.　ネヴァダ	260,000
その他	1,650,000	その他	2,730,00

（出所） Michael Hoefer, Nancy Rytina, Brian C. Baker, "Estimates of the Unauthorized Immigration Population Residing in the United States, January 2009" *Population Estimates*（Office of Immigration Statistics, U.S. Department of Homeland Security, January 2010）.

参考：1992 年の非合法移民数（推定）出身国トップ 20 と居住州トップ 20

1992 年　合計	3,379,000	合計	3,379,000
1.　メキシコ	1,321,000	1.　カリフォルニア	1,441,000
2.　エルサルヴァドル	327,000	2.　ニューヨーク	449,000
3.　グァテマラ	129,000	3.　テキサス	357,000
4.　カナダ	97,000	4.　フロリダ	322,000
5.　ポーランド	91,000	5.　イリノイ	176,000
6.　フィリピン	90,000	6.　ニュージャージー	116,000
7.　ハイチ	88,000	7.　アリゾナ	57,000
8.　バハマ	71,000	8.　マサチューセッツ	45,000
9.　ニカラグア	68,000	9.　ヴァージニア	35,000
10.　イタリア	67,000	10.　ワシントン	30,000
11.　ホンジュラス	61,000	11.　ジョージア	28,000
12.　コロンビア	59,000	12.　メリーランド	27,000
13.　エクアドル	45,000	13.　コロラド	22,000
14.　ジャマイカ	42,000	14.　オレゴン	20,000
15.　ドミニカ共和国	40,000	15.　ニューメキシコ	19,000
16.　トリニダード・トバゴ	39,000	16.　ネヴァダ	18,000
17.　アイルランド	36,000	17.　ペンシルヴェニア	18,000
18.　ポルトガル	31,000	18.　ノースカロライナ	17,000
19.　パキスタン	30,000	19.　コネティカット	15,000
20.　インド	28,000	20.　ワシントン D.C.	14,000
その他	619,000	その他	153,000

（出所） *Congressional Digest*, May 1996.

て入国した者なども、増加したといわれる。偽装結婚の場合は、移民の出身地であるメキシコ、フィリピン、西インド諸島などで、アメリカに入国したいと願う人々に偽の結婚証明書を売ったり、まったく知らないアメリカ人との結婚を手配する起業家が、高い費用を取って、移民を送り込んだのである。たとえば、一九七〇年代末、このような手配を依頼すると費用は一〇〇〇ドルにも上ったが、その価値はあると考えられたのであろう。一九八五年の移民局は、査証を申請している結婚の三〇%は偽だと述べた（移民法が改正された一九八六年には、このような結婚による非合法移民の入国を抑えるため、移民帰化法に移民結婚詐欺に関する修正を加えた）。

◇悲劇的な結果も

非合法移民の入国が必ずしも簡単でないことを示すエピソードはたくさんある。たとえば、移民斡旋をする「コヨーテ」が、四五人のメキシコ人をトラックに乗せて出発し、結局サンアントニオでトラックごと置き去りにし、暑さで死亡者まで出たという例では、メキシコ人たちは「仕事に就けるシカゴへ連れていってやるというコヨーテの約束」を信じていたのである。別の例では、エルサルヴァドル人の一団が、一人当たり一二〇〇ドルを支払って、メキシコ国境を越えたが、結局、アリゾナの砂漠に置き去りにされ、一三人が死亡、女性の中にはレイプされた者もあったという。このような恐ろしい例があっても、非合法移民の数は減少しなかった。彼らがめざしたのはニューヨーク、テキサス、フロリダ、カリフォルニア諸州、そしてシカゴなどの都市である。そこには低賃金であれ、雇用があり、同胞がコミュニティを作っており、仕事や住居を見つけるのを助けてくれるのであった。ロサンゼルスのバリオでは、非合法移民が合法移民やメキシコ系アメリカ人二世、三世と一緒に生活している。

◇取締り

非合法移民の取締りが叫ばれ始めたのは早くも一九五〇年代であった。非合法移民の入国を抑えるには、まず、メキシコとの国境警備を厳しくすることが必要であったが、これだけでは彼らの流入をとどめることはできなかった。そこで、早くもこの時代に、非合法移民に厳しい規制をと唱える人々は、非合法移民を雇用することが非合法であるとする立法を望んだ。しかし、政府はそれには耳を傾けなかった。行政側の姿勢に変化が見られたのはトルーマン政権からアイゼンハワー政権に代わってからである。非合法移民を「今日の奴隷」と呼ぶ記事が出されたり、彼らの健康問題がアメリカ人全般に与える影響などを含む「ウェットバックの脅威」が論議され、ついに世論に動かされた形で、移民局は一九五四年、「オペレーション・ウェットバック」と名づけられた行動に出た。これは、軍隊形式の踏込み捜査によって非合法移民を見つけ、メキシコへ送還するというやり方であった。これによって「いわゆるウェットバック問題はもはや存在しない。……国境は守られている」と、移民局は発表し、その後の非合法移民の数は公式には急減した。しかし、これで問題が解決したのではないことが、その後間もなく明らかになる。

カリフォルニア州サンディエゴ近くで国境警備隊に捕えられたメキシコ人非合法入国者の一群。

非合法移民取締りはこの後も同じような形で続き、議会はこの問題に対して注目しないまま、一九六五年の移民法改正の準備に忙しかった。一九六四年にブラセロ計画が終了するにあたっても、非合法移民について議会は何の論議もしなかった。非合法移民に関する調査が始まったのは一九六九年のことである。調査によって非合法移民の増加が認められ、国境警備を厳しくしても非合法移民の入国が減少しなかった理由としてよく挙げられるのは、非合法の入国をとがめられ逮捕されても、法的制裁や罰則がほとんど科されないという点である。移民を送り出す機関は罰金または投獄の危険を冒しているが、移民となる当人は、捕まっても、強制送還を待つだけで、その間にも、次はいつ出国するか——送還されたその日にでもと——考えているような状態であった。ハイチやエルサルヴァドルからの非合法移民の場合は、正式の書類がないために捕まっても、難民として受け入れてもらえるよう訴えれば、かなうことが多かった。

非合法移民に関わる問題は医療や教育の分野でとくに深刻である。非合法移民の医療や教育にかかる費用を州が支払いきれないという事実と、移民問題はもともと連邦政府の問題であり、連邦政府が解決しなければ迷惑を被るのは州であるという、州と連邦政府の複雑な関係が、一九八六年の移民法改正につながっていくのである。

◇効果と混乱

新移民法に基づく非合法滞留者の合法的居住権申請が実際に始まるのは一九八七年五月、申請締切は一九八八年五月であり、非合法滞在者を雇用した者への処罰の実施は一九八七年六月とされたため、同法の効果はすぐには期待されなかったが、このような法が成立したという事実が人々に与える影響に期待がかけられたのは当然であろう。この新移民法が発効した直後、一九八六年一一月の統計では、一年前に比べ、非合法入国者は一八％減少し、一二月の減少はさらに顕著だと報告された。ただし、この減少が、アメリカ政府の期待どおり新移民法の厳しい規制の情報がメキシコに伝わった結果であるか、リオ・グランデ川の異常な増水のせいであるかは不明だと、『U・S・ニューズ・アンド・ワールド・リポート』誌は嘲笑的な態度を示す記事を掲載した。

新移民法施行にあたっては、たしかに問題があった。まず非合法入国者・滞留者の側の混乱がある。自らの非合法滞在を証明する資料（たとえばアパートの家賃や電気・ガス代、電話料金の領収書、賃金支払い書、あるいは在学を示す学校の記録など）を五年分揃えることは、仕事も住居も点々と変えてきた彼らにとってきわめて難しいことである。加えて、うっかりした証拠を提出したために、非合法滞在以外の違法行為が暴露され、自縄自縛となる可能性もある。一九八二年一月一日以降にアメリカにやってきた者は合法的地位が認められないだけでなく、逆に国外退去を命じられる。そのような者が家族の中にいれば、家族が離れ離れになる可能性がある。その危険がなくとも、家族全員のために必要な書類を整え、申請に必要な費用を蓄えることは半年や一年の猶予期間では無理だと考え、家族の離散を恐れてパニック状態に陥る者も出てくる。その心配から自殺した者もいると報じられた。このような混乱と不安は新たな違法行為を生むことになった。居住権申請に必要な資料の偽造である。当初から予測され、懸念されていたことだが、早くも一九八七年一月には国境近くのメキシコの町で、社会保障証その他が大量に偽造されていることが報告された。一〇〇ドル払えば社会保障証が、一五〇ドル払えば一九八二年以前の家賃、電気・ガス代などの領収書を含む、申請に必要な書類が偽造され、「新移民法のもとで『合法』になる資格を有する非合法滞在者」となることができるわけである。当然のことながら、政府側は、このような偽造書類を見分けるという新たな任務をも果たさなければならなくなった。

そして申請のペースはたしかに遅かった。移民帰化局では、一九八二年一月一日以前にアメリカに非合法入国し、継続してアメリカに滞在する非合法滞留者人口を約三九〇万人と推定し、そのうち約二〇〇万人が合法化を申請すると読んでいた。しかし非合法滞留者の反応は遅く、彼らの懸念を知った移民帰化局は一九八七年一〇月、政府は合法化申請者の家族に申請資格のない者がいる場合、その者に対し国外退去命令は出さないと発表した。

非合法入国・滞留者を雇用すると懲罰を科されることになる企業側にも誤解や混乱があった。人を雇うにあたって、すべての人に対して非合法入国・滞留者でないことを示す身分証明書の提示を求めなければならないという煩わしさもある。『ニューヨーク・タイムズ』紙は、何かの手違いで非合法入国者を雇ってしまって「投獄されることにはなりたくない」と、顔つきや喋り方で外国人と判断した人はいっさい雇用しないという雇用者が増えたと、一九八七年秋に報じている。これが行き過ぎると、労働許可証を得ているメキシコ系アメリカ人すら雇用されないケースが出てくる可能性があり、外見による差別につながりかねないというわけである。

◇残る問題

解決されずに残っている根本的な問題としては、非合法移民・滞留者に合法的居住権申請を認めた場合、公共サービスの需要がこれまでを上回ることになるのではないかとの一般市民の不満がある。予算の削減を余儀なくされている州政府・地方行政府は当然のこと、一般市民の中にも、自分たちの支払う税金の中で非合法移民・滞留者への公共サービスが占める割合の増加に苛立ちを感じる者もいる。とくに非合法移民・滞留者が多数居住しているロサンゼルスなどでは予算の点で頭痛を引き起こす問題である。

また、非合法移民・滞留者の大半は、カリフォルニア州やテキサス州などアメリカ南西部で農業における季節労働者、建築現場の作業員、製造業の賃金労働者、ホテルやレストランの給仕や皿洗いとして、アメリカの経済を底辺で支えている存在である。たとえば、一九九〇年の統計によると、衣料産業では全労働力の三九％、野菜・果物缶詰業では三六％、メイドなど家庭の手伝い人では五二％が非合法滞留者である。これらの非合法移民・滞留者を雇用できなくなると、雇用者側にとっては人件費の上昇という重大問題を抱えなければならない。とくに、腐敗しやすい果物・野菜の生産者は、季節労働に関しては、これまで長く非合法移民・滞留者に依存してきていた。農場労働の経験のある者に対する特別措置はあるものの、これらの雇用者にとって、やはり打撃は大きい。建設労働者の三分の一が非合法滞留者といわれるテキサス州ヒューストン市では、早くも一九八六年一一月初頭に、「市内の建設工事がすべてストップする」という声が出、「地域経済、とくにサービス産業に大きな影響が出、物価上昇を引き起こす」と指摘する学者もいた。

一九八九年の時点で合法化を申請した外国人の数は二九一万人余りであり、その八八％がヒスパニック系であった（内訳は、メキシコ人が七五％、エルサルヴァドル人が五・六％など）。彼らの五四％は、カリフォルニア州に居住しており、テキサス州居住者は一八％、イリノイ州およびニューヨーク居住者がそれぞれ七％であった。これだけの数の非合法移民・滞留者が合法的にアメリカに滞在することを認められた一方で、申請をしなかった者、または申請をしたが合法と認められなかった者も、これとほぼ同数、アメリカに滞在していると見られ、彼らに対する取締りはいっそう厳しくなり、彼らの多くはアメリカ社会の底辺に残されることになった。

◇一九九〇年移民法

一九八六年の移民改革・管理法の中心は非合法移民への対応であったが、合法移民に関する問題にも触れていた。それは、一九八〇年代に増加したアイルランドからの移民に関わる問題であった。一九世紀半ばに見られた現象と同様、一九八〇年代、アイルランドの経済状況の悪化に伴い多数のアイルランド人がアメリカをめざした。ただし、彼らには優先制度を受ける資格がなく、難民としての入国も不可能であった。そこで彼らの多くは観光客として入国し、査証期限が切れてもアメリカにとどまったのである。ニューヨーク、ボストン、シカゴといった都市に集中した、これらアイルランド人非合法移民は一九八〇年代末には一〇万人に上ったといわれる。このような状況の下で、アイルランド移民は「アイルランド移民改革運動」（ＩＩＲＭ）を組織し、議会に対してロビー運動を行った。その成果が、一九八六年移民法にある一条項で、これは、市民および永住権をもつ者の親族を優先する一九六五年移民法の制度では移民を送り出すことのできなかった国に、一万の移民査証を割り当てることを定めていた。この一万の査証は抽選で与えられることになり、アイルランド人の申請は何万人にも上ったといわれる。こうして与えられた査証の四〇％をアイルランド人が占めた。一九八八年に再び同様の法が議会を通過した。しかし、ＩＩＲＭは、これらの結果に満足せず、ロビー活動を続け、アイルランドと同じように一九六五年移民法では優先的に入国できないヨーロッパの国々をも援助する運動に拡大していった。これが一九九〇年移民法に大きく影響することになる。

一九九〇年の移民法が設定した移民受入れ数の上限は、難民を除き、移行期としての最初の三年間は年間七〇万人、その後は六七万五〇〇〇人と決められた。その総枠の内訳は、アメリカ市民および永住権をもつ者の呼び寄せる親族四八万人、経済査証をもつ者一四万人、「多様」(diversity)移民五万五〇〇〇人である。経済査証は、いくつかのカテゴリーに分けられるが、とくに、技術をもつ者、教育のある者、そして起業家が、それらに当てはまった。「多様」移民の枠は、一九六五年移民法の市民および永住権をもつ者の親族を優先する制度では移民を送り出すことができなかった国からの移民を受け入れるため(つまり移民の多様化のため)のものである。この枠がＩＩＲＭの影響によるものであることは明らかであるが、この恩恵を被ったのはアイルランドからの移民だけではなく、アルゼンチンや香港からの移民もこの枠によって増加した。

この移民法がアメリカ社会の状況と世論を反映していることは明らかであるが、自由の女神像の台座に書かれた例のエマ・ラザルスの詩の一節をもじって、アメリカの移民政策を風刺する者もいる。

「私のもとに送りなさい、
貴国の、技術をもった人々、裕福な人々、そして運のよい人々を」。

◆市民権獲得希望者の急増

一九九五年四月の移民局の発表によると、一九九四年度にアメリカ市民になるための申請をした合法移民の数は前年度の二倍となり、これは「前例のない増加」だとのことである。とくに一九九四年一〇月から一九九五年一月の四カ月間で、申請者の数は二三万二八五〇人に上り、これは前年度の同じ時期の八〇％増である。一九九五年一月の一カ月間で申請者は六万五九五九人で、これは前年度の同じ時期の一カ月間の二倍以上である。このような増加の理由として考えられるのは、第一に、現在は市民でなくとも合法的に得ることのできる、医療など政府の種々の援助が今後得られなくなるのではないかとの恐れである。さらに、現在の政治風土では合法であれ非合法であれ市民でない者は不名誉な烙印を押されるとの意識も理由として挙げられる。別の理由を挙げる専門家もいる。つまりメキシコの経済状況の悪化である。つまり、一〇年前、二〇年前ならば、長くアメリカに合法的に居住しながらも、いつかは故国へ戻ろうという「感傷的な理由」のためアメリカ市民権の申請はしなかったようなメキシコ人が、今ではメキシコへの愛国心を保持するよりはアメリカ市民になるほうを選ぶのである（*New York Times*, April 2, 1995）。彼らは、アメリカ社会に反移民感情が強まっていることを感じている。彼らにとって、カリフォルニア州の「提案第一八七号」（九章五節参照）は、非合法移民だけを対象としているのではなく、すべての外国人に向けられた「敵対的な巻き返し」と見えるのである。

一九九六年三月の報告では、市民権申請者の数は一九九五年に一〇〇万人を越えた。移民が市民権を取り、政治に参加しようとしている。市民権申請者が増えた理由は、先に挙げたもの以外に一九八六年移民法によって恩赦を与えられた非合法移民がちょうど市民権申請の資格をもつにいたったこともある("Immigrant Voters Reshape Politics," *New York Times*, Mar. 10, 1996)。

他方、国勢調査の結果に基づき、アメリカは今も世界に「黄金の扉」を開き続けているとも論じられる。たとえば、移民の動向を分析し、「自由の女神という誇り高い象徴があるニューヨーク市は、今も難民や貧困者にとって自由の灯をかかげている」と主張する記事によれば、同市に見られる傾向は、一九五〇年代に主として白人の中産・上層階級が脱出した後に入ってきたプエルトリコ系やアメリカ生まれの黒人の多くが、同市を離れつつあり、そこにカリブ諸国やアジアからの移民が入ってきているのである。加えて最近の移民は技術をもち、起業精神に富み、家族としてまとまった者が多く、福祉に頼る者は少ない。ドミニカとメキシコの出身者を除くと、同市の外国人生まれの貧困者の割合は同市の平均一九%より低いのである。

移民へのサービスはたしかに市の財政を逼迫させる。とくに学校教育において。しかし、移民の子どもを教育することは明日の労働者、明日の納税者への投資なのである。また、多くの移民が一般労働者より低い賃金で働き、一般労働者の賃金の停滞や低下に貢献していることもたしかである。しかし、彼らの就く仕事がなければ企業は成り立たない。移民が入ってくるからこそコミュニティが活性化するともいえる。「移民の物語は彼らにとって成功物語であると同時に、市にとっても成功物語なのだ」(*New York Times*, Mar. 14, 1996)。

一九九六年三月二〇日、下院は州が非合法移民の子どもに公教育を与えることを拒否してもよいとする法案を承認した。この法案は、教育に関するものだけではなく、国境警備員の数を増やし、非合法入国者の取締りをより厳しくすることや、合法的移民の数を五年後には三〇％減少させることなども含み、実際に有効となるかどうかは別として、アメリカ社会の風潮を象徴的に表している。ここには、カリフォルニアの「提案第一八七号」が反映されている（*New York Times*, Mar. 21, 1996）。

一九九六年には、「不法移民改正および移民責任法（Illegal Immigration Reform and Immigrant Responsibility Act of 1996）」が成立した。国境警備、強制送還、非合法移民を雇用した者への罰則などが盛り込まれたこの法が、非合法移民に対する社会の批判に対応していることは明らかである。そして二〇〇一年九月一一日に同時多発テロ事件が起きて全世界を震撼させて以来、国家の安全という観点からも、移民法によるさらに厳しい規制を求める声が大きくなった。二〇〇五年一二月には「国境警備、反テロ、不法移民管理法（Border Protection, Antiterrorism, and Illegal Immigration Control Act）」が下院で可決され、上院では二〇〇六年三月に「包括的移民改正法（Comprehensive Immigration Reform Act）」が可決され、五月には修正案が通過した。

アリゾナ州において二〇一〇年四月に成立し、七月に実施されることになった非合法移民取締法（SB1070）をめぐる議論はマスコミを賑わしたが、ここには、これまでの議論に見られた移民に対する保守的な意見と人道主義的な意見との対立が鮮明に示されている。そして、州における対立が連邦政府の政治に強く影響する図式も明確であり、中間選挙を控えたオバマ大統領が苦境に追い込まれたと論じる者も多い。

一方で、最近の統計では、非合法移民の数が減少しているとされている。二〇一〇年九月の報道（*New York Times*, September 1, 2010）によると、二〇〇七年に一二〇〇万人であった非合法移民が二〇〇九年には一一一〇万人となっている。とくに中南米およびカリブ諸島出身者の減少が顕著であり、分析は不十分ではあるが、帰国者が増加しているのではないかと論じられている。ここに、アメリカ国内の経済状況の悪化も重要な要因として働いていることは、当然である。

また別の報道は、人口学者の分析をもとに、これまでもっとも非合法移民を多く出してきたメキシコ本国での出生率が低下しているため、今後、メキシコからの移民の入国は減少するであろうと報じてもいる。

2 先住民（インディアン）の動き

先住民（インディアン）については、合衆国政府によりミシシッピ川以西の地域に強制移住させられた。とくにチェロキー族の場合その体験は悲惨であり、「涙の道」として記憶されていること、および、プエブロ族を始め彼らの大部分がアメリカ合衆国市民として対等の諸権利を認められなかったことは前述したとおりである（四章二節参照）。それ以後の歴史を概観する。

◇軍事的征服

一八六〇年代から一八九〇年のフロンティア消滅までのインディアンの歴史は、合衆国による軍事的征服とこれに対するインディアンの抵抗として見られてきた。

(1) 南北戦争とインディアン

南北戦争勃発当時、インディアンは合衆国政府との条約により、あらゆる敵に対して保護されることが定められていた。しかし彼らが住んでいた州（テキサス、アーカンソーなど）の多くが南部連合側についたために、事実上無保護の状態に置かれることとなった。他方、南部連合と友好的な関係を結んでいた部族は、戦時中ならびに戦後、保有していた土地を取られ、オクラホマなどのさらに西方の地域に強制移住させられた。

一八六二年に土地奪取を目的としてスー族がミネソタ州で白人を襲い、約五〇〇人の居住者と兵士を殺害するという事件が起こった。合衆国政府は北西部軍管区を設置し、スー族を討伐させた。その結果、一八〇〇人のスー族が捕虜になり、三〇三人が死刑を宣告され、三八人が衆人環視の中で絞首刑に処せられた。またコロラドでは一八六四年に、白人の義勇軍がシャイアン族の戦士たちが留守の間に部族を襲い、無抵抗の女性と子どもを一〇〇人以上殺害したのであった。このような暴虐行為があって、大平原地方全域は白人とインディアンとの戦場と化したのである。

(2) リトル・ビッグ・ホーンの戦い

シッティング・ブルやクレージー・ホースの率いる五〇〇〇人からなるスーおよびシャイアン族連

インディアン記念碑

合衆国軍は、モンタナ州南部リトル・ビッグ・ホーン河畔（モンタナ）で、ジョージ・アームストロング・カスター中佐が指揮する約二六四人の合衆国陸軍第七騎兵隊を破った。一八七六年六月のことである。

この戦いの背景にはブラック・ヒルズ一帯の土地の所有権をめぐる争いがあった。ブラック・ヒルズはスー族にとっては神聖な領域で、ララミー砦条約（一八六八年）により永遠に彼らの土地となることが認められていた。しかし莫大な金が埋蔵されているという噂が立ち、多数の鉱山師が押し寄せ、スー族はこれに抗議した。合衆国政府は、採鉱権の譲渡あるいは買収を申し出たが、インディアン側の受け入れるところとならなかった。以後合衆国側は軍事作戦を行う準備を進め、インディアン側も攻撃隊を編成していたのであった。

インディアンはこの戦いに勝ったが、ブラック・ヒルズを譲渡する文書に署名した。その結果、彼らは同地域に関するすべての権利を放棄し、保留地への移動を強要された。このようなやり方でインディアンが自らの土地を手放すのは、以前にもあったし、その後もしばしば見られることになる（戦場跡は以前は「カスター将軍終焉の地」として知られていたが、ネイティブ・アメリカンへの敬意をこめて一九九一年に「リトル・ビッグホーン国立公園」と名称が変えられ、後に「協調を通じての平和」という名の記念碑が建てられた）。

(3) ウーンデッド・ニー

一八九〇年一二月末、ブラック・ヒルズにとどまっていたシッティング・ブルが合衆国軍に捕まり殺害され、残ったインディアンはパインリッジに移住することを決めた。一部のインディアンは無事に到着したが、男性一二〇人、女性と子ども二三〇人からなる集団は合衆国軍によってウーンデッド・ニー（サウスダコタ）に連行された。翌日、朝食後インディアンは武装解除を命じられ、それに従う。しかし所持品検査中に二挺の銃が見つかったことに端を発し混乱が生じ、最終的にインディアンに三〇〇人近くの死者が出るまで、それは終息しなかったのである。

この事件は「ウーンデッド・ニーの虐殺」として知られることになる。合衆国の側には主張できる公正さはなかった。しかし、これによってインディアンに対する軍事的征服は完遂し、インディアンの抵抗に終止符が打たれるのであった。

◇一般土地割当法（一八八七年）

しかし、転住に次ぐ転住、そして滅亡へと追い立てられるインディアンの実態が明らかになるにつれ、インディアンに同情する世論が出てきた。とくに一八八〇年頃からは、インディアン支援団体が白人の民間人の間で生まれたのであった。このような運動を背景に一八八七年二月に制定されたのが、インディアン一般土地割当法である。それは提案者（ヘンリー・L・ドーズ連邦上院議員）の名を取って、ドーズ法として知られている。そのおもな内容は次の三点に要約できる。

①インディアン保留地の土地を個人の単独保有地として、個々人に割り当てる（各家長に一六〇エーカーなど）。

②割当地は、二五年間合衆国の信託下で保管される。その期間中の譲渡・売買契約はいっさい無効である。

③合衆国領内に生まれ、この法により土地割当てを受けた者および自発的に部族と離れて別個に生活している者で、文明生活の習慣を取り入れた者は、合衆国市民であると宣言される。

ドーズ法は、インディアンが小土地所有農民となることをめざした。しかし、それによってインディアンが真に「解放」されたかどうかについては、歴史家の評価は否定的であることが多い。むしろ、インディアンの土地が彼らから奪われたことが強調される。すなわち、インディアンの土地は彼らに分配されはしたが、それ以外が政府の保有となり、さらに白人の入植者や企業に払い下げられていったのである。また土地の共有制がなくなったことにより、つまり土地の単独所有制が導入されたことにより、インディアンの「文明化」が進んだとはいい切れない。彼らのもつ部族文化のあまりに多くが犠牲にされたからである。

◇インディアン再組織法（一九三四年）

一九二四年六月、インディアン市民権法が成立した。しかし市民権を与えられたインディアンが白人と完全に対等な地位を獲得したわけではなかった。政治的平等を得たものの、経済上の不平等は消えなかったのである。

新しいインディアン政策は、不況の克服をもくろむ民主党とフランクリン・D・ローズヴェルト大統領の指導のもとに進められることになった。その結果、インディアン再組織法が新たに成立した。同化政策に代わり再び部族制を強化することをめざす同法は、ニューディールの一環として捉えることによりその意義が明らかになろう。

同法のおもな内容は以下のとおりであった。

①インディアンへの土地割当制度は廃棄する。また、すでに割り当てられた土地は、部族のために役立つよう整理統合する。

②協同歩調を取るインディアンのグループに対しては経済的な援助を与え、また土地の利用法について最新の知識を教授する。

③全寮制学校の廃止をさらに進め、通学校を大人にも開放することで、社会の福利に資する手段とする。

多額の公的資金が注がれるが、インディアン問題に目ざましい進展は見られなかった。その結果一九四九年には、インディアン問題を州の行政機関に移し、連邦政府の負担を軽減する連邦管理終結政策が勧告されたのであった。それを含め、この頃までのインディアン政策はどれも成功したとはいえない。白人社会に問題の本質を理解するイニシアティブと感受性が欠けていたことはいうまでもない。しかし、それと同時に、インディアンの側に内発的要求が十分ではなかったことも認められなければならない。何が必要であり、何が大切かを認識し、白人社会に対し過去の不正の補償を強く訴える力のほとばしりが不可欠なのであった。そしてそれは、一九六〇年代の「レッド・パワー」の台頭を待たなければならなかった。

◇レッド・パワー

レッド・パワーとは、一九六〇年代から一九七〇年代初頭にかけて、都市に在住する若いインディアンを中心に展開された、権利獲得のための示威運動を指す。それに参加した者たちは、合衆国の「先住民」としての誇りをもち、それにふさわしい社会的地位を獲得することをめざしたのであった。

インディアンが保留地より都市に引き寄せられた原因は二つあった。第一は、第二次世界大戦に参加し、活躍したことである（兵役に就いたインディアンの総数は三万人を超えた）。大戦中も国内では依然としてインディアンに対する差別は存在し、彼らの生活状態が顕著に向上したわけではなかった。しかし、インディアンの活躍が合衆国の勝利に貢献したことは事実であり、そのことは広く認められたのであった。

第二の原因は、政府による管理終結政策の一環としてのリロケーション（保留地から都市への転住）

政策である。その結果、一九五二年から五年の間に一万七〇〇〇人が都市へ転住し、シカゴ、ミネアポリス、デンバー、ロサンゼルスなどに合計五〇万人以上が居住していると推定された。しかし都市では黒人以上の差別に直面し、生活は決して楽にはならなかったが、各地にインディアン・センターが設立され、異なる部族出身者が交流をもつようになり、後の運動を支える大きな力となったことは注目される。

一九六一年六月、「アメリカ・インディアン・シカゴ会議」が開催された。出席者のほとんどは政府にさからわない「アンクル・トマホーク」といわれた穏健な年配のインディアンであったが、会議の主導権を握ったのは大学で学んだ経験のある若者たちであった（彼らは〝ニューインディアンズ〟と呼ばれた）。最終日に、「インディアンの目的宣言」が採択される。この中で、土地の返還、保留地の土地所有権の明確な認定、水利権の保護、税制の改革などの要求が謳われたのである。これ以後も同様の会議が開かれ、雇用、教育、保健、住宅問題についての改善が求められたのであった。

一九六〇年代後半、インディアンに自治権を与えるという法案は成立しなかったが、政府の政策が民族自決を認める方向に変わりつつあったのは明らかであった。このような中、一九六八年七月、民族自決をすすめるレッド・パワーの中心となる「アメリカン・インディアン運動」（American Indian Movement）がミネアポリスで結成される。その当初の目標は、インディアンの貧困をなくすためおよびインディアンの学校を改善するための援助の要求と、酒に酔って警察に逮捕され痛めつけられるインディアンを事前にパトロールして見つけ、警察から守ることであった。

◆アルカトラス島占拠

一九六九年一一月、サンフランシスコ州立大学とカリフォルニア大学バークレー校の一四人のインディアン学生が、サンフランシスコ湾のやや西寄りにある元合衆国刑務所のあったアルカトラス島を訪れる。当初はとくに大きな目的をもっていなかったが、以後全国およびカナダから続々と「アメリカン・インディアン運動」の活動家を含め、インディアンがつめかけた。そして、自称「インディアン全部族連合」と名乗る七八人のインディアンが「領土宣言」を行い、合衆国政府が所有する土地が不要になった場合は先住民であるインディアンにその土地の権利を与えることを約束した一八六八年の条約(スー族との間に結ばれた)を根拠に、島はインディアンのものであることを認め、合衆国政府の資金でインディアンの教育・文化センターを作ることを要求したのである。

最初は一種のデモンストレーション程度にしか見なされていなかった占拠も、すぐに一〇〇〇人に達しそうなインディアンが訪れ、壊れかけた元刑務所の建物を修復するにつれ、注目を浴びることとなった。そして、この無謀に見えた行動も、他の少数民族の支持を得ることになる。たとえば全米日系市民協会はいち早く全面支援を決め、「二世十字軍」なる有志グループまで誕生するという力の入れようであった。その他、黒人団体、メキシコ系市民、ユダヤ系市民なども声援を送ったのである。これに対し合衆国政府は、島の占拠は不法であり認めるわけにはいかないとしながらも、武力でインディアンを島から排除することはできなかった。しかし劣悪な条件の下、島に立てこもるインディアンの数が減ってくると政府は強行策を取り、一九七一年六月、二〇人の武装警官隊を送る。その結果、占拠開始後一年余り、島に残っていた男六人、女四人、子ども五人の合計一五人は排除された。アルカトラス島占拠は短期間で終わったが、インディアンの団結の原点になったという意味で重要な出来事であり、アメリカの隠された歴史の一部をさらけ出したものとして、合衆国内のみならず、諸外国に大きな反響を呼んだのである。

◇インディアン総務局占拠

一九七〇年から一九七一年にかけては各地でインディアンが権利獲得のための抗議を行った。たとえば一一月の感謝祭の日、マサチューセッツ州プリマスロックを囲み、二五人が実物大模型のメイフラワー号のマストに登り、一七世紀当時の地図からの英国国旗をちぎって捨てた。翌年六月サウスダコタ州で、アメリカン・インディアン運動の支援を受けたスー族の活動家が、歴代四人の大統領の肖像が刻まれているラシュモア山を占拠し、ブラック・ヒルズの返還を求めた。

一九七二年九月、西海岸のロサンゼルス、サンフランシスコ、シアトルから出発し、一一月に行われる大統領選挙の前に首都ワシントンに到着する予定の、全米インディアンによる非暴力行進が計画された。ニクソン、マクガバンの両候補に会い、土地返還などを盛り込んだ新しい条約を要求するという具体的な目的があった。

ワシントンに到着し、彼らに提供された宿泊所が劣悪な条件であったことがわかり、政府の首脳部との会見が実現せず、またアーリントン墓地を訪れることを拒否されたとき、彼らの不満と怒りは頂点に達し、インディアン総務局（Bureau of Indian Affairs）の建物の占拠が試みられた。警官隊が出動したが事態は収まらず、ホワイト・ハウスより暴徒鎮圧班が出動し、インディアンを排除するように命じられた。

平和的な話合いを期待していたインディアンたちではあったが、バリケードを築き、建物を占拠した。連邦地方裁判所は一度占拠者に対する逮捕令状の執行を決めるが、大統領選挙が迫っていることとインディアン側の控訴に応え、執行延期の決定を下す。この間話合いがもたれ、インディアンの要求を認め、占拠に加わった者の罪を問わないという条件で建物は明け渡されたのである。しかし、建物内部の備品の破壊およびインディアンに関する文書が持ち去られたことを理由に政府は話合いを拒否し、またもや「約束」は無視されたのであった。

◆ウーンデッド・ニー占拠

当初の目的は達成されなかったが、インディアン総務局占拠におけるアメリカン・インディアン運動の活躍は絶賛された。そこで同運動は、さらに権利獲得のための蜂起の機会を探ることになった。選ばれた場所はインディアンにとってもっとも屈辱的な場所であるサウスダコタ州ウーンデッド・ニーで、一九七三年二月末、活動家約二〇〇人は一一人の白人住民の人質を盾に取り同地を占拠し、過去の条約の調査などを要求したのである。以後、ヴェトナム戦争で使用した戦車や軍用機さらに重武装の兵士を派遣し包囲を解こうとする政府とインディアン側の交渉が続く。その間、インディアン

（オグララ・スー族）は合衆国からの独立を宣言するなど気勢を上げる。しかし銃撃戦が起こり、二人の死者が出た後、停戦に向けての協議が真剣に行われた。合意された協定はインディアンの要求が聞き入れられることを保証するものではなかったが、五月になり彼らは武器を政府側に渡し、占拠を解除したのである。

しかし、事件はこれで終わったのではなかった。占拠で目立った活躍をしたアメリカン・インディアン運動のメンバーの五〇〇人以上が逮捕され、そのうちの一五人が起訴された。その中の二人（ラッセル・ミーンズとデニス・バンクス）に対する裁判（「二〇世紀のインディアン裁判」）は一九七四年一月から始まり、同年九月まで続くことになる。両者の罪状は一八〇に及び、すべてが有罪の場合、その刑期は禁固八〇年になるものであった。しかし、政府の訴えは却下され、インディアン側の勝利となった。これに不服の合衆国政府やサウスダコタ州は別の容疑で両者を起訴し、いくつかの容疑について有罪の決定が下されることになる。バンクスはその前にカリフォルニアに、後にニューヨークに逃亡する（ミーンズは服役）が、一〇年後の一九八四年九月に自首した。

ウーンデッド・ニー占拠は現実的にインディアンの地位を向上させるという意味では不成功であった。しかしこれ以降、従来以上にインディアン問題が広く取り上げられるようになったという点では大きな意義があったといえよう。

インディアンと合衆国との間にはたくさんの条約が結ばれてきた。しかしその多くは遵守されなかったものであり、合衆国におけるインディアンの歴史はこのような条約の尊重を求める運動の歴史であるといって過言ではない。その一例として、「シックス・ネーションズ（六部族国家）」との条約を見てみたい。

◇条約問題

「シックス・ネーションズ」は、セネカ、モホーク、オネイダ、イロコイ、オノンダガ、カユーガの六部族（ネーション）によって構成され、その保留地はカナダとの国境を流れるセント・ローレンス川沿いにある。この地域への開拓者とインディアンの紛争が頻繁に起こっていたことを背景に、一七九四年、合衆国新政府との間に平和友好条約が結ばれたのであった。その中で「シックス・ネーションズ」は独立国家としての権利が認められていた。

一九七九年五月、この居留地でモホーク族の一人が盗みの疑いで逮捕されたのをきっかけに、この条約が問題となる。「シックス・ネーションズ」側は一七九四年の条約をもとに、逮捕は不当であったとし、逆にニューヨーク州警察を法律違反で訴えた。一九八一年四月、ニューヨーク州フランクリン郡裁判所は「〔同保留地に住むインディアンは〕民族的にほとんどがモホーク族であるが……、祖先を英国、ポーランド、中国、アフリカなどにたどる平均的合衆国市民とその法的身分は何ら異なるところはない」とし、「シックス・ネーションズ」が〝独立国家〟であることを否定する意見を表明する一方、容疑者に対する告訴は証拠不十分として却下したのである。

◇変わるインディアン・イメージ

同様な問題は依然未解決のまま現在まで続いている。また経済的地位向上や差別・偏見の克服のためには政府の積極的援助が望まれることから、将来においても正義の遂行の要求は重ねて行われよう。それはアメリカ社会で共存していくための最低の条件である。他方、アイデンティティまで奪われてしまうことになる白人社会への吸収には抵抗の姿勢が維持されよう。単に先住民としての権利を一方的に要求するのではなく、参加する意志をもった合衆国民としての自覚――このことは、アメリカン・インディアンにとっての永遠の課題として今後も残るであろう。

他方、多数派である白人社会においても、先住民＝インディアンに対する意識の変化が見られている。たとえば、西部劇といえば、インディアンが悪玉として描かれるのが常であったが、インディアンの視点を入れた『ソルジャー・ブルー』（一九七〇年、五〇〇人のシャイアン族とアラパホ族の約三分の一が殺され、犠牲者のほとんどが女性・子ども・老人であった一八六四年のサンド・クリーク虐殺を素材にしたもの）や、『小さな巨人』（一九七〇年、インディアンと白人の世界を行きつ戻りつした人物の話）が、一九六〇年代のレッド・パワーに呼応して作られた。最近では、白人文明に幻滅して自然との調和を求める先住民の生き方を選ぶ主人公の物語、『ダンス・ウィズ・ウルブズ』（一九九〇年）が話題となった。

3　黒人の地位向上の達成と課題

◆白人優越主義の復活

南北戦争が終わって南部白人は連邦政府から課せられた再建計画を無抵抗に受け入れたわけではなかった。彼らは、黒人と彼らを支援する白人勢力の活動を妨害し、しだいに支配力を回復していったのである。黒人が獲得したばかりの法的権利を制限され、政治的影響力を失っていくのに時間はかからなかった。

南部白人が採った方法は二つあった。その一つは黒人法（または黒人取締法）の制定である。それは財産所有の権利や契約を結ぶ権利、法的に結婚する権利などを認めた点において、以前の奴隷取締法と比べて拘束は少なかった。しかし、農業と家内労働以外の仕事に雇用されることを禁止したり、許可なしで農場の敷地を離れることや火器の所持を禁じた点などで、黒人を「二級市民」の地位に落とすこととなる。もう一つはクー・クラックス・クラン（一八六五年、テネシー州プラスキーで創設）のような秘密結社の活動を通じて、圧力をかけることであった。目立つ黒人に対して家屋焼討ちなどで脅しをかけ、それが効を奏さない場合は、鞭打ちやリンチなどの体罰を加えたのである。

◆ジム・クロウ法（人種隔離制度）の成立

黒人の投票権を剝奪するために、人頭（登録）税、識字テスト、祖父条項（一八六七年の時点で祖父が投票していたとする条件）、所得制限などさまざまな方法が講じられた。その結果、南部ではほとんどの黒人は投票権を失うこととなった。他方、社会生活の面でも、後退を余儀なくされた。公共施設（学校、交通機関、劇場、レストラン、ホテルなど）での人種分離が定められ（ジム・クロウ法の制定）、また人種間の結婚が法律で禁止された。

一八九六年のプレッシー対ファーグソン訴訟に関する連邦最高裁判所の判決は、このような人種隔離制度を司法の観点から承認するものであった。プレッシーは八分の一黒人の混血で、白人専用の客車に乗って逮捕される。一連の訴訟の後、連邦最高裁判所は、白人と黒人のために別々の客車を設けることを定めたルイジアナ州法を合憲と判断した。ここに「分離すれども平等」（separate but equal）の原則が確立し、以後半世紀以上にわたって黒人の生活を規制することとなった。

◆リンチ

リンチは、権限のない個人や団体ことに群衆が、正当な法的手続を無視して制裁を科すことである。アメリカ南部においては一九世紀末から二〇世紀初めにかけての時期に、ジム・クロウ法の成立に呼応して、黒人に対するリンチが急増したのであった。一八八九年から一九一八年の間に合計約二四〇〇人、多い年では一〇〇人前後の黒人が犠牲となったとされる。急進的な政治活動を行った黒人が標的となることもあったが、多くの場合、経済的に成功した黒人や、単に白人に横柄な態度を取ったとされる黒人が標的となった。

リンチの実行者（白人）の言い分は、リンチの対象者（黒人）は白人女性を強姦したので、当然の報いを受けなければならないというものであった。そのような弁明は多くの場合、事実に基づいたものではなくきわめて公正さを欠いたものだったことに疑問の余地はない。しかし奴隷制廃止後のアメリカ南部において、白人の黒人に対する優越性、いいかえれば両者の関係はまったく不平等であることを示すためには十分な理由とされた。このような暴力的な慣習に対しては、一八九〇年代に初めてアイダ・B・ウェルズがテネシー州メンフィスで孤独な活動を始めるまで、本格的な抗議運動は存在しなかった。報復を怖れていたことと、白人が支配する司法制度の下では黒人の声が正しく取り上げられなかったことが、抗議運動の開始を遅らせたのである。リンチがいかに黒人の生活を脅かしていたかを、このことは如実に示すものである。

◆世紀転換期の黒人運動――ワシントンとデュボイス

奴隷制時代と比べるならば、家族の結合、学校教育、教会や任意団体を中心としたコミュニティ活動は盛んになり、黒人の生活ははるかに進展したといえる。他方、人種隔離制度が確立し、黒人は政治参加などの面でさまざまな制約を課せられたのでもあった。このような状況を指して、〝最低点〟(nadir) と呼ばれることがある。しかしこの時期にブッカー・T・ワシントンとW・E・B・デュボイスが現れ、具体的な戦術は異なったが、共に黒人の真の解放を求める運動を率いたことは高く評価される。

混血の奴隷として南部ヴァージニア州に生まれ、極貧の生活を経験したワシントンは、自助・人種の団結を説き、さらに経済的成功によって黒人が向上すれば、白人の敬意を獲得し、差別も解消されるとする「適応主義」の立場を取った。職業教育が黒人にとっては必要であると考え、その実現のためには白人からの援助が不可欠であるとした。アトランタ綿花国際博覧会（一八九五年）での演説は、彼のこのような思想を象徴したものである。

北部マサチューセッツの自由黒人の家系に生まれ、ハーヴァード大学から黒人で初めての博士号を取得し、アトランタ大学で教えていたデュボイスは、ワシントンの「適応主義」には批判的で、政治的権利の獲得なくしては黒人の向上はありえないと見なしていた。また、大衆を指導する黒人エリート（とくに高等教育を受けた者。デュボイスは彼らを「才能ある一〇分の一」と呼んだ）の役割を強調し、そのために黒人にも高等教育は必要であると説いた。なお、デュボイスは『黒人の魂』（一九〇三年）を著し、黒人は「アメリカ人であることと黒人であることの二重性」（double consciousness）を常に感じており、アメリカ黒人の歴史はそれを「真実の自己に統一しようとする熱望の歴史である」と述べた。

一九〇九年、デュボイスらの急進的黒人が白人の支持を得て、全国黒人地位向上協会（NAACP: National Association for the Advancement of Colored People）を設立した。以後、同協会は調査活動や法廷闘争を通じて、人種問題の解決に大きな役割を果たすことになるが、デュボイスはその機関誌『クライシス』の編集を担当した。そして翌一九一〇年、おもに都市の黒人の生活や労働状態の改善（職業訓練、雇用促進など）を目的として、全国都市同盟（NUL, National Urban League）が設立された。その機関誌『オポチュニティ』は、黒人に関する見解や情報を扱った。

◇大移住

世紀転換期はまた多数の黒人が南部から北部に移住した時期であった。南部における綿花の不作と北部における労働力の需要（第一次世界大戦による景気の上昇および移民の減少）が、プッシュ要因・プル要因として作用した結果である。一九一〇年には、黒人人口の一〇％が北部に居住していた（南部は八九％、西部は〇・五％）が、一九三〇年までに、北部の黒人人口は一四〇％（一〇三万人から二四一万人）増え、全黒人人口に占める割合も二〇％に増加したのであった（南部は七九％、西部は一％）。彼らの多くが北部や西部の都市に行き工場で働くようになった結果、黒人＝南部農村の小作人という図式は大きく変わることになった。

移住した者にとって、生活は楽ではなかった。明確な〝ジム・クロウ〟（「白人専用」「黒人専用」という表示）を見ることはなかったが、目に見えない〝カラーライン〟（人種を分離する線）は存在した。仕事の見通しも、とくに戦争終結後は明るくはなかった。さらに、劣悪な居住条件、犯罪の横行、頻繁に起こる警察による暴力に直面して、彼らは北部も決して期待していたような約束の地ではないことに気づいたのである。

◆第一次世界大戦と戦後の幻滅

第一次世界大戦がヨーロッパで始まり、合衆国は一九一七年四月に参戦する。「世界を民主主義にとって安全にするため」の戦争は、自分たちの地位向上ももたらすと期待していた黒人の間では、それを支持する意見が大勢を占めた。その結果、約三七万人の黒人が従軍する。彼らは人種分離された部隊に所属し、白人の指揮官のもと、その多くは輸送などの非戦闘任務に就くだけで、戦闘に加わることはなかった。しかし黒人士官養成の訓練所が設立され、また独立して戦うことはなかったが（フランス軍に編入）、武勇を証明することができた。

彼らは、人種関係の点から見て本国がよくなると期待して帰還した。しかし現実は、彼らの期待を裏切るものであった。戦後のアメリカ社会には保守的な風潮が広まっていた。たとえば、クー・クラックス・クランの復活（一九一五年アトランタで結成）にそれは現れ、彼らの手によって黒人帰還兵がリンチされるケースもあった。

さらに、戦争が終わった翌一九一九年夏（「鮮血の夏」）には、多くの都市で人種暴動が発生した。とくに、シカゴでのそれは規模が大きいものであった。白人の遊泳ゾーンに誤って入り込んだ黒人少年が白人による投石で死亡したことがきっかけとなり、その後約一週間無法状態が続いた。黒人二三人、白人一五人が死亡した。この事件は、増加する黒人の流入を脅威と感じていた北部白人の不寛容を示すとともに、長い間黙従してきた黒人が自衛のために戦う姿勢を取り始めたことを物語るものである。

◇ガーヴェイ運動

一九一〇年代半ばからの約一〇年間、多くの支持者を得て広がったガーヴェイ運動は、このような黒人の幻滅や不満を代弁したものであった。この運動はジャマイカに生まれ（一八八七年）、ブッカー・T・ワシントンの自伝『奴隷より立ち上がりて』を読んで感銘を受け渡米したマーカス・ガーヴェイによって始められた。彼はニューヨークのハーレムを拠点にし、国際黒人地位改善協会（Universal Negro Improvement Association）を中心に活動する。法廷闘争を中心に活動していた全国黒人地位向上協会や、穏健な方法（人種間の協力と善意）を通しての援助をめざした全国都市同盟の支持者たちが概して中産階級的であったことに比べて、ガーヴェイのつくった組織は草の根的広がりを見せ、ピーク時（一九二一年頃）には会員数が百万を超えていたと推定される。彼に大衆の気持ちを汲むすぐれた才能があったからである。

黒人がアフリカに帰り、黒人独立国家を作るということも、ガーヴェイの構想にはあった。彼は自ら「アフリカ暫定臨時大統領」となり、小規模の軍隊「アフリカ部隊」を組織した。ガーヴェイは一度もアフリカに行ったことがなかったし、一人も彼の運動によって帰還したという記録はない。しかし、黒人であることに誇りをもち、また経済的自立を説く彼のアフリカ・ナショナリズム（民族主義）の呼びかけは、多くの黒人にとって励ましとなった。なおガーヴェイは、募金にからむ詐欺罪で有罪となり投獄されるが、特赦を受けた後国外追放され、一九四〇年ロンドンで没した。

◇「ハーレム」・ルネッサンス

同じ頃、ニューヨークではハーレムを中心に、黒人による他の活動、とくに、音楽や文学などの芸術活動も活発に行われていた。黒人としての意識が創造的に表現される場として、ハーレムはまさに最適であった。そこに、ガーヴェイのように西インド諸島からの急進的な活動家が多数いたことや、仕事を求めて多くの黒人が南部から移ってきていたことが、大きな刺激となったことを見過ごしてはならない。そこで開花したさまざまな芸術活動は、総じて〝ニグロ〟または〝ハーレム〟ルネッサンスと呼ばれている。

黒人にとっての共通の体験が、ルネッサンスの素材となった。一方で、人種差別に対する不満と抗議が明確に表明され、他方で、黒人であることの誇り・意味が追求されたのであった。クロード・マッケー、ラングストン・ヒューズ、カウンティ・カレンなどが詩の分野で、ジーン・トゥーマーなどが小説の分野ですぐれた作品を残している。とくに、ヒューズ（彼はミズーリ州出身であった）が一九二六年に出した詩集『物憂げなブルース』は有名である。トゥーマーの『さとうきび』（一九二三年）は、ハーレム・ルネッサンスの中の最高の作品であると評価されている。

さらに、ハーレム・ルネッサンスはニューヨークの一地域に限られたものではなく、その範囲はアメリカ各地に広がっていった。そして黒人による自己表現は、文学にとどまることはなく、演劇、音楽（とくにミュージカル）、ダンスなどの分野にも及んだのであった。カーター・G・ウッドソンが中心となって、一九一五年に「黒人の生活と歴史研究協会」を設立し、翌年『ジャーナル・オブ・ニグロ・ヒストリー』誌を創刊したことも、広い意味でハーレム・ルネッサンスの成果であると見ることができよう。さらに、ハーレムでの黒人主催の社交パーティに著名な白人の姿が見られるのも珍しくはなかったとされる。人種の違いを超えた集まりがあったわけである。このようなことを合わせ見るならば、エッセイ集『新しい黒人』（一九二五年）の編者であったアラン・ロックの「今日、黒人はアメリカ合衆国の国民文化への貢献者として一般に認められている」という言葉は、ハーレム・ルネッサンスの意義を正確に伝えたものだった。

◇ニューディール

一九二〇年代の繁栄の終わりを告げた大恐慌と不況は、黒人にとくに大きな打撃を与えた。「最後に雇われ、最初に解雇される」という言葉は、まさに彼らの置かれていた状況を指し示すものであった。弱小の黒人企業は軒並み倒産の憂き目にあった。そして農産物価格の暴落は、黒人小作人をさらに苦境におとしいれた。

フランクリン・D・ローズヴェルト大統領のリーダーシップの下に取られた「救済、復興、改革」のための一連の政策＝ニューディールは、直接黒人を対象としたものではなかった。しかしニューデイールには、「いちばん後で雇われるが、いちばん先に解雇される」といわれていた黒人の救済となるような重要な措置が含まれていた。伝統的に共和党支持であった黒人が民主党にその支持政党を変えた一因はその点にあった。

大統領が優秀な黒人を政府の要職に任命もしくはアドバイザーとして登用したことも、彼に対する黒人の支持を高めた。またローズヴェルト夫人（エレノア）が、一九三九年に、黒人女性歌手マリアン・アンダーソンが愛国主義的な「アメリカ革命の娘たち協会」から首都ワシントンの憲法ホールを使っての演奏を断られたとき、それに抗議して同協会を辞めたことも、黒人の間での彼の人気に望ましい影響を与える結果となった。一九三六年および一九四〇年の大統領選挙で、黒人の七〇%から八〇%が彼に投票したのである。

◇第二次世界大戦

ヨーロッパで第二次世界大戦が勃発したとき、大方の黒人は第一次世界大戦の苦い経験から、傍観の態度を取った。しかし、現状打破の要因として戦争が作用するというほのかな期待をもつ者もあった。

この期待は、合衆国が現実に参戦する以前の一九四一年六月に一部満たされることになる。寝台車給仕人組合委員長、A・フィリップ・ランドルフらは、政府と防衛事業契約を結んでいた会社の九〇%（一九四〇年秋現在）は黒人をまったく雇っていなかったか、雇っていたとしても不熟練か低級の仕事にしか就かせていなかった実情に抗議し、直接行動（一〇万人によるワシントン行進計画）を呼びかけていた。大統領はその要求を受け入れ、政府機関および国防産業での人種差別を禁止し、監視機関の設置を定める行政命令（八八〇二号）を発布する。ランドルフらはこれに応え、行進の中止を決定した。

軍隊での状況は、当初先の大戦のときとほとんど変わらないものであった。部隊は人種により分離されていた。しかし戦争が進むにつれ、戦場における黒人の地位は変化していった。海軍は他の部門より先んじていて、一九四二年以降は「炊事係」以外の任務にも黒人を募集することを決めた。戦争の終わりまでに、黒人水兵の数は炊事係のそれより多くなった（それぞれ五万八〇〇〇人と五万七〇〇〇人）。陸軍は試験的に白人連隊の中に黒人の小隊を編入し、望ましい結果を得た。しかし本格的な混成部隊は編成されず、陸軍での人種分離は完全には廃止されなかった。空軍においても黒人パイロットのみからなる戦闘機隊が作られ、活躍した。

国内においては、人種関係は引き続き緊張した状況にあった。基地のある場所（とくに南部）で、黒人兵たちが差別的待遇を受けることは頻繁に起こった。ハーレム、ロサンゼルス、デトロイトなどで人種暴動が起こった。その中で一九四三年六月にデトロイトで起こった暴動では、二五人の黒人と九人の白人が死亡し、二〇〇万ドルを超える財産が破壊された。このような中、スウェーデンの社会学者グンナー・ミュルダールが一九四四年に『アメリカのディレンマ』を著し、自由・平等・公正さなどの「アメリカ的信条」と現実が乖離していることが黒人問題の本質であると指摘し、注目された。

◇徐々に開かれる扉

アメリカにとって第二次世界大戦終了後の課題の一つは、引き続き黒人の待遇改善に努めることであった。とくに全国黒人地位向上協会などの黒人団体がその達成に向けて強力に動き始め、連邦政府では行政部門（大統領）と司法部門（最高裁判所）において、人種関係改善の重要性が認識されるようになった。

連邦および州レベルでの公正な雇用に関する立法を行うことが、大統領直属の公民権委員会（一九四六年設置）によってなされる一方、軍隊での人種差別を撤廃する行政命令九九八一号が発布された。

他方、連邦最高裁判所は、州際輸送機関の黒人乗客は人種分離を定めている州の法律の適用を受けることはないとした判決（一九四六年）や、特定の人種に属する個人の不動産所有もしくは占有を禁止する私的契約の実施は強制されることはないという判決（一九四八年）を通し、〝ジム・クロウ〟（人種隔離制度）の見直しを求めたのであった。

さらに連邦最高裁判所は、一九三八年から一九五〇年にかけて、高等教育（大学院、ロースクール）の分野で白人大学への黒人の入学を認めるか、それと同等の黒人大学を設置するかの選択を迫る判決を出したのである。しかしこれらはいずれも一八九六年のプレッシー判決で示された「分離すれども平等」の原則に従ったものであり、公教育における人種分離自体について判断を示したものではなかった。また影響力の点から見ても、限られたものであった。この両者を踏まえたものが、次に見るブラウン判決である。

◆ブラウン判決

一九五四年五月、子どもが近くにある白人用学校に入れなかった親（ブラウン）からカンザス州トペカ市の教育委員会に対して起こされていた訴訟について、連邦最高裁判所は三人の南部出身者を含む九人全員一致で、公立学校における人種分離は連邦憲法修正第一四条に保障されている、平等に法の保護を受ける権利を黒人から奪うので憲法違反であるとする判断を示した。これは一八九六年のプレッシー判決を逆転させたもので、人種関係の改善に革命的な一歩を記すものであった。

教育における「分離すれども平等」の原則を取り上げたのは全国黒人地位向上協会の法廷闘争の一環で、とくにサウスカロライナ州クラレンドン郡の公立学校での人種による格差を訴えた。人種分離の黒人児童への心理的ダメージを人形を用いて測った調査が証拠として提出され、注目された。この訴訟はヴァージニア州、ニューヨーク州、デラウェア州で起こされていた他の同様の訴訟とともに、連邦最高裁判所の審議でブラウンのそれに併合されたのであった。

ブラウン判決では、いかに人種共学を達成するかの具体的な方法は示されなかった。それに対する反応も最初はさまざまであった。しかし、南部全体を通じてそれへの抗議が結集するのに時間はかからなかった。もっとも強硬であったのは白人市民会議で、白人至上主義者によって指揮された。また一九五六年三月には、一〇〇人の連邦議員が「南部宣言」を発表し、「あらゆる手段を用いての抵抗」を呼びかけた。その結果、公立学校を閉鎖したり、人種分離された私立学校を州が援助するなどの手段が取られた。人種共学が避けられないと判断されたときでも、段階的統合計画（一つの学校区が完全に統合されるまでに一二年かかる）や、生徒配置計画（黒人学校に配置された生徒は白人学校への転校の申請を認められたが、しばしば厳しい受入れ条件を課せられた）などによって、その実現は遅延された。一九五七年、リトルロック市（アーカンソー州）のセントラル高校に九人の黒人生徒が登校しようとして白人市民の妨害を受けたとき、彼らを護るために連邦軍が派遣された。この九人を含め、この年までに約三二万人の黒人生徒が統合された学校に通うようになったが、なお二四〇万人は分離教育を受けたままだった。

◇モントゴメリー・バス・ボイコット

社会生活に影響を及ぼすという点で、交通機関における人種隔離撤廃は黒人にとって、人種別学の廃止とならんで重要な課題であった。そのための本格的な運動は、一九五五年一二月、アラバマ州モントゴメリー市で始められた。前述の白人市民会議による妨害などがあった中で、忍耐強く一年以上続けられたバス・ボイコットがそれである。それまでは、バスの前方が白人席、後方が黒人席で、白人席が満席の場合、黒人は白人に席を譲らなければならなかったのであり、黒人は運転手に乗車賃を払ってから後方の入口から乗車しなければならなかった。

このボイコットについては、ローザ・パークスという一介の縫製工が白人に席を譲らなかったために逮捕されたことに発し、マーチン・ルーサー・キング・ジュニア牧師の指導の下、見事に持続し、初期の目的を達成した。それは偶発的ではなく、前もって周到に準備されたものであった。第一に、パークスは全国黒人地位向上協会の活動家であった。第二に、モントゴメリーにおいては黒人がバス利用者の四分の三以上を占め、黒人が乗車を拒否すればバス会社は莫大な損失を被ることは必至であった。第三に、同市の黒人活動家はブラウン判決によって人種問題に対する世論の変化を察知し、バスでの人種隔離に挑戦するテストケースを探していた。そして第四に、運動を推進するのに格好な指導者として、同市の教会に着任したばかりのキングがいたのである。

一九五六年六月、連邦地方裁判所が人種分離を違憲と判断、その後州当局の控訴を受け、同年一一月、連邦最高裁判所がその判決を追認、さらに、市当局に対して分離撤廃の執行命令が出される。その後しばらく白人側からの抵抗は続いたが、しだいに沈静化し、黒人は対等な乗車の権利を得たのである。

◆シットインと自由乗車運動

モントゴメリー・バス・ボイコットの成功は、伝統的に直接行動を重視してきた友和会（Fellowship of Reconciliation）や人種平等会議（Congress of Racial Equality）などの非暴力主義の団体に、公民権運動に関わる契機を与えることになった。

彼らの戦術の有効性は、まずノースカロライナ州グリーンズボロ市における座り込み《シットイン》において試された。一九六〇年二月、同市のウールワース店で飲食のサービスを拒否されたノースカロライナ農工大学の四人の学生がランチカウンターに座り続けることにより、それは始まった。人種平等会議と南部キリスト教指導者会議（Southern Christian Leadership Council）は座り込みの拡大を呼びかけた。北部では、学生が南部で人種分離政策を取るチェーン店に対してデモや不買運動を起こすこととなった。その結果同年暮れまでに、南部の多くの場所でランチカウンター、レストラン、ホテルなどで〝白人のみ〟のサインは消えた。この運動の中から、方向性を確かめ、総括するリーダーシップを樹立する目的で、学生非暴力調整委員会（Student Nonviolent Coordinating Committee）が結成された。

州際交通機関およびその待合室における人種隔離を憲法違反であると判断した一九六〇年一二月の連邦最高裁判所の判決（ボイトン対ヴァージニア訴訟）の後、人種平等会議のジェームズ・ファーマーが中心となって、白人と黒人からなる代表団を長距離バスに派遣し、その判決を試す方針を定めた。一九六一年五月に計三回、ワシントン―ニューオーリンズ（ルイジアナ州）、ナッシュヴィル（テネシー州）―バーミンガム（アラバマ州）、バーミンガム―ジャクソン（ミシシッピ州）の区間の乗車が実行される。しかし暴徒による襲撃、バス会社による乗車拒否、乗客の保護についての連邦政府の消極的態度などから、計画は中断を余儀なくされた。この計画に対しては、あまりに過激であるという批判があり、また犠牲も大きく、その効果が疑問視された。しかし同年九月、州際通商委員会が人種にかかわらず座席を与えられるべきであり、車両は人種隔離されたターミナルを使用できないなどの決定を示し、最高裁判決の執行が促されたことに、その成果は表れた。

◆ワシントン行進

モントゴメリー・バス・ボイコットの後、キングは公民権運動の象徴的指導者となる。彼は宗教面だけでなく、政治および経済の面でも黒人教会が中心的役割を果たせることを熟知していた。人々の心を引きつけ動かすカリスマ性を彼は有していた。彼の説教は、普通の黒人にも、黒人中産階級にも、そして白人リベラルにも訴える力を備えていた。人間や社会を救済する愛（アガペ）を信じ、ガンジーにならって、社会的正義を達成するためには非暴力直接行動が有効であることに固い信念を有していたキングは、一九五七年、バプテスト派の黒人牧師が中心となって設立された南部キリスト教指導者会議の会長に就任したのである。

キングは一九六三年八月二八日の「ワシントン行進」に際し、「私には夢がある」という演説を行い、聞く人に大きな感銘を与えた。キングの語った夢の一つは、合衆国民の誰もがその「肌の色」（the color of their skin）ではなく、その「性格の内容」（the content of their character）でもって測られるというものであった。「自由と雇用を求め」たこの行進は、一九四一年の行進（計画）のときと同じA・フィリップ・ランドルフらが発起人となったもので、二〇万人以上の国民（教多くの白人の姿が見られた）がワシントン記念塔からリンカーン記念館までの一マイル近い道を行進した。ケネディ政権は当初中止させようとしたが失敗し、最終的には支持を表明した。主要な公民権運動団体のすべてを結集させた行進は、ほかの国民には当然とされる諸権利を獲得するのに何世代も待っていた黒人は、もはや待てない、「今すぐに」という訴え《メッセージ》を全国に向けて平和裏に発信したのであった。

キング牧師の墓（アトランタ市）　「ついに自由になったのだ。ついに自由になったのだ。神に感謝する。私はついに自由になったのだ」という，キングがワシントン行進の演説の最後で引用した古い黒人霊歌の一節が刻まれている。

◇マルコムXと「ネーション・オブ・イスラム」

一九六五年二月、ニューヨーク市ハーレムのオーデュボン劇場で講演中のマルコムXが銃撃され死亡するという事件が起こった。警察は彼と対抗する勢力による暗殺と見なして容疑者（複数）を逮捕したが、真相は今もって明らかではない。

マルコムXは一九五二年以来、「ネーション・オブ・イスラム」（黒い回教徒団）の熱心な信者で、その活動は全国的に注目されていた。この団体はファード・ムハマッドによって一九三〇年代の初めに創設されたもので、アラーを唯一の神と信じ、白人を悪魔と見るなど思想は過激であったが、必ずしも行動的ではなく、経済的自立（ベーカリーやレストランの経営など）、「ユニヴァーシティ・オブ・イスラム」を通しての教育の普及、肉類・酒類の飲食の禁止を説いた。ファードの後を継いだイライジャ・ムハマッドの指導の下で支持者を増やしていった。会員数については正確な数字はないが、一九六〇年頃にはモスク（寺院）は二五州以上に設置され、その数は六〇を超えていたこと、会員は少なくとも一〇万人を超えていたことが推測される。

マルコムXは一九二五年にネブラスカ州オマハに生まれた。父アールは、マーカス・ガーヴェイの思想に強く共鳴していたバプテスト派の牧師であったが、彼が六歳のときミシガン州イーストランシングで、白人優越主義団体による謀殺と思われるやり方で市街電車に轢かれて死亡した。その後マルコムは貧困と人種差別の中で非行に走り、二一歳のとき懲役一〇年の判決を受けて服役するが、刑務所の中でイライジャ・ムハマッドの教えを知りイスラム教に改宗し、仮出獄後の一九五二年から布教・勧誘に努める。イライジャ・ムハマッドに会った後、リトルという名を捨て、本来もっていたはずのアフリカの名を象徴するXを取り、マルコムXと名乗るようになった。しかし一九六四年三月に「ネーション・オブ・イスラム」を脱退し、ムスリム・モスク社を設立、またこの頃メッカ巡礼を果たし、新たな出発すなわち国際的連帯とそれまで批判していた公民権運動との協力の道を模索し始めた矢先に暗殺されたのである。

人を惹きつけるパーソナリティと雄弁をもって活動したマルコムXについては、黒人の怒りのシンボルであったという評価がある。アレックス・ヘイリーの協力を得て完成された彼の『自伝』にはそのような評価を裏付ける箇所が多い。また、彼が黒人のアメリカ社会内における「分離独立」を希求していたことをほのめかす言葉を頻繁に語っていた（ブラック・ナショナリズム〔黒人民族主義〕の唱導）ことから、自由と統合への信念に支えられていたキング牧師と比較されることが多い。しかし、今日では両者の思想・行動には共通したものもあったことが認められ（たとえば、共に自尊心を確立し、白人側にも同様な倫理的向上を要求したことなど）、両方の遺産を受け継ぐのが望ましいとする見方が顕著になりつつある。

なお一九七五年のイライジャ・ムハマッドの死後、「ネーション・オブ・イスラム」は後継者ウォーリス・D・ムハマッドにより大幅に組織が変更され支持者を失ったが、一九七八年以降ルイス・ファラカンによって再建されている。

◇法的平等の達成――公民権法と投票権法の制定

一九六四年七月に新しい公民権法が、また翌一九六五年八月には投票権法がジョンソン大統領の署名を得て制定される。前者はとくにその第七編において、「人種、肌の色、宗教、性別あるいは出身国を理由に」した、雇用・職業斡旋などにおける差別を禁止した。また同法によって、すべての連邦の省や機関は公民権に関する法律や諸規則を監視する任務を課せられ、雇用機会均等委員会が設置された。

後者は、投票権のみを扱った公民権法である。選挙を監視する連邦審査官が置かれ、ほかの点で資格がある場合は読み書きができない者も選挙登録ができると定め（識字テストの廃止）、さらに、州や地方自治体の公職選挙で課せられる人頭税の合法性に異議を申し立てるよう司法長官に指示したのであった。前年、ミシシッピ州において展開された「選挙登録運動」、および、ノーベル平和賞を授与されたばかりのキングが支援したアラバマ州セルマーモントゴメリー間の行進（ともにボランティアの白人学生を含む数人の犠牲者が出ていた）に示された苦闘は、ここに結実した。そして、投票権法通過後二年の間に、黒人の選挙登録はミシシッピ州で六・七％から五九・八％に、アラバマ州で一九・三％から五一・六％に増加し、この間に以前の倍以上にあたる二〇〇人以上の黒人の公職者が生まれたのである。

◆ブラック・パワー

ジョンソン政権の下、法的整備とならんで、とくに黒人の地位向上をめざした「貧困撲滅のための戦い」が計画された。またよりよい機会を求めての南部から北部の都市への黒人の移住は続いた。しかし、技術革新と職業における差別の現実は、黒人を取りまく貧困のパターンに大きな変化をもたらすことはなかった。さらに、劣悪な学校教育・居住状況が改善されなかったことも加わって、高まった期待とはうらはらに、多くの黒人の間に不満と焦燥感が広まっていったのであった。それは一九六〇年代の中頃に、二つの劇的な展開として現れることになる。ブラック・パワーの台頭と「長い暑い夏」＝毎年夏になると勃発した都市暴動である。

一九六六年六月、ジェームズ・メレディス（一九六二年九月にミシシッピ大学に入学を認められた最初の黒人学生）は、公民権闘争の一環として、テネシー州メンフィスからミシシッピ州の州都ジャクソンまで一人だけの行進を開始した。しかし二日目に銃で撃たれ、行進を続けることができなくなった。急ぎメンフィスに参集したキングら公民権団体の指導者たちは、メレディスに代わって行進を続行することを決めたのであった。

行進がミシシッピ州グリーンウッドに到着した夜、集会が開かれた。そこで当時学生非暴力調整委員会の委員長であったストークリー・カーマイケルが演壇に上がり、「われわれが必要としているのはブラック・パワーである」と宣言したのである。カーマイケル自身がそのときにもまた後にも明確な定義を示さなかったことから、「ブラック・パワー」は使う人によりさまざまに解釈され（自助努力の呼びかけ、白人との共闘の否定など）、混乱が生じたことは事実である。とくに、黒豹党《ブラック・パンサー》（一九六六年、カリフォルニア州オークランドで結成、カーマイケルはその首相に就く）のような過激な組織が現れたとき、「ブラック・パワー」は暴力を肯定するものとして批判された。

「ブラック・パワー」は黒人の意識の高まりを象徴するスローガンとして広まった。「ブラック・イズ・ビューティフル（黒いことは美しい）」という言葉はその一つの帰結として出てきたものであった。先住民（インディアン）が始めた「レッド・パワー」運動は、黒人たちの運動＝意識の目覚めに刺激されたものであった。そして「ブラック・パワー」に象徴された黒人の意識の高まりは、地位向上を求めていた他のマイノリティ・グループ（人種的民族的少数派集団）に大きな影響を与えたのであった。たとえば先住民（インディアン）が黒人たちに刺激されて「レッド・パワー」を、ヒスパニック系が

「ブラウン・パワー」を展開した。

◇長い暑い夏

小規模な人種暴動は一九六五年以前にも起こっていたが、一九四三年のデトロイト暴動以来最悪のものが、一九六五年八月一一日、スピード違反で若い黒人が捕まったことに端を発してロサンゼルスのワッツ地区で起こったのである。ジョンソン大統領が一九六五年の公民権法（投票権法）に署名してからわずか五日後のことであった。略奪と放火が続き、州兵が投入された後にようやく沈静化されたのであったが、それまでに三四人が死亡、約三五〇〇万ドルの損害が生じ、約四〇〇〇人が逮捕された。

一九六六年の夏には、シカゴとクリーブランドなどで暴動が起こる。そして一九六七年には六月にタンパ（フロリダ州）、シンシナティ、アトランタなどで暴動が起こった後、七月に入って情勢は悪化し、ニューワーク（ニュージャージー州）とデトロイトでの大暴動に発展したのである。ジョンソン大統領は、同月「国内騒擾に関する国家諮問委員会」を設置し、暴動についての調査にあたらせた。同委員会は翌年三月、委員長であったカーナー・イリノイ州知事の名によって知られることになる報告を公表した。

カーナー報告の基本的な結論（序文）は、第一に「わが国が一方は黒人、他方は白人という分離した不平等な二つの社会に向かって進んでいる」というものであった。「分離した不平等」というのは、一八九六年のプレッシー判決が容認した「分離すれども平等」より劣悪な状態である。第二に同報告は、「白人社会はゲットー〔暴力と破壊の源〕に根深く連座しており……〔それを〕黙認している」と明確に述べる。このこととの関連で、とくに第二次世界大戦後のアメリカの都市において「爆発性混合物」が存在したが、その主たる原因は「白人の人種主義」であったと断言する。第三に、「黒人たちの間では、警察による野蛮的行為が現にあり、法の正義と保護にも、黒人向けと白人向けの二重基準があると信じられている」と同報告は述べているが、このことは、四半世紀後のロサンゼルス暴動（一九九二年、後述）のときまでに状況が大きく変わっていなかったことを示すことになる。

カーナー報告は「何が起きたか」および「なぜ起きたか」について分析している。それによれば、暴動に加わった者の大半は一〇代後半から三〇代前半の黒人男子であり、北部育ちの者、当該地域での居住年数が比較的長い者が多かったことが示され、そして、暴動の背後には組織的な陰謀の存在は認められなかったとされる。さらに、カーナー委員会が「再び起きないためには何をなしうるか」について検討し、雇用・教育・福祉・住宅の面で黒人を取り巻く状況を改善するための勧告を行ったことも注目される。

委員会報告の公表から一月後、キング牧師が暗殺され、一九六七年夏を上回る規模の暴動が全国で起こった。しかしその年は夏が到来しても、暴動は起こらなかった。

◇バス通学

一九六四年の公民権法は、人種別学撤廃のための訴訟を提起する権限を司法長官に与えた。また、人種別学を継続する教育委員会に対する連邦政府の財政援助を打ち切ることを定め、公教育機関における人種・肌の色・宗教・出身国（地域）を理由とした個人に対する教育機会の阻害状況に関する調査の実施を命じたのである。この調査は一九六五年秋に行われ、一九六六年七月に提出された。それは調査団長（ジェームズ・S・コールマン）の名を取って、コールマン報告と呼ばれてきた。同報告の中の「さほど教育的支えのない家庭出身の少数集団児童が強力な教育的背景をもった家庭出身の学友の中へ配置された場合、彼の学力は向上する傾向にある」という文言が、人種別学撤廃を目的とした生徒移動計画いわゆるバス通学の根拠になった。

それとともに、一九六八年から一九七三年の一連の判決において示された、人種別学撤廃を達成するのは教育委員会に課せられた積極的義務であるという連邦最高裁の判断があったことも忘れてはならない。具体的に、「今実際に効力を発揮する見込みのある計画を進めること」を連邦最高裁は命じたのであった。その結果、学区域を越えてのバスによる生徒の移動が実現し、人種共学は飛躍的に進んだのである。

しかし、このような政策に対する反対も早くから見られた。とくにニクソン政権はこのような措置に時間的制限を設けるなどして、「一九七二年の教育改正法」を成立させたが、実効力はほとんど皆無であった。また、連邦憲法修正（「いかなる公立学校生徒も、人種・信条・肌の色を理由に特定の学校へ通学することを要請・割り当てられてはならない」）を働きかける動きもあるが成功していない。このような中、コールマンが一九七五年以降、白人中産階層の郊外への移住や人種間の緊張が生まれたことを理由にバス通学に懐疑的な立場を取るにいたったことが注目される。

◇「ルーツ」現象

奴隷としてアメリカに連れてこられる過程で、黒人の過去の歴史は失われたといわれてきたが、父方の祖先の出自を描いたアレックス・ヘイリーの『ルーツ——あるアメリカ家族の歴史物語』（一九七六年）が著され、黒人の間にアフリカの祖先が残した遺産に対する新しい認識や誇りを培うのに大きな影響を与えた。とくに、アフリカに設定された冒頭の書き出しによって、文化の創造者としてのアフリカのもつ意味が示唆されたのである。

この作品が合衆国建国二〇〇年にあたる年に刊行されたことは象徴的である。テレビの連続番組として放映され、あらゆる視聴率を塗り替えたことからそういうのではない。アフリカ生まれの祖先（クンタ・キンテ）の物語であるとともに、アメリカにおけるキンテの子孫の物語だからである。彼らがいかに苛酷な逆境に対処し生き延びたか、いかに自己の尊厳を守ったかが述べられ、固く結ばれた結婚、年配者の尊重、強い家族の絆と使命感のテーマが一貫して流れている。他の多くのアメリカ合衆国民が自分の家族の系譜を探ることに関心を抱くようになったのは、人種と肌の色の違いを超えて共通のアイデンティティを伝えたこの作品の影響である（なおヘイリーの死後、彼の母方の祖先〔アフリカのみならずアイルランド出身者も含まれていた」を扱った『クイーン』(一九九三年)が刊行されている)。

◇政治参加

一九六五年の投票権法制定以後の黒人の政治参加の度合いは目ざましい。あらゆる統計は、公職に選ばれる黒人の数が増えていることを示している。一九九三年一月現在でその数は八〇〇〇人を超え、一九七〇年から五・六倍に増えている。

一九六六年、インディアナ州ゲアリーで北部の主要都市で最初に黒人市長が選ばれた。その後、一九六七年のクリーブランドを皮切りに、全国の主要な都市で続々と黒人市長が誕生したことは記憶に新しい――ニューアーク(ニュージャージー州)、リッチモンド(ヴァージニア州)、アトランタ、デトロイト、ボルチモア、フィラデルフィア、シカゴ、ロサンゼルスなど。そして一九八九年には、ニューヨークにおいて初めての黒人市長が選出された。しかし、その後ロサンゼルスとニューヨークでは黒人の後継者はなく、またボストン、ダラス、ヒューストンでは今もって黒人市長は選出されていない。しかしミネアポリス、シアトル、デンヴァー、セントルイスのように、黒人が多数でない都市でも黒人市長が誕生している。他方、一九八九年にダグラス・ワイルダーが、人種差別の歴史をもつ南部で、しかも黒人有権者が二〇%という不利な条件の下で、黒人初の州知事(ヴァージニア)に当選した。

黒人の政治参加の伸びは連邦下院議員の増加にもうかがわれる。一九六六年にはその数字は六人、一九七一年には一二人であったが、一九八四年には二一人に増加し、民主党のクリントンが新大統領に選ばれた一九九二年の選挙では一挙に三九人が当選を果たした（この数字は一九九四年の中間選挙でも同じ。二人を除いて全員が民主党）。一九七九年にエドワード・ブルック（マサチューセッツ州選出）が再選をめざして敗れて以来、上院には黒人議員がいなかったが、キャロル・モーズリー・ブラウン（イリノイ州選出）が初めての黒人女性連邦上院議員として選ばれた。

黒人の公職者が増加した背景には有権者登録の増大などがあるが、選挙上の優遇措置が施されたことが大きく影響したことは明らかである。連邦下院議員については一九八二年の投票権法改正により、一九九〇年の国勢調査に基づいて、黒人やヒスパニックが過半数を占める選挙区がつくられた。その結果、サウスカロライナ州では史上初の、そしてアラバマ州では南北戦争後の再建期以来初の黒人議員が生まれた。しかし、きわめて不自然な黒人・ヒスパニック選挙区が作られたことについて白人住民から訴訟が起こされ、連邦最高裁において審議されている（ジョージア州、テキサス州、ノースカロライナ州の少数派に配慮して区割りされた選挙区のいくつかは是正を命じられ、一九九六年一一月の選挙は新しい制度により行われた。ほかにフロリダ、ルイジアナ、イリノイ州でも訴訟が進行中である）。

ジョンソン政権のもとでロバート・C・ウィーヴァーが初の閣僚（住宅都市開発長官）に任命された。以来黒人閣僚が多数出ているが、クリントン政権では商務長官や農務長官のような要職に黒人が任命された。

一九六七年に、ブラウン判決に連なるサウスカロライナ州クラレンドン郡での人種別学訴訟に活躍したサーグッド・マーシャルがジョンソン大統領により黒人初の連邦最高裁判事に指名され、連邦議会により承認された。マーシャルが一九九一年に辞任した後、ブッシュ大統領は同じく黒人のクラレンス・トーマスを指名した。しかし、トーマスが平等雇用機会委員会の委員長であった当時、補佐官であったアニタ・ヒルに対するセクシャル・ハラスメント（性的いやがらせ）があったとの告発がなされ、上院司法委員会の公聴会が開かれた。女性の権利を尊重する立場からトーマスの指名への反対が強くあったが、彼が加わることにより連邦最高裁が保守化することへの懸念が強くあったことも事実である。最終的にトーマスの指名は上院で五二対四八の僅差で承認された。

このような黒人の目ざましい公職への進出の中、一九八四年にジェシー・ジャクソンが民主党の大統領候補指名をめざし善戦した（彼以前に一九七二年にシャーリー・チザムが立候補を表明したがわずかな支持しか得られなかった）。

◇ロサンゼルス暴動

一九九二年四月二九日、ロサンゼルスのサウスセントラル地区を中心に発生した暴動は三日間続き、その規模においてアメリカの歴史上最大の規模であり（死者五八人、負傷者二三八三人、逮捕者一万五二四九人、被害総額七億八〇〇〇万ドル）、アメリカ社会の人種問題の深刻さを示すものとして注目された。

前年三月、ロサンゼルス市内で、白人警官がスピード違反と公務執行妨害容疑の黒人（ロドニー・キング）を殴打するという事件が起きた。この模様はビデオで録画され、疑問の余地のない警察による暴力として大きな関心が示されていた。事件現場から離れた、白人中流層が多いベンチュラで行われた裁判の結果、四人の警官全員について無罪の評決が出された。暴動はその直後に生じたものである。そしてサンフランシスコ、シアトル、アトランタでも、規模は小さかったが同様の騒ぎが起こった。

警察と司法制度は黒人に偏見を抱いているという長い間に積もった不信が暴動の背景にあったことは否定できない。しかし、ロサンゼルスの社会経済状況、とくに七〇年代以降の産業と人種・民族構成の変化という脈絡の中で、それを見ることも重要である。

一九六五年のワッツ暴動が黒人と白人の対立の図式で捉えられたのに対し、この暴動ではヒスパニック系および韓国系の住民の存在が目立った。すなわち、サウスセントラル地区は、一九六五年当時は黒人人口が八〇％を占めていたが、その後ホワイトカラーの黒人中産階層が去る一方、近年はメキシコ、エルサルヴァドルなどラテンアメリカからの移民の流入が多く、また小さな商店の多くは韓国系移民の経営によるものであった。同地区に居住する黒人の間に、自分たちは取り残されているという感覚が強くあったことが想像される。

暴動の後、ロサンゼルスでは初の黒人市警本部長が任命され、また殴打事件については、翌年四月キングに対する公民権侵害で、二人の警官に対し有罪、二人に対し無罪の評決が出された。しかしこのときは、ジェシー・ジャクソンら黒人指導者たちの呼びかけもあり、暴動は回避された。

◆アフロ・セントリズム（アフリカ中心主義的歴史観）

アメリカでは現在毎年二月は「黒人歴史月間」に定められ（三月は「女性月間」）、黒人のすぐれた業績が称えられるとともに、これまで見過ごされてきた黒人の歴史や文化の再確認がなされる。またクワンザ（Kwanzaa）という祭りが毎年一二月末に行われ、アフリカの文化的遺産が思い起こされる。

しかしアメリカにおける黒人の役割を見直すのに、これらとは異なる動きがある。「アフロ・セントリズム」がそれで、従来のヨーロッパ中心の歴史観に換えてアフリカの歴史的役割を重要視するもので、アメリカ黒人はそのすぐれた継承者とされる。このような見方はおもに教育者の間でうかがわれた。

アフロ・セントリズムによれば、コロンブスがアメリカ大陸に到着する以前にアフリカ黒人が同大陸にやってきて、メキシコに古代文明を築いたとされる。マヤやメキシコのピラミッドやアフリカ風彫刻、それに一三世紀の黒人男性の遺骨が発見されていることがその証拠とされる。

ヨーロッパ中心主義の歴史観がリニアー（直線的発展段階を強調）であり、二項対立（人と自然、神と悪魔、精神と肉体、白と黒、自民族と他民族）を根底に置くのに対し、アフロ・セントリズムのそれがサーキュラー（円状の発展図式）を基調とし、神（創造主）と人間（被造物）の間の調停的関係および自然・宇宙の調和を認め、とくに民族間に優劣をつけない点が特徴とされる。

モレフィー・キート・アサンテやエイザ・ヒリアードらのアフロ・セントリズムの推進者たちは、人類の歴史における黒人の多大な貢献を教えられ、「序列のない多元的な」世界観に育まれるならば、アメリカ黒人は自尊の精神や誇りをもつにいたるであろうと主張する。アメリカにおける黒人の歴史は奴隷制から始まったという従来からある教えとは対照的である。一九八九年以来、オレゴン州ポートランド市やミシガン州デトロイト市の一部の学校では、このような考え方に基づく指導要領が実践されている。

しかし、提示された史・資料からではアフロ・セントリズムの歴史解釈は十分に実証されたとはいえず、また古代エジプト人と現在のアメリカ黒人との関係は明らかにされていない。また、単一の古代文明が人類の歴史上において見られるすべての進歩の源であるとするのは排他主義的であるという批判が出されている。一部の熱心なアフロ・セントリズムの主唱者は、黒人こそ人種的に優位であると説く。たとえばレナード・ジェフリーズは、アフリカ人＝「太陽の人々」は人道主義的で温かいが、ヨーロッパの白人＝「氷の人々」は物質的で戦争を好むとする。このような考え方を極端に推し進めるならば、白人との統合教育を否定し、ひいてはあらゆる白人の主流文化を拒否することになる。いいかえればアメリカ黒人の側からする新たな分離主義にほかならない。アフリカ中心主義の教育運動は自己防衛手段としては有効であり、とくにゲットーに住む黒人たちには影響力をもちうるが、全国的規模には広がらないであろうというのが専門家の予想である。

◆「百万人行進」

一九九五年一〇月一六日、一九六三年の公民権運動集会を上回る、警察の発表で約四〇万人からなる「百万人行進」と名づけられた集会が首都ワシントンで開かれた。クリントン大統領の就任式に招かれ、自作の詩を読んだマヤ・アンジェロウを始め、白人に席を譲ることを拒否しモントゴメリー・バス・ボイコットのきっかけを作ったローザ・パークスら、著名な黒人指導者が演説し、それぞれ自尊心と責任感をもつことの大切さおよび黒人社会の結束を訴えたが、集会の中心は、それを呼びかけた「ネーション・オブ・イスラム」の代表ルイス・ファラカンであった。強力なリーダーが黒人社会にいない今、ファラカンのような強い言動（彼は反ユダヤ・反白人主義を喧伝することで知られている）が必要であるとする見方がある一方で、人種間協力を進めるうえで障害になるという懸念もあった。実際に、全国黒人地位向上協会や全国都市同盟のような公民権団体は集会に正式の代表を送ることを拒否し、キリスト教会の牧師の間でも行進参加の是非について意見が分かれた。

集会の最後に演説したファラカンは、その日を「贖罪と和解の日」と呼んだが、一部で懸念されたとおり、反白人主義を前面に打ち出したのであった。クリントン大統領は同日朝行進より早くテキサス大学で演説し、アメリカ社会から人種差別をなくすことを訴えるとともに、人種問題の解決に向けての対話を呼びかけていた。それに応え、ファラカンは「大統領の考えは甘すぎる」と批判した。さらにファラカンは歴史を遡り、初代大統領ワシントンが黒人奴隷を保有していたことおよびリンカーンは真の平等主義者とはいえなかったことを挙げ、反白人主義を強調することを正当化した。聖書やコーランからの引用と辞書の定義に依拠しての彼の演説は一貫性のあるものとはいえなかったが、黒人の根強い不満を印象づける効果があった。彼のレトリックには同意できなくても、「平和があなたと共にありますように」という彼の呼びかけに共鳴した者は多くいたのであった。

◇二極分化の問題

クリントン大統領の就任式（一九九三年一月二〇日）に詩人のマヤ・アンジェロウが招かれ、自作の詩『朝の鼓動』を朗読した。黒人女性文学者の作品が認められたのはこれより早く、アリス・ウォーカーは『カラー・パープル』で一九八三年のピュリッツァー賞を授与された。一九九三年のノーベル文学賞は『青い眼がほしい』などの作品があるトニ・モリスンが受賞した。なおオバマ大統領の就任式（二〇〇九年一月二〇日）においても、黒人の女流詩人エリザベス・アレクサンダーが自作の詩（『この日を称える歌』）を朗読した。

他方、コリン・パウエルが黒人で初めて統合参謀本部議長に任命され、一九八九年から二期四年を務めた。彼は西インド諸島（ジャマイカ）からの移民の子として生まれ、アメリカ軍人としての最高のポストに就いたのである。（彼の後任は、ポーランド生まれのジョン・M・シャリカシヴィリ）。活動が鈍化していると批判されたNAACP（全国黒人地位向上協会）の事務総長に一九九六年クエイシ・ウームフーメイが選ばれた。彼のもとの名はフリズル・グレイだった。ボルティモアの黒人居住区に生まれ育ったウームフーメイには非行の少年時代があった。しかし後に自立し、その精神と民族的誇りを表すために改名したのである。

先に見たカーナー報告はその結論で、アメリカは「白人社会」と「黒人社会」の二つの不平等な社会に分裂していると述べた。傑出した黒人の台頭を見るならば、両者の間の分裂は埋まりつつあるようにも見える。しかし、アメリカ社会にはより深い分裂が生じているのも事実である。

近年、アメリカ社会は「二極分化」しているという指摘がしばしばなされる。全般的な状況が国民の統合という理想から離れる傾向をこの言葉は示すが、より深刻なのはこのような分化が黒人社会の内部に生じていることである。全国都市同盟の調査によれば、一九九〇年の時点で、アメリカ黒人の九%が上流階層、二七%が中流階層、三四%が非貧困労働者層、そして三〇%が非就労貧困者であった。

この最後の区分に対しては社会の〝アンダークラス〟という呼び方がなされることがある。都市の劣悪な状況を表す代名詞としても使われる。絶望的で病理的なニュアンスがある。そこに属する「持たない者」たちと他の階層に属する「持つ者」たちとの間には格差があることが示唆される。このような状況が生じたのは、労働市場が変化し、企業が高度技術者を求めるようになった結果、これまで黒人が多くを占めていた不熟練労働者への需要が減少したことがおもな原因である。過去に差別を受けたエスニック集団への補償を定めたアファーマティブ・アクションは、このような「持たない者」たちの地位向上をめざしたのであったが、実際にはその恩恵が上流および中流階層に集中する傾向がある。その反省に立ち、二極分化の現実を考慮した貧困・福祉対策が必要となるであろう。

4　日系アメリカ人の補償請求運動

日本の真珠湾攻撃の直後に日系アメリカ人が強制的に自分たちの住居から立ち退かされ、戦後にかけて最長三年半の年月を転住所で過ごしたことに対して補償を求める運動が効を奏し、ハリー・トルーマン大統領が立退き賠償請求法を制定したのは一九四八年のことであった。これによってアメリカ政府は強制立退きに関する道義的責任を認めたのである。そして連邦政府は約二万六六〇〇件の賠償請求に対し、総計三七〇〇万ドル近くを支払った。しかし、賠償請求手続きが複雑なうえに、賠償が認められる財産の種類が限定されていたり、賠償率が低いなど、多くの問題があった。さらに、強制立退き・収容によって引き起こされた心理的苦痛などは考慮されず、政府のとった行為が違憲であったことを公表するものでもなかったために、大きな不満が残った。

そして、その後二〇年以上もの間、補償を要求する動きはまったく見られなかった。大統領令九〇六六号の発令から二五年目にあたる一九六七年という、日系アメリカ人にとって重要と思われる年にすら、日系コミュニティでは二五周年を記念する行事などは何も催されなかった。補償請求運動が再開されるのは一九七〇年のことである。その年、全米日系市民協会（ＪＡＣＬ）全国大会において「全米補償請求委員会」が生まれ、この頃から「賠償」だけではなく、日系人の被った「不正」を「正す」という意味の加わった「リドレス」という言葉が定着したのである。そして、初期にはアメ

日系アメリカ人忠誠記念碑（2000 年完成）
２羽の鶴は平和を象徴し，有刺鉄線にからまった様は日系アメリカ人 12 万人が第二次世界大戦中転住所に収容されたことを表す。周囲の壁には全米 10カ所の強制収容所と人数，アメリカに忠誠を誓うため戦死した約 800人の日系人の名前が刻まれている。

リカ政府だけでなく日系コミュニティの中にすら反対または無関心という人々の多かった、この運動が、しだいに強い支持を獲得し、ついには政府を動かすことになる。

一九八〇年にアメリカ議会が設置を決定した「戦時民間人強制立退き・収容委員会」が、一九八一年に二〇日間にわたる公聴会を全米で開き、関係者七五〇人以上が証言した。この公聴会は、全米のメディアで報道されると同時に、日系アメリカ人自身の注目を集め、彼らに、自分たちの経験を公にするきっかけを与えることになった。そして、日系アメリカ人コミュニティはアメリカ政府に補償を求める方向に進み始めたのである。

この運動は、一九八八年、強制立退き・収容を経験した日系アメリカ人に対する謝罪と補償金支払いを保証する法案に、ロナルド・レーガン大統領が署名することで、成功に終わった。これは「一九八八年市民自由法」の制定という形になり、日系アメリカ人にとって戦後五〇年のもっとも重要なできごととなった。このリドレス運動の成功により、生存している日系アメリカ人で強制立退き・収容を経験した者は二万ドルの補償金を受け取り、同時に、日系コミュニティには日系人の文化的遺産を守るための教育基金も設置された。日系アメリカ人にとって金銭的な補償以上に重要であったのは、この運動が成功したことによって、日本人を祖先とすることが恥でも罪でもなく、むしろ誇りであると思えるようになったことである。

日系アメリカ人のリドレス運動の成功は、ひとつには、アメリカ社会が、そしてアメリカ政府が、人権問題に強い関心をもち始めていたこと、そして真の平等とは何かが改めて問われたことを反映している。しかし他方、同時期のアメリカ社会には不寛容の風潮も、いろいろな形で現れた。二言語教育への反対、「イングリッシュ・オンリー運動」（English Only Movement）、そしてカリフォルニア州の「提案第一八七号」などは、そのよい例である。

5　アジア系アメリカ人

◇アジア系アメリカ人とは？

一九九〇年三月五日付の『タイム』誌の表紙には黒髪で茶色い肌のアダムとイヴが描かれ、「楽園の異邦人」というキャプションがついている。そして特集記事の見出しは「約束の地か？　アジアからの移民とその影響力が北米西海岸を変えつつある」となっている。同年、国勢調査が実施された直後の四月九日付の同誌は、「アメリカの色が変わる——白人がマジョリティでなくなるとき、アメリカはどうなる?」というテーマを掲げ、二〇五六年には「アメリカが茶色になる」と予測する記事を掲載している。アメリカ国勢調査局も、一九九二年一二月に提出した報告書の中で、二〇五〇年までに「非白人」のアメリカ人が全人口の四七%を占めることになると推定し、中でももっとも急成長しているのがアジア系だと見ている。このように注目を集めているアジア系アメリカ人とはどのようなエスニック集団なのだろうか。

◇急激な増加

アジア系エスニック集団とは、国勢調査において「アジア系および太平洋諸島系アメリカ人」のカテゴリーに分類される人々を指す。二〇一〇年の国勢調査では、アジア系のみを回答した数は約一四六七万人(二つ以上の祖先を回答したアジア系を含めると一七三二万人)で、アメリカの総人口の四・八%にすぎない小さな集団である。しかし、その割合が、一九六〇年の国勢調査では〇・五%、一九八〇年では一・五%、二〇〇〇年で三・六%であったことから、最近のアジア系人口の劇的な増加ぶりがわかる。とくに一九八〇~九〇年の一〇年間のアジア系人口の増加率は一〇八%で、これは急増しているといわれてきたヒスパニック系の二倍、アフリカ系を含む黒人の八倍、白人の一五倍に相当した。二〇〇〇年から二〇一〇年の増加率は四三・三%で、これはヒスパニック系の同時期の増加率四三・〇%を上回っている。アメリカ社会においてアジア系が注目されている第一の理由は、この急激な人口

表8－2　人種およびエスニシティ別人口増加率

	1980～1990年の人口増加率	1990～2000年の増加率
白　人	6.0	5.9
黒　人	13.2	15.6
ヒスパニック系	53.0	58.0
アジア・太平洋諸島系	107.8	38.0
先住民	37.9	76.5

（出所）U.S. Bureau of the Census, Racial Statistics Division ; U.S. Commission on Civil Rights , *Civil Rights Issues Facing Asian Americans in the 1990s*, February, 1992; U.S. Census Bureau, *Census 2000 Redistricting Data*（P.L. 94-171）.

表8－3　6大アジア系エスニック集団

	1960	1970	1980	1990	2000（年）
中国系	238,292（人）	436,062	806,027	1,645,472	2,380,000
フィリピン系	176,310	343,060	774,640	1,406,770	1,830,000
日　系	464,332	591,290	700,747	847,562	780,000
インド系	—	—	361,544	815,447	1,620,000
韓国系	—	69,150	354,529	798,849	1,050,000
ヴェトナム系	—	—	261,714	614,547	1,090,000
アジア系総人口	878,934	1,439,562	3,466,421	6,908,638	10,171,000

（注）1980年以降のアジア系総人口は，6大アジア系エスニック集団以外の集団も含む。
（出所）*Statistical Abstract of the U.S.*, 1994; U.S. Census Bureau, *the American Community Asians, 2004*; U.S. Census Bureau, *We the People; Asians in the United States, 2000.*

増加なのである（表8－2を参照。なお、二〇一〇年度国勢調査の結果の一部は二〇一一年三月に公表されたが、詳細なデータ分析は、まだ時間を必要としており、未公表である）。

この急激な増加の最大の要因が自然増ではなく移民であることは、次の数字から明らかである。一九七〇年の国勢調査ではアジア系の中で最大であった日系人人口は、一九八〇年には中国系とフィリピン系に追い越され、一九九〇年の統計では中国系は日系人のほぼ二倍、二〇〇〇年には約三倍に膨れあがっている。同じく二〇〇〇年の統計で、外国生まれの人口は、中国系では六二%、フィリピン系では七二%である（表8－3を参照）。

アジアからの移民の増加をもたらした一要因は、一九六五年移民法改正である。この改正により、移民の出身国別割当て制が廃止され、移民は一国あたり二万人以下という制限つきで、東半球諸国からは年間一七万人、西半球からは年間一二万人が、申請順に資格審査を受け、入国許可となった。優先資格は、アメリカ社会で需要が高い職種に就くことのできる技術をもつことと、家族がすでにアメリカに定住していること、であった。これにより、技術をもつ者がまず移住し、家族を呼び寄せる、いわゆる連鎖移民が急増したのである。

アジア系人口急増をもたらしたもう一つの要因は、難民の流入である。第二次世界大戦中からアメリカは難民受入れに積極的であり、政治難民の受入れは、その後のアメリカ外交政策の重要な一部となっていた。そして一九七五年、ヴェトナムおよびカンボジアに共産主義政権が誕生すると、アメリカはこの地域からの難民の緊急受入れを決めた。これ以後、いわゆる「インドシナ難民」がアメリカ社会に流入することになる。ことに、一九八〇年難民法の制定により、難民受入れ数の枠が拡大されただけでなく、入国許可に際して彼らのイデオロギー、人種、国籍などを問わないと決められると、従来の政治難民ではなく、「ボート・ピープル」と呼ばれる経済難民の入国が増大するのである。一九六一年からの一〇年間に難民としてアメリカに受け入れられた二一万人余りのうち、アジアからの難民は約九％にすぎなかったが、一九七一年からの一〇年間では全難民約五四万人の四〇％近く、一九八一年から一九九〇年では、約七五万人のうち七二％強と、アジアからの難民が急増した。

これら新しい移民の定着先はかなり集中しており、四〇％近くがカリフォルニア州、一〇％がニューヨーク州、そしてテキサス州、イリノイ州、ニュージャージー州にそれぞれ五％といった内訳である。最新の統計では、ロサンゼルスのアジア系人口が過去一〇年間に二倍以上になっている。また、カリフォルニア州に限らず、アメリカのあちこちに「リトル・サイゴン」「コリア・タウン」「リトル・インディア」などと呼ばれるアジア系エスニック集団の集中地域ができている。また興味深いことに、これまでアジア系人口の小さかった地域にアジア系人口の急増が見られる例も多い。

◇六大アジア系エスニック集団

もちろん、アジア系人口の中には、以上のような新しい移民ばかりではなく、一九世紀にアメリカへ移民してから何世代も経た人々もいる。両者を含めたアジア系エスニック集団の中で人口の大きい六つの集団を六大アジア系エスニック集団と呼んでいる。以下は、それらの集団の最近の状況である。ちなみに、二〇〇〇年度国勢調査では、中国系、フィリピン系、インド系、ヴェトナム系、韓国系の五集団が、アジア系人口の八〇％を占める。

⑴　中国系

アメリカへの中国人移民の歴史は一九世紀に始まったが、一八九二年の中国人排斥法により入国者が途絶え、長く人口の増加はなかった。ところが、最近の移民によってコミュニティが急激に大きくなった。二〇〇〇年の国勢調査では、アジア系の二四%を占める最大のアジア系集団である。一九六五年移民法の影響で、専門職および管理職に従事する者も多い。他方、最近のニューヨーク市の中華街に見られるような爆発的人口増加に寄与しているのは主として労働者階級で、二極化が顕著である。カリフォルニア州でも、昔からのロサンゼルスの中華街に加えて、「アメリカ初の郊外の中華街」と呼ばれるモントレーパークのような富裕な中国系集中地が現れている。中国系アメリカ人の中には、WASPをもじってCASP（Chinese Anglo-Saxon Protestants）と呼ばれるほどアメリカ社会の主流に同化しようとする者がいる一方、いつまでも中国人としての意識を変えない新移民もいる。

(2) フィリピン系

彼らは「太平洋のプエルトリコ人」と呼ばれるように、本国とアメリカの関係の歴史から見ても、やや特殊なアジア系である。最近の移民は、ほとんどが都市出身者であり、専門職従事者や技術者、そして女性の割合が高い。ことに看護師や医者が移民となって渡米する例が多い。歴史的に見て当然のことであるが、高等教育を受けていながら国を離れるこれらの移民は、英語が話せ、アメリカでの適応に問題が少なく、非アジア系との結婚率がきわめて高いといわれる。彼らは、フィリピン系が集まってコミュニティを形成している、いわゆる「マニラ・タウン」に集中せず、「目に見えない」アジア系と呼ばれる。

(3) 日 系

ロサンゼルスの「コリア・タウン」の青果商。

一九七〇年以降、日本人移民の入国は年間四〇〇〇人程度にすぎず、人口はほとんど増加していない。すでに一九八〇年の統計で七二%がアメリカ生まれであり、三世、四世、五世の世代になっている。よく知られているとおり、日系人は第二次世界大戦時に、居住していた西海岸から内陸部へ強制立退きさせられ、戦後は移民した当時と同様のゼロからの出発をしたが、急速に社会的・経済的地位を上昇させ、アメリカ社会の主流に入り込んだといわれる。家庭で英語を話す者の割合が五二・七%と、アジア系の中ではもっとも高い。教育水準や家族所得の高さではアメリカ全体の平均を上回り、専門職従事者が多い。政治的にも、エスニック集団の人口に比して議員などになる者の率が高く、「成功したマイノリティ」と称されることが多いが、その「成功」は、犠牲を伴うものであった。

(4) 韓国系

一九六五年移民法施行以前は非常に少数で、地理的にも拡散して居住していたため「隠れたマイノリティ」であった韓国系は、一九八〇年代の一〇年間で人口が四倍に増加し、あちこちに「コリア・タウン」を出現させている。彼らの活躍がもっとも顕著に現れているのは自営業であり、中でも、ニューヨーク市の青果商の八〇%は韓国系の所有だといわれるほどである。移民後まもなく店をもつことができる背景には、長時間労働を厭わない彼らの勤勉さだけでなく、韓国系の八〇%が会員であるといわれる資金運用組織の力もある。

(5) インド系

表8-3には一九七〇年度までのインド系人口が示されていないが、これは、それまでインド系アメリカ人が存在しなかったということではない。一九六五年以降インド、パキスタンからの移民は増加したのであるが、彼らは統計上は白人のカテゴリーに入っていたのである。一九七五年、公民権法との関連において彼らのアイデンティティが問題になり、結局、自分たちをマイノリティと見る主張がアメリカ国勢調査局にも認められ、一九八〇年の国勢調査から、インド系はアジア系に分類されることになったのである。当時、彼らは旅行社、レストラン、駅の売店などの経営者になる例が多く、一九八〇年代半ば、アメリカ全体のホテルおよびモーテルの二八%をインド系が所有しているとの数字があった。しかし今では、教育レベルは六大アジア系集団の中でもっとも高く、専門職・管理職従

事者の割合が五九・九％と、もっとも高い。

(6) ヴェトナム系

一九六四年、アメリカ在住のヴェトナム人は六〇三人にすぎなかった。ところがヴェトナム戦争が終結すると、一九七五年一年間で一三万人という大規模なヴェトナム難民の流入が始まる。一九八〇年のヴェトナム系人口の九〇％以上が外国生まれであるという事実からも、その後入国したヴェトナム難民の数の大きさがわかる。アメリカ社会にはヴェトナム戦争に国民を引きずり込んだアメリカ政府に対する批判の念も残っており、ヴェトナム系の立場を複雑なものにしている。ヴェトナム系の中にはレストランやスーパーマーケットの経営で成功し、アメリカ社会にとけ込んでいる者もいる一方、アメリカ社会に馴染まず、疎外感を抱く者もいる。

◆汎アジア系アイデンティティ

最近は、アジア系アメリカ人が、中国系や日系アメリカ人といった個々のアジア系エスニック集団に属するというアイデンティティではなく、アジア系アメリカ人としてのアイデンティティ（つまり「汎アジア系」アイデンティティ）をもつと論じられることが多い。果たして、アジア系アメリカ人の間で「汎アジア系」アイデンティティは確固としたものになっているのだろうか。

アジア系はまとまらなければならないという考えを「汎アジア系」という語を用いて主張したのは、一九六〇年代後半から一九七〇年代初期にかけて公民権運動に参加していたアジア系アメリカ人学生活動家であった。アフリカ系アメリカ人の「ブラック・パワー」運動に触発され、アジア系の活動家たちは自分たちの「イエロー・パワー」運動を開始したのである。「黄色い人々の団結した力を通じて人種差別という抑圧から自由になる」ことを求めての運動であった。一九六八年にはカリフォルニア大学バークレー校の活動家たちが「汎アジア系」政治組織としては最初の「アジア系アメリカ人政治同盟」を設立した。この例に続き、「汎アジア系」を強調した同様の組織がカリフォルニア州に、そして他州に、作られるようになった。「活動を求めるアジア系アメリカ人」、「アジア系法律家幹部会議」、「アジア系ユニオン」、「アジア系アメリカ人同盟」などである。

大学においては、「アジア系アメリカ人研究」がカリキュラムに組み込まれ、その後の重要な遺産となった。そのカリキュラムがめざしたのは、アジア系としてのアイデンティティに注目し「アジア系とは誰か」を学生に学ばせることであった。アメリカにおけるアジア系エスニック集団に関する研究を通観して見ると、各集団よりも「アジア系」を扱った研究が一九七〇年代、八〇年代に劇的に増加していることがわかる。この時期に出版されたアジア系アメリカ人を扱った論文は、数のうえで日系人や中国系などを個別に扱ったものを超えており、このことは、とくにアジア系の学者が、個々のエスニック集団に関するよりもアジア系に共通の題材を扱おうとしている傾向を示している。

芸術の分野でもアジア系がまとまろうとする努力は一九六〇年代から見られた。たとえば一九六五年には「イースト・ウェスト・プレイヤーズ」と称する演劇グループが結成されたし、一九七三年には「アジア系アメリカ人演劇ワークショップ」もできた。このような動きには、個々の集団だけでは人数が少ないため、アジア系として連帯するほうが活動を広げやすいという実利的な理由も当然あったと思われる。文学の例では、早くも一九七一年に出版された『ルーツ――アジア系アメリカ人選集』の「アイデンティティ」の章に集められた自伝や詩は「アジア系アメリカ人が自分たちのアイデンティティを定義し直し、明確に表現しなければならないと考えていること」を表している。

◇ヴィンセント・チンと政治上の絆

しかしながら、アジア系アメリカ人の政治上の絆が強まったのは、一九八二年にデトロイトで自動車会社をレイオフになっていた白人労働者二人が、自分たちがレイオフになったのは日本から輸入される自動車の増加のせいだと日本人および日系人を恨み、日系人と間違えて中国系アメリカ人のヴィンセント・チンを殺害した、ヴィンセント・チン事件が起きてからであった。この事件はアジア系エスニック集団がアメリカ社会においてやはり差別されているとの感情を、どのアジア系エスニック集団に属する人々にももたせることになったのであり、この事件とその後の判決をきっかけに、「アジア系アメリカ人投票者連合」「アジア系アメリカ人ジャーナリスト協会」「アジア系アメリカ人法的防衛教育基金」「汎アジア系アメリカ人商工会議所」などといったアジア系組織が作られた。

このヴィンセント・チン事件から一〇年経った一九九〇年代、アジア系アメリカ人の間でこのような連合の必要を訴える声が再び高まったが、その原因は、やはりアジア系アメリカ人に対する「ヘイトクライム」（人種差別が動機である排斥や暴力や嫌がらせ）の急増であった。とくにカリフォルニアでは一九六五年以降のアジア人移民の急増と経済不況のために反移民感情が強く、その中でアジア系は労働者階級の怒りを受けやすい、目に見える標的であった。だが、一九九〇年代の憂慮すべき理由は日米関係の悪化だと、『ロサンゼルス・タイムズ』紙は論じた。日米間の経済摩擦から生まれた、いわゆる「日本たたき」が「日系人たたき」になり、さらにアジア系に向けられることになったというのである。ここに見られるのは、アメリカ人の多くが日系人と他のアジア系との区別をつけられないという現実である。このようなアメリカ社会のアジア系排斥感情に対応する形で、アジア系アメリカ人の間の協力と連合が求められ、アジア系アメリカ人は自分たちの政治上の要求の実現に向けて「汎アジア系」というレッテルを利用したともいえる。これは「防御の団結」とでも呼ぶべきものであったと分析できる。

◆アジア系の多様性

しかし、ここに重大なジレンマがある。前に述べた六大アジア系集団の歴史からも、アジア系アメリカ人が多様な集団から成っていることは明らかである。国勢調査で「アジア系および太平洋諸島系アメリカ人」のカテゴリーに含まれる人々の出身国は二〇余りで、エスニック集団で数えれば六〇以上になり、それぞれの歴史、言語、宗教、文化的背景が異なる場合が多い。

アメリカ社会における彼らの多様性をよく表している例は、彼らの社会的・経済的地位である。一般にアジア系エスニック集団の平均所得は高いというのが一般の見方であり、たしかに国勢調査の統計によるとアジア系エスニック集団の中には平均家族所得がアメリカ全体の平均より大幅に高い集団もある。たとえばアメリカ生まれの中国系、日系、韓国系の家族の平均所得は、アメリカ生まれの白人家族の平均より四〇%以上も高い。外国生まれのアジア系集団でも、かなり高い家族所得を得ている。しかしながら重要な例外がある。アメリカ生まれのフィリピン系の平均家族所得は白人のそれの八〇%であり、同じくアメリカ生まれのインド系の場合では七〇%である。ヴェトナム系の一世の場合は、平均の六〇%の家族所得しか得ていない。貧困率で見ると、アメリカ生まれの中国系、日系、韓国系では、非ヒスパニック系白人家族よりも貧困率は低いが、アメリカ生まれのフィリピン系およびインド系の家族では、非ヒスパニック系白人の率よりも高いことがわかる。移民として入国した年を考慮に入れると、貧困線以下にいる外国生まれのアジア系家族の率は、白人家族の場合より低い。しかし、ここでもまたヴェトナム系は例外である。ヴェトナム系の家族の貧困率はアメリカに来てからの年数が同じである場合、白人家族の貧困率よりかなり高いのである。

このような違いを生む最大の分裂点は、祖父母が世紀転換期にアメリカへやってきたアジア系と、一九六五年以降にやってきたアジア系の間にある。つまりアメリカ入国の時期によってアジア系アメリカ人の間には経済的にも社会的にも大きな格差があり、三世代目、四世代目のアジア系が新移民と同じに見られることに戸惑いと抵抗を感じるのも当然かもしれない。たとえば、外国生まれの率が二八%にすぎない日系人は、最近入国した難民にあまり同情を示さないといわれる。まるで外国人であるかのように「英語がお上手ですね」とほめられたことを、不快感を込めて話す日系人もいる。アメ

マンハッタンの衣料工場で働くアジア系労働者たち（1991年）
20世紀初頭の衣料工場で見られた光景を思い出させるが，当時の労働者はヨーロッパからの移民であった。

リカに長く住んでいる日系人と、戦後移民した新一世との間にもズレが見られる例もある。ヴェトナムからの移民のコミュニティの中ですら、一九七五年の直後にアメリカへ移民してきた、ヴェトナム社会での支配層出身者を中心とする第一波の難民と、一九七九年以降に到着した第二波の難民との間には明確な違いがある。また、歴史的に敵対的な国の出身者がアメリカにおいても互いに親近感を抱かないという傾向もある。

◆モデル・マイノリティ神話

ところが一方で、一九六〇年代末に指摘されたアジア系アメリカ人の「モデル・マイノリティ神話」は、今も生きており、アジア系アメリカ人全体が、アメリカ社会でもっとも成功したエスニック集団、あるいは学問分野で達成度の高いエスニック集団と見なされている。たしかに調査の数字から判断すると、アジア系の中には所得中央値や平均教育年数が白人の平均より高い者が多い。しかし、この数字は必ずしもアジア系全体の「成功」度を示すものではない。多くのアジア系が中流階級の地位に達したとはいうものの、いまだに貧困水準以下の所得層にいるアジア系も多い（たとえば、中華街やマニラ・タウン、リトル・サイゴンに集中するアジア系の多くはこの層にいる）。このような多様性を、アジア系アメリカ人自身が認識しているのである。アジア系を一つの集団として扱うことが適当でないとする議論は、アジア系アメリカ人の多くが自分たちに貼られた「モデル・マイノリティ」のレッテルに反対しているという事実をも反映しているのである。

一九九二年四月のロサンゼルス暴動の直後、次のような意見が出された。「この暴動はアジア系への暴力に立ち向かい、アジア系アメリカ人のコミュニティが多様であることを人々にわからせる努力をすることが緊急に必要であることを示した。……これまで以上に今日のアジア系の間には共通の問題がなくなっている」。専門職に従事している多数の中国系や日系人が昇進を懸念し「ガラスの天井」の存在に不満をもっているという問題は、ギャングや麻薬や貧困の世界から抜け出られずにいる東南アジアからの難民にはまったく関係のない問題なのだということを、この意見は端的に示している。

◇真の統合か？

二世、三世の中国系や日系アメリカ人が中心になって政治的・人種的統合を求めていた一九六〇年代に創り出された「アジア系アメリカ人」という言葉そのものが、最近の移民の大半にとっては自分たちに無関係な概念に思えるようである。カンボジア系アメリカ人組織の創設者は、次のように醒めた見方を表明している。「『アジア系アメリカ人』という語は……実際には存在しない統合を示すために創られたのだ。［移民や難民の］ほとんどは、そんな贅沢なんかできやしない――アジア系アメリカ人としての運動のことを考えるなどといった贅沢はね。生計を立てるだけで精いっぱいなのだから」。

アジア系アメリカ人の中でも異なったエスニック集団に属する人との結婚による同化が進めば、アジア系としてのアイデンティティをもつ者が増えることは予測できる。たしかにこのような形でのアイデンティティの変化はすでに見られてきた。たとえば最近の調査では、日系人の結婚では女性の場合五四％、男性では四六％が日系人以外の人を配偶者にしている。しかし、アジア系全体を見ると、同じエスニック集団の人を配偶者としている者の率が女性六一・二％、男性七四・四％とかなり高く、ここにもアジア系の多様性が表れている。また、アジア系の集団の間でも、結婚する傾向のある集団とそうでない集団とは明確である。たとえば日系人が中国系と結婚する例は多いが、韓国系と結婚する割合は、日系人がユダヤ系と結婚する割合よりも低いのである。アジア系アメリカ人が結婚を通してアジア系としてのアイデンティティを確固としたものにしていく過程も、ゆっくりとしたものであろうと思われる。

このように、アジア系アメリカ人が政治上の必要性を超えて絆を強めるには、まだまだ時間がかかりそうである。言葉を変えていうなら、アジア系アメリカ人の多様性を考えると、彼らの統合が政治上の戦略以上のものになり、彼らが中国系や日系アメリカ人といった個々のアジア系エスニック集団へ属するというアイデンティティではなく、「汎アジア系」アイデンティティをもつにいたるのは、まだ先のことであろう。

9章　多様性と調和的共存の探求——多文化社会の課題

1　多文化主義——文化戦争の様相

◇文化的多元主義から多文化主義へ

るつぼ理論およびそれに代わるものとして提起された文化的多元主義は、アメリカにおける多様な人種・民族集団の同化の過程を説明するものとして提起されたものであった。しかし、近年人種・民族構成はさらに多様化し、いずれの理論とくにホレース・カレンが主唱したような文化的多元主義では説明しきれないエスニック状況が顕著になった。その結果、アフリカ系アメリカ人（黒人）が果たしてきた歴史的役割は再評価され、アジア系・ヒスパニック系およびこれまでマイノリティとしてしか扱われなかったその他の集団のアメリカ社会への貢献を再認識することが求められるようになった。

これらのマイノリティ集団は、アメリカ社会の主流《メインストリーム》と見なされてきた集団とは異なる文化・価値・生活様式をもっている。従来は主流と見なされるものに同化させることが望ましいこととされてきたが、今日ではむしろ「差異」は承認され、尊重される傾向にある。

独自の文化的伝統を主張し、尊厳が認められることを求める立場は、多文化主義《マルチカルチュラリズム》と呼ばれることが多い。そこでは従来その存在が軽視されてきた人種的・民族的マイノリティだけではなく、女性や同性愛者、高齢者、身体障害者などいわゆる「社会的弱者」の尊厳と貢献を認めることが要求される。その立場は文化的背景の異なる「他者」との共生のビジョンを提起することにおいて、多分に思想的ニュアンスの強いものであるが、具体的な政策提言――権力の分配、文化の保護・育成にかかわる諸制度の整備について――の基礎ともなっている。

それは文化的多元主義とほぼ同義に用いられることがあるが、すべての面で同義であるわけではない。一九〇〇年代初期の文化的多元主義は、大量の移民の流入への対応として「白人」の社会学者によって考案された理論的構築《コンストラクト》があったが、多文化主義では理念の実践ということが強調される。また、文化的多元主義はアメリカ社会の「中核《コア》」または共通の価値――アメリカ独立宣言や合衆国憲法に掲げられた自由・平等など――となる文化の存在を前提としていたが、多文化主義はそれぞれの集団がもつ文化は主流のそれとは異なる「鏡《ミラー》」で見られるべきで、平等に扱われることを求める（ロナルド・タカキ『多文化社会アメリカの歴史――別の鏡に映して』一九九五年より）。このような考え方に対しては、共通の基盤を認めないならば、アメリカの国民としての絆が弱まるという批判がある。しかし、文化的多元主義と多文化主義は概念的に明確に区別することは難しい（この点については一章五節参照）。

◇政策としての多文化主義

多文化主義は一国内に異なる複数の人種・民族が共存することを認識し、それぞれの集団が保有する独自の文化を他の集団に属する者も理解・尊重することが望ましいとする考え方である。現実的には、過去ならびに現在ある差別的障壁の撤廃を図る一方、機会均等のための制度的改革が策定され、実施されることを指す場合が多い。たとえばカナダにおいてはフランス系住民の多いケベックの分離・独立を求める動きへの対応の必要性から一九七一年、二言語主義（bilingualism）・二文化主義（biculturalism）が正式に政策として採用された。その後ウクライナ系住民およびアジア系住民の要請を受けて、二言語多文化主義へと移った。オーストラリアでは、白人以外の移民を事実上禁止することを旨とした政策（白豪主義）への批判に応えて、政府交付金による多言語放送および非英語系住民への登用などの政策が取られている。

アメリカでは一部の地域で英語とスペイン語の二言語常用などの多文化主義的政策が見られるが、カナダやオーストラリアのような規模ではない。アメリカではむしろ「西洋白人男性」を基準とする価値観に対する「異議申立て」の観があり、政治的よりもむしろ「文化戦争《カルチャー・ウォー》」の様相をもつ。以下、アファーマティブ・アクション、公用語をめぐる論争、および教育改革をめぐる論争を取り上げ、その実態を明らかにしたい。そして、今日のアメリカにおけるもっとも新しいエスニック集団（アラブ系アメリカ人）の台頭を概観する一方、真に平等な社会実現のために何が求められるかを、確実に存在するが捕捉することの難しい「ヘイトクライム（憎悪犯罪）」を一例に検討してみたい。しかしその前に過去の差別を補償するための試みとしてのアファーマティブ・アクション、公用語をめぐる論争、教育改革をめぐる論争を見ることにする。

2　アファーマティブ・アクション

◇「過去の差別の補償」

アファーマティブ・アクション（affirmative action, 差別をなくすための積極行動または積極的措置）は、一九六〇年代の半ば以降、公民権法、行政命令それに裁判所命令により推進されてきた特定の少数人種・民族集団いわゆるマイノリティを対象にして採られてきた一連の政策で、雇用・教育面などで積極的に採用を増やし、彼らが過去に受けた差別への補償と地位向上をめざしたものであった。大学入学、雇用、委託事業・工事発注などにおいてこれらマイノリティ集団がアメリカ社会の他の集団と平等の機会をもてるようにすることが本来の意図であった。しかし後には、一定の数の割当て（quota）や割振り（set-asides）も含まれると解釈されるようになった。このような措置の法的根拠は、一九六四年の公民権法（とくに、連邦援助計画における差別の撤廃を定めた第六編および雇用において「人種、肌の色、宗教、性別あるいは出身国を理由にした差別」を禁止した第七編）、連邦政府との事業契約者に対して同様の理由による雇用差別を禁じた一九六五年の大統領行政命令一一二四六号（性の項目は一九六七年に出された同一一三七五号から）、一九七二年の公民権法改正（雇用機会均等委員会の権限を拡大し、教育機関や地方自治体の警察署や消防署などの雇用にまで関与できるように認めた）、ならびに労働省連邦契約遵守局によって示されたガイドラインなどである。実際の手続きとしては、雇用主の側が任意的に実施するもの、行政機関が示す基準によるもの、裁判所の命令によるものなどがあった。

特定のエスニック・グループ（黒人、先住民〔アメリカン・インディアン、イヌイットなど〕、アジア系、ヒスパニック）および女性を過去の差別に対する償いという意味で優遇的に扱うことは望ましいことであった。しかし、憲法修正第一四条に謳われている「法の平等の保護」の精神と、累積的不利益を被ってきたエスニック・グループならびに女性に対して特別の救済措置を講ずることとの理念的矛盾は当初から指摘されたことであり、それ以後も、アファーマティブ・アクションは「目標」なのか、それとも「義務」なのかなど、それについての議論は止むことはなかった。そして近年では、アファーマティブ・アクションは「逆差別」ではないかという指摘もある。

統計数字に基づいて雇用目標を設定することは差別撤廃以上のことを要求することになる、すなわち資格あるいは実績《メリット》をもとに個人を評価するという原則になじまないという発想が、このような批判の背景にある。いずれの見方が正しいかは、簡単には決せられない性質のものである。そのことを考えるのに、アメリカ合衆国における福祉のあり方などのテーマに触れる必要がある。また、一方では技術の進歩、他方では潜在的な失業という、経済的側面にも留意しなければならないであろう。しかし、かつては黒人やアジア系の人々がジム・クロウ法（人種差別制度）や強い反外国人感情のもとで「肌の色」や「出身国」の違いを理由に入学や雇用を拒まれたのに対し、現在では同じ理由で、彼らは特別の扱いを受けているのは事実である。いいかえれば、エスニシティの外面的な要素によって、人々の待遇が決められているのである。他方、雇用や入学に成功しても、それが人々が属する「集団」の属性によって可能になったとするならば、彼らの個人としての能力はどう評価されるべきであろうか。個人が高いレベルに到達できたのは人種的民族背景を考慮した優遇措置の結果であるといわれたとき、自主性に対する信頼はゆらぎ、自らのエスニック・アイデンティティを問い直すこともありえよう。このような意味で、アファーマティブ・アクションは「エスニック・アメリカ」のあり方を問ううえで避けて通れないものである。

◆アファーマティブ・アクションを認める連邦最高裁判決

アファーマティブ・アクションが顕著な成果をもたらしたことは否定できない。それによって、黒人やその他の少数民族集団および女性の社会進出（人種統合、大学進学率の上昇、雇用の増加など）が果たされたのであった。それを推し進めた政府諸機関の熱意は評価されなければならない。連邦最高裁も、たとえば差別が存在しないことの立証責任は被告（雇用主）側にあるというような判決（グリッグス対デューク電力会社訴訟、一九七一年）を出し、アファーマティブ・アクションを後押しする姿勢を示したのであった。

しかしアファーマティブ・アクションは「逆差別」ではないかという声が高まり、一九七〇年代後半に連邦最高裁によってそれに関する判決が出された。いずれも難しい争点を含むものであり、最高裁の判断は微妙な揺れを示したのである。

⑴　バッキー判決（一九七八年）

これは、一九七二年に自分が志願したカリフォルニア大学デービス校医学部に入学できなかったのは民族的マイノリティを優遇する同校の割当て制度のためで、自分はこのような制度の犠牲者であったとするアラン・バッキー（白人）の訴えに基づいたものである。判決は、対立する見解に対して折衷的な玉虫色のものとなった。すなわち、定員の一部（この場合は、一〇〇人のうち一六人）をマイノリティに割り当てることは禁止されるべきであるとしながらも、選考のための一つの要件として人種を考慮することはできるとした。バッキーの主張は認められ、彼は入学する。しかし、アファーマティブ・アクションの原則は支持されたというのがこの判決に対する一般的な評価であった。

⑵　ウェーバー判決（一九七九年）

カイザー・アルミニウム・アンド・ケミカル社は全国統一鉄鋼労組と、それを修了すればより賃金の高い職種に就けることになる職業訓練プログラムの受講者の五〇％をマイノリティに割り当てる協定を結んでいた。賃金の高い職種には伝統的に白人の熟練労働者が多く就いていたので、このようなプログラムはマイノリティの熟練労働者を養成するためのアファーマティブ・アクションとして自発的に始められたものであった。

ブライアン・ウェーバー（白人）は同社のルイジアナ州工場の職業訓練プログラムに応募したが受け入れられなかった。参加を許された黒人には自分より勤続年数が短い者もいたので、会社の決定は逆差別であるとして訴えた。第一審と第二審はウェーバーの訴えを認める判決を下したが、連邦最高裁は、伝統的に差別が存在した職種において人種を考慮した任意のアファーマティブ・アクションを実施することは私企業の裁量の範囲にあるとして、この職業訓練プログラムを合法であると認めた。しかし、アファーマティブ・アクションは人種による不均衡を是正するための一時的な措置であり、人種間のバランスを永続的に保つことを目的にしたものではないとも述べたのである。

(3) フリラブ判決（一九八〇年）

一九七七年制定の法律により、地方の公共事業に支出する連邦資金の一〇％をマイノリティが経営する企業に割り振りすることが定められた。しかしアール・フリラブ（白人）はこれに異議を申し立て、カーター政権の商務長官を相手に訴えたのである。これに対し連邦最高裁は、救済目的のために人種的基準を用いる裁量を（連邦）議会は有することを認める判決を下したのである。

以上三つの判決では、連邦最高裁が、アファーマティブ・アクションは「法の平等の保護」の精神に違反しないと認めたものであった。しかし、ブラウン判決のときのように判事全員の意見が一致した判決ではなかった（賛成と反対の意見はそれぞれ五対四、五対二、六対三であった）ことは、この問題が微妙な内容を含んでいることを物語るものであり、その後に生じた同様の訴訟において、連邦最高裁がさらに慎重な判断を示すであろうことを予想させるものであった。事実、一九八〇年代に入ると、非差別の立証責任は被告側（雇用主）にあるとしたグリッグス判決とは反対に、差別を立証する責任は原告側（マイノリティ）にあるという判断が示されるなど制限的な解釈が出されるようになり、連邦裁判所の姿勢は後退したものとなった。

◇揺れる司法判断

アメリカ合衆国の多くの自治体は、アファーマティブ・アクションの原則に従って、黒人やヒスパニックなどのマイノリティの雇用を促進してきた。しかし、一九七〇年代の景気後退で財政が逼迫したことにより、一時解雇（レイオフ）が避けられないケースが起こった。その際、勤続年数の長い者は優先的に扱われ、勤続年数の短い者から順番に解雇されるという労働慣行、いわゆる先任者優先制度と、アファーマティブ・アクションがしばしば対立することが明らかになった。黒人などマイノリティ集団は当然白人より勤続年数が短いので、従来どおりの慣行を実施すると比較的早い段階で解雇されることになる。このことから機会均等の原則は守られなくなるという批判が当然生じる。

(1) **スコッツ判決**（一九八四年）

この判決は、テネシー州メンフィス消防士のレイオフに際し、「最後に雇用された者が最初に解雇される」という原則を支持したものである。

同市は一九八〇年以来、市の消防署員の三分の二が黒人になるまで新規採用の少なくとも半数を黒人にするとするアファーマティブ・アクション計画を実施していたのであったが、二四人のレイオフが必要となった。このまま実施されると、アファーマティブ・アクションで採用された一八人の黒人消防士のうち一五人までが解雇されることになるので、スコッツを含む黒人消防士が訴訟を起こした。下級審では黒人消防士のレイオフ対象者は三人ですむことになったが、これを不服とする白人消防士が上告し、連邦最高裁は逆転の判決を出した。

(2) **クリーブランド判決およびニューヨーク判決**（一九八六年）

一九八六年に連邦最高裁は二つの訴訟に関してマイノリティの雇用促進の重要性を認める判決を出した。消防士の昇進で半数をマイノリティに割り当てることを定めたオハイオ州クリーブランド市の方針は有効であると認めるとともに、ニューヨーク市の板金工組合に対してマイノリティの組合員の増加（その地域の労働力人口構成比率まで）を命じた地方裁判所の命令を支持したのである。

(3) **パラダイス判決**（一九八七年）

人種差別が顕著であった一九六〇年代には、アラバマ州には一人も黒人の警察官はいなかったが、公民権法実施に伴い、黒人が採用されるようになった。そして一九八三年からは地方裁判所の命令により、白人警察官が一人昇進するごとに黒人警察官も一人昇進させなければならないという政策が採られた。レーガン政権はこのような命令は逆差別であるとして上告したが、連邦最高裁は逆差別にはあたらないとする判決を下した。

◇厳格な基準の適用

その後もアファーマティブ・アクションをめぐる訴訟は毎年数多く生じている。ほとんどの場合、女性やマイノリティの歴史的な痛みや不幸に理解を示す判決が出されているが、厳しい基準の適用を求めるケースも出ている。それは結果的に、過去の差別の是正を訴える側にとって不利なものである。いくつか例を見る。まず第一に、クロソン判決（一九八九年）が挙げられる。これはヴァージニア州リッチモンド市において、市の建設事業契約の少なくとも三〇％はマイノリティが経営する企業に割り振らなければならないという規定について争われたものであった。市側は、同市の人口の五〇％は黒人であるにもかかわらず建設事業契約の〇・六七％しかマイノリティ企業は受注していないという統計を提示し、アファーマティブ・アクションを正当化しようとした。しかし連邦最高裁は、不均衡の事実は認めるが、過去の差別の影響が十分に検討されていないとして、同規定は違憲であると判断したのである。

第二に、同じく一九八九年のアントニオ判決がある。これは、アラスカ州の鮭缶詰工場で高賃金の技術職に白人が集中している事実を先住民（アリュート族）やフィリピン系労働者が訴えたのであったが、連邦最高裁は、統計上人種的不均衡が明確であってもそれだけでは差別の立証には不十分であるという判断を示した。

第三のケースも一九八九年に出された判決である。アラバマ州バーミンガム市は消防士の雇用・昇進に関して、裁判所の斡旋案（合意命令）に基づいてアファーマティブ・アクションを実施していた。

これに対し黒人より優秀な成績を修めながら昇進が認められなかった白人が提訴し、連邦最高裁はこのような異議申立てを認めたのであった。

◆一九九一年公民権法と制限的解釈

アファーマティブ・アクションを後退させるような連邦最高裁の判決が相次いで出されたことから、マイノリティの地位向上の将来を危惧した団体などが働きかけた結果、一九九一年に新しい公民権法が成立した（原案が議会通過後ブッシュ大統領による拒否権発動があり、成立に二年を要した）。差別の立証責任を被告側（雇用主）に課していることや被害額を上回る懲罰的賠償金が認められる場合を定めているなど、画期的な内容を含むものであり、マイノリティに不利な判決を実質的に無効にすることとなった。

しかし、アファーマティブ・アクションを制限的に解釈する連邦最高裁の姿勢は依然として続いた。たとえば、黒人学生のみを対象としたメリーランド大学の奨学金制度は憲法修正第一四条に反するという控訴審の判決に対する上告をコメントなしで棄却した（一九九五年五月）。続いて、ミズーリ州カンザスシティ市の公立学校における人種差別是正プログラムで連邦地裁が市に支出の増額を命令したのは、その権限を逸脱しているという判決を下した（同年六月）。地裁命令のねらいは、学校職員の待遇改善などによって黒人が圧倒的に多い市内の公立学校を魅力あるものにし、郊外に移ってしまった白人生徒を呼び戻し人種共学を進めようとしたことにあったが、連邦最高裁は学区を越えて生徒を移動させることは禁じた先例に反するという判断を下した。さらに、この判決と同時に、連邦最高裁は入札でヒスパニック企業より低い見積り価格を出した白人企業が訴えた事件（アダランド対ペーニャ訴訟）で、優遇的措置は「きわめて厳格な審理を経なければならない」という判断を示し、公共事業の一律の割振りに歯止めをかけたのである。また、「法の下の平等の保護は個人に対するもので集団に対するものではない」という見解が表明された。

先の二つの判決において、連邦最高裁の意見が五対四と分かれた。しかし、アファーマティブ・アクションの制限的解釈を支持した多数派までもが「この国におけるマイノリティへの人種差別の慣行と、それが長年にわたって与えた影響がいまだに残っているという不幸な現実がある。政府はそうした問題にこたえて行動する資格がないわけではない」とし、アファーマティブ・アクションの精神を支持する姿勢を明らかにしたことは象徴的である。このようなアンビヴァレントな姿勢は、具体的な実施の方法について国民の間で意見が分かれていることを暗示するものであり、問題がきわめて複雑であることを示す。

◇大統領によるアファーマティブ・アクション支持表明

連邦最高裁がアファーマティブ・アクションに対して後退する姿勢を示し、またマイノリティや女性に対する積極的行動が政治問題化する中、黒人や女性層を支持基盤とする民主党政権がどのような態度を表明するかが注目された。黒人指導者たちの強い圧力もあって、クリントン大統領は一九九五年七月一九日、アメリカ独立宣言の原本が保管されている国立公文書館で演説を行い、黒人、アジア系、先住民、ヒスパニック、女性に対する差別はまだ続いており「この国で差別を終わらせる責務はまだ終わっていない」と述べ、アファーマティブ・アクション支持を明確に打ち出したのであった。

クリントン大統領は三月初めに再検討グループを発足させており、演説はその報告を受けたものであった。報告によれば、一九九五年中に九万件を超える差別の苦情が寄せられたが、「逆差別」として認められたのは、そのうちのわずか三％であった。また割振りに関して、不正のケースもあったが、同措置は大枠において自助の精神の培養と経済成長に貢献したと評価された。

さらにクリントン大統領は、個人の権利と達成に対して集団の権利を優先させること、資格のないものを優遇すること、能力を無視して人種および性による選択をすることに同意しないと述べ、アファーマティブ・アクションに批判的な人々の立場をも考慮していることを明らかにしたのであった。

◆カリフォルニア大学理事会による廃止決定（一九九五年）

クリントン大統領の演説のまさに翌日の一九九五年七月二〇日、バークレー校やロサンゼルス校など全米でも有数の九つの高等教育機関（分校）を管轄する立場にあるカリフォルニア大学理事会において、分校の学長・副学長全員が廃止に反対の立場を表明していたにもかかわらず、入学者選抜において「人種、宗教、性、肌の色、出身民族および出身国（地域）」を判定の基準としないことを賛成一四、反対一〇で決め、引き続き、職員採用においても将来同様の措置を採らないことが決められた

(後者については賛成一五、反対一〇)。この決定に先立つ公開討論会において、指導的な黒人活動家ジェシー・ジャクソンらはその存続を主張し、廃止派と激しい論戦を展開したのである。新しい方針が施行される時期および詳細については未定の部分があるが、一九七〇年代初めより採られてきたアファーマティブ・アクションは、大きな試練を迎えることになった。

同大学のバークレー校は、今後三〇年間にわたって、少なくともあと一〇〇人の女性とマイノリティの教職員を採用するというニクソン政権の下の保健教育福祉省の勧告を受け入れ、モデルケースとなっていたこと、そして、他の分校も同様の反差別宣言をし、積極的にマイノリティを受け入れる姿勢を示していた(定員の約五割は成績順ではなく、アファーマティブ・アクションに基づき決められた)ので、理事会の決定は大きな衝撃であった。カリフォルニア大学全体では、一九八四年には、学生数の七〇%が白人、アジア系が一六%、ヒスパニックが七%、黒人が四%であった(数字は入学時の申告に基づく)。一九九四年には、それぞれ四九%、二九%、一三%、四%であった。アファーマティブ・アクションが廃止されるならば、黒人とヒスパニックの入学者数は半減すると予想された。

このような理事会の決定の背景には、前年度末にカリフォルニア州議会下院にアファーマティブ・アクションの廃止法案が提出されていたこと、ならびに、次の大統領選挙(一九九六年)をめざしてピート・ウィルソン州知事が白人中間層の支持を得るべくアファーマティブ・アクション反対の意向を明らかにしていたことから、カリフォルニア大学理事会の決定には多分に政治的な意味合いがあったと思われる。

理事会の決定に先立つ聴聞会では、日系の州下院議員がアファーマティブ・アクションは「州公認の差別」であると証言したことが注目された。その反対に、黒人の女性州下院議員が「自分がここにいるのはアファーマティブ・アクションの恩恵である」と発言した。しかし、理事会で廃止の提案をしたのは有力な黒人の理事であり、もう一人の黒人理事も廃止に賛成の票を投じたのであった。

◇黒人保守派の声

一九九〇年代に入り、いわゆる黒人中流階級の成長が目立ってきた。年齢的には三〇代後半から四〇代前半で、弁護士、医師などの専門職に就いている。彼らは経済成長や税金の使われ方に関心をもつ。そして貧困問題の解決には福祉よりも自助努力を強調する傾向がある。このようなことから、黒人中流階級の意識は概して保守的であるとされる。そして彼らの保守性は、アファーマティブ・アクションに対する厳しい見方にも現れる。たとえば、黒人の社会学者、シェルビー・スティールは次のようにいっている。

「アファーマティブ・アクションは、黒人に優遇措置を提供しているが、実態は、発展に貢献しない逃避主義的な人種政策にすぎない。……ただ、単に肌の色をパスポート代わりにするにすぎない。さらに、人種的優遇措置には、自助努力を忘れさせ、優遇措置に依存させるという最大の弱点がある。……人種差別を禁止する法律が優遇措置を生み、黒人の無力感を助長し、逆に黒人の自尊心を弱めたのである」(『黒い憂鬱』一九九〇年)。

さらに、

「個人の実力によって人口比率に応じた職場進出をめざすという問題解決法を回避し、個人の能力を問わないで、いきなり結果だけを与えようとした。こうした政策は、一部の白人に人種問題に対する免罪感を与え、他方、一部の黒人には権力を与えることで、両者を満足させるかもしれないが、抜本的な黒人の生活の向上には貢献しない」

と述べる。「われわれ黒人がアファーマティブ・アクションによる優遇措置を得て、手にしたのは劣等感だけだった」という彼の主張には（その刺激的なレトリックを差し引いても）かなりの説得力がある。ここで注目しなくてはならないのは、ここに引用した彼の著作の原題が、*The Content of Our Character*（われわれの性格の内容）であることである。この言葉は、一九六三年のワシントン行進の演説においてキングが用いたものであり、人種関係の改革を促すうえで重要な意味を有するものである。しかし、スティールがそれをまったく異なった脈絡で用い、保守的な意味に使っていることは明らかである。

◇「人種の違いを配慮すること」の理想

他方、公民権活動家のジェシー・ジャクソンは、カリフォルニア大学理事会の決定に強く抗議した。彼は、自分は「意識的に肌の色の違いを区別することはしたくない」と述べたのであった。「肌の色の違いを区別しない《カラーブラインド》」（color-blind）という言葉は、一八九六年のプレッシー判決で唯一反対意見を表明したジョン・マーシャル・ハーラン判事の言葉――「憲法は肌の色の違いを区別しないし、市民の中に階層を認めないし、容認もしない」――に現れたものであった。ジャクソンがそれを意識していたことは明らかである。彼は、過去の累積した不正を補う措置すなわちアファーマティブ・アクションが「肌の色の違いを区別しない」という原則によって支えられてきたことを評価する。しかし、その原則は「逆差別」を生んでいるという批判が生じている。人種の違いをまったく考慮しない立場を彼は当然支持できない。ジャクソンは代わりに、アメリカ社会は「人種の違いを配慮する」(race-caring) ことが求められていると説く。アファーマティブ・アクションを実施するうえでの基準を模索する作業はこれからも続くことが予測されるが、彼の言葉にはそれに現実的に寄与できる、また理念的に整合性のある原則が示されているように思われる。

◆カリフォルニア州住民提案二〇九号

一九九六年一一月、大統領選挙に合わせて行われたカリフォルニア州の住民投票で、提案（二〇九号）が成立した（賛成五四・四％、反対四五・六％）。これは人種・民族的少数派および女性の雇用や大学入学判定に際してのアファーマティブ・アクションの撤廃をめざしたものであった。同提案は、法の平等の保護を謳った合衆国憲法修正第一四条などに違反するのではないかという訴訟が全国黒人地位向上協会やアメリカ市民自由連合などによって起こされた。二〇〇一年九月、州最高裁判所は州の機関がアファーマティブ・アクションを実施するために必要なデータの収集を禁止し、事実上提案二〇九を支持する判定を下した。これに先立ち、カリフォルニア州立大学は「アフリカ系アメリカ人、ラテン系［ヒスパニック系］、先住アメリカ人の」入学者数を増やすことを意図した新しい制度を設置した。新学年度にはアファーマティブ・アクションが施行されていた時代より多数の少数派学生の入学が見込まれるというのが同大学の予測であった（実際にはアフリカ系アメリカ人の入学者は予想されたようには増えず、アジア系およびラテン系［ヒスパニック］の入学者が増加したのであった）。

◇ミシガン大学入学者選抜に関する二つの判決（二〇〇三年）

二〇〇三年六月、アファーマティブ・アクションに基づき、入学者判定に人種を考慮することの是非についての二つの判決が連邦最高裁判所によって示された。いずれもミシガン大学に関するもので、一つは法科大学校《ロースクール》、もう一つは同大学四年制学部の入学者判定の実施方法についてのものだった。前者については合憲（グラッター判決）、後者については違憲の決定が下された（グラッツ判決）。二つは矛盾しているように見えるが、入学者選抜において人種を考慮することを認めたことにおいて、一九七八年のバッキー判決に比較しうる大きな意義を有すると評価されている。

訴訟を起こした二人の原告、グラッターおよびグラッツはともに白人であった。法科大学校《ロースクール》は人種を一つの要素として応募者の資格を総合的に判断し合否を決めたのに対し、四年制学部は少数派の応募者には一律の評価点を加算したのであった。連邦最高裁判所は前者のやり方については五対四で合憲とし、後者については六対三で違憲としたのであったが、アファーマティブ・アクション自体は支持したのである。二〇〇〇年二月にはフロリダ州議会が州立大学の入学者判定においてアファーマティブ・アクションの採用を禁止するなど、同措置廃止の動きが続いた中で、ミシガン大学に関する判決およびテキサス大学オースチン校も人種を考慮した入学者選抜制度を始めることを表明した。教育におけるアファーマティブ・アクションが全面的に禁止されることはないであろう。それに伴い、批判もある中で、雇用や事業委託（少数派が経営する企業への発注）におけるアファーマティブ・アクションは当分は継続するものと予想される。

3　公用語をめぐる論争

◇二言語教育

ヒスパニック系がアメリカ社会に同化しない例証として必ず挙げられるのが、彼らのスペイン語への執着である。つまり、英語を話そうとせず、とくに家庭内ではスペイン語を話す者が多いということである。二〇一〇年の国勢調査では、家庭でスペイン語を使用すると回答した者はアメリカの五歳以上の人口の一二％であり、その大半がヒスパニック系であると推定される。ただし、この中で、英語がまったくできないか、ほとんどできないと回答した者は全体の二五％程度であることから、ヒスパニック系の七五％は英語を理解できるにもかかわらず、家庭ではスペイン語を話していることがわかる。世代別の調査では、メキシコ系の一世では八四％が家庭でスペイン語を話しているが、二世になるとその数字は一五％、三世では四％と、きわめて少ない。スペイン語をまったく話せないヒスパニック系も増えており、教育水準が上昇し、社会的地位が高くなるにしたがって、家庭でのスペイン語使用率が下がるという調査結果もある。

それにもかかわらず、今日でも、二言語教育を受けている児童の七五％がヒスパニック系であり、それはヒスパニック系の児童の二五％に相当する。この二言語教育は、一九六八年に、「一九六五年初等・中等教育法」の改訂（いわゆる「タイトル・セブン」または「二言語教育法」）として、英語の能力が不十分な児童の教育上のハンディキャップを解決する鍵として提案されたものであり、とくに授業についていけず落第する児童の多いヒスパニック系を念頭に置いての立法であった。この立法の目的は、英語の力が十分でない児童に、その児童の母語と英語の併用で教育することにより、その児童の成績をよくすることだけでなく、英語の力を身につけ、それを通してアメリカ社会に同化することが期待されたとも解釈される。他方、母語で勉強することにより、母語と、それに代表されるエスニック文化に自信をもち、それらを保持することが期待された。英語を十分に話せなくとも教育の機会を得る権利は与えられるべきだという考え方は、後に一九七四年のロウ対ニコラス判決で、連邦最高裁によって認められることになる。英語を母語としないエスニック集団の児童は教育の機会均等の権利を奪われているのであり、それを是正するため教育委員会が積極的な措置をとるべきであるとされたのである。

しかし、一九八〇年代になると、公民権運動の成果の一つであるアファーマティブ・アクションへの批判が出され、二言語教育に反対を唱える声も高まった。英語を公用語にしようとの運動が活発化するのである。

◆「イングリッシュ・オンリー運動」

英語をアメリカの公用語とするために憲法改正や立法を求める運動は、一九八〇年にフロリダ州デイド郡で市民が先頭を切った二言語反対令の通過に端を発し、一九八一年、S・I・ハヤカワ上院議員が連邦議会に「英語をアメリカの公用語とするための憲法修正案」(English Language Amendment：ELAと称される)を提出してから、全米規模になった。この運動を支持してきたのは、アメリカ在郷軍人会、「イングリッシュ・ファースト」、「U・S・イングリッシュ」といった組織である。

この修正案は、一九八〇年代を通じて何度も連邦議会に提出されたが、いずれも通過しなかった。ただし、州レベルでは、かなりの成功を収めており、一九八〇年代半ばからこの修正法案を通過させる州が増加している。一九九〇年までに英語を公用語と制定した州はアラバマ、アーカンソー、カリフォルニア、コロラド、フロリダ、ジョージア、ハワイ、イリノイ、インディアナ、ケンタッキー、ミシシッピ、ネブラスカ、ノースカロライナ、ノースダコタ、サウスカロライナ、テネシー、ヴァージニアの一七州に上る。

英語を公用語にしようとの動きは、アメリカにおいて決して一九八〇年代に新しいものではなく、建国の時代から周期的に現れたり消えたりしてきた。だが、一九八〇年代のこの運動は、一九六五年移民法への反応として現れたものと見られる。一九六五年移民法制定後、前述のとおり、ラテンアメリカやアジアから大量の移民が流入し、続いて、これらの移民を含むいわゆるマイノリティの人々を援助し、彼らの権利を守ろうとする動きが活発になった。その代表的な例としてよく持ち出されるのが前述の二言語教育法（一九六八年）である。これは英語の力が不十分な児童の教育に連邦政府が補助を出すことを決めたもので、この法に則り最高裁判所は、一九七四年のロウ対ニコラスの判例で、非英語系の児童が英語のみで行われる授業を受けなければならないことは、彼らが平等の教育機会を得る権利を剝奪されているものだと、裁定したのである。一九七五年の投票権法は、二言語による投票を認めることで、ヒスパニック系、先住民、アジア系アメリカ人に投票権の保護を拡大した。

二言語教育法に代表されるこのような動きはマイノリティ集団のリーダーからは歓迎されたものの、アメリカ社会には強い反発も見られた。ことに一九八〇年代、世界におけるアメリカの威信と権力が揺らいでいるとの懸念を感じる人々にとっては、英語を支持し二言語教育に反対することが愛国主義の現れでもあったのである。二言語教育を実施することが言語やエスニック集団間の分裂をもたらすとの懸念もあった。「イングリッシュ・オンリー運動」は、こういった懸念を原動力にしていたのである。

「イングリッシュ・オンリー運動」に反論を唱える個人や組織も多い。ヒスパニック系の公民権運動・教育組織が中心になって「イングリッシュ・オンリー運動」に代わる運動として「イングリッシュ・プラス運動」を提唱し始めたのは一九八五年であった。一九八七年には、アメリカ市民自由連合や全米英語教師会議を含む五〇以上の教育・公民権組織がまとまって、「イングリッシュ・プラス情報センター」を創設した。この運動の主たる目的は、英語を公用語にしようとする動きに反対することであり、「イングリッシュ・オンリー運動」はネイティヴィズム、孤立主義、人種差別主義の現れだと主張する。

一九八〇年以前に英語を公用語と定めていたのはネブラスカとイリノイの二州にすぎなかったが、一九九〇年までに一五の州が何らかの形で憲法修正を認めた。英語を公用語にする立法に関してもっとも有名になったのは一九八六年のカリフォルニア州における「提案六三」であろう。これは英語をカリフォルニア州の公用語と宣言するだけでなく、実際に立法府に法律を実施させることも決めたものので、これが一般投票で全体の七三％の支持を得たのである。ただし、その後、カリフォルニア州でも、二言語教育や二言語投票の実施を否認したり、スペイン語を用い続ける雇用者を解雇するなどといった試みは、すべて裁判所において敗訴となっており、英語を公用語と認めても、二言語の使用は続いている。

二〇一〇年の時点で、英語を州の公用語と定めている州は、合計二八となっている。ちなみにハワイ州は、英語とハワイ語を公用語としている。

4　教育改革をめぐる論争

◇大学カリキュラムの改訂

多文化主義の視点からの高等教育（大学）レベルでの改革は、一九九〇年から従来の必修科目を改編し、全新入生は「文化、思想、価値（Culture, Ideas, Values）」のプログラムに登録し、「非西洋文化」「アメリカにおける人種・宗教・エスニシティ」および「女性研究」の三つの分野から各一科目を履修することを必須としたスタンフォード大学の試みにまず見られた。公民権運動家のジェシー・ジャクソンが前年同大学で講演した際、同大学の必修科目がヨーロッパ文化中心であったことを知り、それを批判したことが契機となったとされる。

アメリカの大学のカリキュラムはそれまで西洋文化をコアに作られていた。シカゴ大学のロバート・ハチンスを中心に編纂され、ブリタニカ社から一九五二年に『西洋古典叢書』五四巻（*Great Books of the Western World*）が刊行されたが、これはまさに西洋文化の正典《カノン》を網羅したもので、教養を求める人々の必読書となった。

スタンフォード大学の新しいプログラムでは西洋文化の普遍性は否定され、ホメロス、プラトン、シェイクスピアなどに代わって、アメリカの先住民の作品、二〇世紀の革命家の著作などが必読書とされた。これに対し、伝統的なカリキュラムを擁護する立場からは、アメリカの制度や思想はすべて西洋の歴史を通して形成されてきた、西洋は世界でもっとも公正で能率的な政治システム=代表民主主義を生み出した、「文化、思想、価値」のようなプログラムは文化相対主義的でアメリカの高等教育を質的に凋落させるものであるという批判が出された。同プログラムはその後大幅な改正がなされ、現在（二〇一〇年春）では「市民のための教育」領域として残され、「倫理」「グローバル共同体」「アメリカ文化」「女性研究」の四つの分野から二科目以上が必修となっている。

他方、カリフォルニア大学バークレー校では一九九一年からアメリカのエスニック集団（アフリカ系アメリカ人、アジア系アメリカ人、ヒスパニック系、先住アメリカ人〔インディアン〕、ヨーロッパ系移民）について学ぶことが必修となった。現在（二〇一〇年春）では、四〇以上の学部で開設され認定されている「アメリカ文化」に関する科目――「現代アメリカ社会における人種とエスニシティ」「アメリカ移民体験の歴史」「都市と地域開発」「学校卒業後の多様性と（不）平等の実態」「一九世紀アメリカの芸術」「人種と映画」など――から、一つを履修することが卒業要件となっている。このような改革は、マイノリティの多い西海岸の大学だけでなく、白人学生が圧倒的多数を占める中西部のウィスコンシン大学やミネソタ大学においても同様に行われ、高等教育機関のさまざまな分野において多文化主義は浸透している。

◇多文化室の設置

現代アメリカの推理小説作家パトリシア・コーンウェルの作品に *From Potter's Field*（相原真理子

訳『私刑』講談社文庫、一九九五年）がある。その中の主要登場人物の一人はヴァージニア州リッチモンド市警察のイタリア系の警部である。彼は、南北戦争は奴隷制に支えられた生活様式《ウェイ・オブ・ライフ》を守るための戦争であったという解釈をとうとうと述べ、南部連合旗のステッカーを自分の車に貼る。このような行動は感受性に欠けたものであり、黒人（アフリカ系アメリカ人）にとって決して気持ちのよいものではない。そのために、彼は周囲から疎んじられ、上司からもしばしば注意される。最終的に彼は、自分の考えや態度が誤っていることを学ぶために、署内に設置されている“cultural diversity class”（異文化勉強会）に行くことを命じられる。

このようなことは小説《フィクション》の中だけに起こっていることではない。今日アメリカの多くの大学では“Office of Multicultural Affairs”もしくはこれに類似した名前の部局が置かれている。仮に「多文化室」あるいは「異文化交流促進課」と表すことにする。

一九九二年のある調査によると、アメリカの半数以上の大学で多文化的な学生相談システムが導入されたとある。さらに六〇％の大学において教授陣を人種的・民族的に多様にするための雇用政策がとられ、四〇％以上の大学で多文化主義的研究推進プログラムあるいは多文化研究所・研究センターを有しているとされた。本書でいう多文化室は、今日のアメリカでは、現実に広く行き渡ったものになっているのである。

多文化室はさまざまな役割を担っているが、元来は主流派と目される集団とは別のおもに学生のための親睦や情報交換を目的として作られたのであった。しかししだいに、いやがらせなどの被害に遭った者たちを擁護し、彼らが長い間拒まれてきた恩恵や権利をまとまって主張する場としての役割をもつようになった。

いくつか例を挙げるならば、コロンビア大学の多文化室は、人種的・民族的に多様であり急速に変化する実社会に適応できる人材を培うことをめざし、学生たちに知的交流に従事するために必要な技術を教授し、社会正義についての理解を育成することがその「使命《ミッション》」の一環であると謳っている。シラキュース大学の多文化室は、従来その数が少なかった人種および民族集団からの入学者数を増やす一方、各学生が多文化主義の環境に適合できる能力を育てるのに努めるとし、全国黒人地位向上協会（NAACP）を始めとする大学内のさまざまな多文化主義的な組織——ネイティブ・アメリカン（インディアン）学生会、韓国学生会、ロシア・クラブ、日本青年会、フィリピン学生会、タイ学生会、トルコ学生会、中国留学生会、カリブ学生会など——の活動の調整の任にあたっている。

他の大学でも同様な活動が行われている。オーバーン大学に多文化室が設置された目的は「人種的・民族的少数派および女性」の教職員や学生のリクルートを支援することであった。このことは同大学がその使命Ⅱとして挙げているものである。なお同大学の使命Ⅰは「すべての人種・エスニック集団・民族的出自・宗教・性・性的指向および障害をもつ人たちを温かく受け入れるキャンパスの環境を作る」というものである。教室において職場においてこれらの目標が達成されているかを大学は常に検証しているとされる。多文化室を有するところはほかにスミス大学、ジョンズ・ホプキンズ大学、カンサス大学、ノースカロライナ大学、ライス大学、ハヴァフォード大学、ウェイク・フォレスト大学、アメリカン大学、ケンタッキー大学、シカゴ大学などがある。

◇初等中等レベルでの新しい社会科教育

多文化主義の要請によるカリキュラムの改革は初等中等レベルの社会科教育まで及んだ。その背景には、少数派集団《マイノリティ》とくに黒人の子どもたちの学業成績が振るわないのは、彼らの文化がアメリカ社会の主流《メインストリーム》のそれに比べて劣っていると教えられていることに原因があるとされ、彼らに自信と自尊心をもつことを教えられることが望ましいとする発想があった。たとえばニューヨーク市教育委員会は、一九八九年に多文化教育推進政策を採択し、黒人など非白人の子どもはヨーロッパ文化偏重の教育によって知的圧迫や虐待を受けているという前提に立ち、多文化教育の充実を勧告した。またカリフォルニアでは一九九〇年に、州の教育課程審査委員会が九社の歴史社会教科書を調査し、そのうち七社のものを認定しないということが起こった。これらの教科書には多文化教育の視点が欠ける、というのがその理由であった。背景に、従来の西洋文化中心主義を是正し、児童たちが生まれ育った民族文化の尊重および子どもを文化創造の主体として育てようとする多文化主義的関心が働いていたことは明らかである。

同州ではこれより早く一九八七年に、革新的であるという評判の高かったエリック・フォーナーやクリストファー・ラッシュらが中心となって作ったアメリカ史カリキュラムですらヨーロッパ中心的であると批判され、二年後に新しいものに取って代わられた。それによれば、アメリカ合衆国憲法の三つの基礎は「ヨーロッパ啓蒙思想、植民地時代の経験、ホーデノソーニー政治体制［ニューヨーク北部に居住していた先住民の部族、イロコイ語族の連合首長。一人一票制に基づいた意志決定の方法が採られていた］」であるとされた。一九六〇年代に黒人の歴史家ジョン・ホープ・フランクリンらが同州の委託を受けて書いた指導書《ガイドブック》が、「人種問題に関する記述が多すぎる」として批判された頃と比べて、明らかに状況は変わったのである。

◇「歴史教科基準《ナショナル・ヒストリー・スタンダーズ》」の作成

このような動きの中、一九八九年、ブッシュ大統領の呼びかけでヴァージニア州シャーロッツヴィルに全米五〇州の知事が集まり、「教育サミット」が開催され、初等・中等教育振興の一環として幼稚園から高校までの歴史授業の新しい基準（指導要領）作成が検討され、一九九二年から新しい「歴史教科基準」作成のためのプロジェクトが開始された。

このプロジェクトには数多くの教員組織や歴史研究機関（アメリカ歴史協会、アメリカ史研究者協会など）が関わった。人種・民族関係史が専門であるカリフォルニア大学ロサンゼルス校のゲアリー・B・ナッシュ教授が主たるコーディネーターの役割を果たすこととなった。二年の作業の後、「アメリカ史基準」の草稿が一九九四年一〇月に、「世界史基準」のそれが同年一一月に発表された。それらは、アメリカ合衆国の歴史および世界の歴史の主要なテーマについて一つの「正統的な」解釈を示すことを目的としたものではなく、たとえば異なる解釈がある場合、どのように考証するかなど、授業を行う際の実践的指針を提示することをめざしたものであった。

「時代区分」「歴史的理解」「分析と解釈」「調査」「実践的思考」に分類された基準が提示された。ナッシュたちが、歴史授業に新機軸を打ち出すことを意識していたことは明らかであった。従来とは異なる歴史解釈が随所に見られた。しかし、本プロジェクトが連邦教育省および全米人文基金（National Endowment for the Humanities）からの財政的援助を受けていたことから、内容についてかまびすしい議論が沸き起こった。とくに前全米人文基金理事長（リン・チェイニー、夫は元副大統領ディック・チェイニー）などから、世界史についてはアジア、アフリカ、イスラームに関する記述が多いとする、またアメリカ史については、女性や人種的・民族的少数派の占める割合が多すぎるという批判が出された。大学カリキュラムの改革をめぐっての議論と本質を同じくする議論が、初等中等教育のレベルでも生じたのである。

九年生から一二年生（高校）を対象にした「アメリカ史」基準を見ると、時代に関しては「三つの世界の接触」を扱う第Ⅰ区分から、「現代アメリカ社会」を扱う第Ⅹ区分まで分けられていることがわかる。第Ⅰ区分において、「南北アメリカ社会」「西ヨーロッパ社会」「西アフリカ社会」について学ぶこと（第一基準）、およびヨーロッパ人によるアメリカ大陸の探検について学ぶこと（第二基準）が示唆される。時代区分Ⅱは「植民と開拓」（一五八五～一七六三年）、同Ⅲは「アメリカ革命と新国家建設」（一七五四～一八二〇年代）、同Ⅳは「膨張と改革」（一八〇一～一八六一年）、同Ⅴは「南北戦争と再建」（一八五〇～一八七七年）、同Ⅵは「産業国家の発展」（一八七〇～一九〇〇年）、同Ⅶは「近代アメリカの出現」(一八九〇〜一九三〇年)、同Ⅷは「大不況と第二次世界大戦」(一九二九〜一九四五年)、Ⅸ「戦後のアメリカ」(一九四五〜一九七〇年代)にあてられている。

各時代区分の大枠を捉えることが第一基準がめざすところのものであるとするならば、第二基準はより細分化した具体的なテーマの追究をめざすものである。たとえば、第Ⅵ区分の第二基準の学習テーマとして提起されているのは、「中国人排斥法(一八八二年)、日米紳士協定(一九〇七年)、識字テスト(一九一七年)、緊急割当法(一九二一年)、移民制限法(一九二四年)、ウォルター=マッカラン法(一九五二年)のテーマであった。これらを追究することにより、生徒は「アメリカの理想と現実の間の緊張」について学ぶことを示唆される。そして第四基準では、「著名な先住民《ネイティブ・アメリカン》の指導者を一人選び、その生涯を記せ」という提案がなされている。第Ⅹ区分では冷戦期の外交ならびに国内問題の検討を第一基準とし、現代アメリカの社会的・経済的発展についてのより詳細な学習が提起されている。いずれも重層的な学習の可能性を示唆したものであり、大学レベルでの多文化主義的歴史認識が中学・高校レベルにも反映されているといえるであろう。

5　提案第一八七号――「われわれの州を救え」

かつてはアメリカ全土から、そして海外から、無限に新来者を受け入れるゆとりがあると思われた「黄金の州」、カリフォルニア州で、一九九四年、州民に次のようなことを問う提案が出された。州において、非合法移民への社会福祉を切り詰める、つまり、非合法移民の子女が公教育を無料で受けること、および、緊急の場合を除き、病院での治療を無料で受けることを禁じる、という提案である。この「提案第一八七号」(Proposition 187) は、別名「われわれの州を救え (Save Our State ——略して SOS) イニシアティヴ」と呼ばれるが、一定数の有権者が立法に関する提案を行って選挙民や議会の投票に付するイニシアティヴとしてこの提案が出されたということは、もし政府がこの移民問題の解決に乗り出さないのなら、自分たちが乗り出すのだと、投票者が劇的な声明を出したことであり、州民がいかに移民問題を切実なものとみているかを示しているといえよう。

また、この提案は、全米の非合法移民の四三%が住むカリフォルニア州が、連邦政府の不備な移民法や不十分な国境警備のせいで多大な費用を支払っているとして、連邦政府に不満を伝え、予算補助を求めることで、知事選挙戦を有利に進めようとするピート・ウィルソン知事の意向を反映していたといえる。彼は、カリフォルニア州の非合法移民数は一九八八年以来三倍になり、年間一万八〇〇〇人を数えること、公立学校に在学する非合法移民の子どもの数は三〇万八〇〇〇人に上り、一九八八年以来一〇%近い増加であること、非合法移民に社会福祉を与えるために、州はその予算の一〇%を使わなければならないこと、などを論じたのである。そして、一例として、偽造の罪で逮捕された非合法移民一万六七〇〇人を収監するためにカリフォルニア州が使った費用三万三七〇〇ドルを連邦政府に賠償要求した。まさにこの提案は、「われわれの州を救え」イニシアティヴとして連邦政府にカリフォルニア州の苦境を知らせる目的をもっていたのである。

「提案第一八七号」を推進する人々の考えでは、カリフォルニア州には、全米の非合法移民三四〇万人（推定）の四三％が居住しており、彼らはカリフォルニア州にとっては「侵入者」なのである。「われわれは自分たちを侵入者から守らなければならない。……好戦的なメキシコ系アメリカ人集団はカリフォルニアを取り戻したがっている。われわれの子どもたちは教育を受けられない。教室は非合法移民でいっぱいなんだから。一時間のうち二〇分しか英語が話されないクラスがたくさんある」とか「非合法移民はエスニック集団に分類されるのではなく、犯罪者に分類される」といった声に、彼らの苛立ちが表れている。他方、このような提案によって社会福祉を受けられなくなる非合法移民に同情的な考えもある。「この提案を支持して運動する人々は、移民は『通りで立ち小便をし、この美しい土地をけがす、汚い人々』だという古いステレオタイプに固執しているのだ」とか「今でさえ、非合法移民の子どもの病気が多いのに、この提案の結果、病気が増え、一〇代の妊娠も増えるだろう。この提案は、もっとも傷つきやすい人々（子ども）を標的にしている。許せない」といった声に代表される立場である。

一九九四年一一月八日に行われた投票の結果は、五九％が支持、四一％が反対であった。このように表れた世論を分析して、『タイム』誌（November 21, 1994）は、「提案第一八七号」は、アメリカで立法化された外国人制限の中でももっとも大規模なものの一つであり、これによってカリフォルニア州民はエスニック上および経済上の線で二分されてしまった、と述べた。この提案が実際に施行されるには、最高裁の承認を得る必要があり、人権組織や学校関係者の反対はかなり強力である。また、学校教育に関しては、一九八二年にテキサス州で不法移民には公教育を受ける権利があるか否かを争点としたプライラー対ドウ判決において最高裁が、公教育はアメリカ合衆国に住むすべての人々に保障されるのであり、非合法移民に教育を拒否することは憲法違反であると定めているため、このイニシアティヴが法的に認められるには時間がかかりそうである。

ただし、この投票結果から読み取れるアメリカ社会の風潮は重要である。「最近の不況のために非合法移民が『怒りに満ちたネイティヴィズム』の盛り上がりに遭遇している」と、論じた記事もあった。たしかに、提案一八七の背景には、不評なウィルソン知事の選挙戦略以外に、反移民感情がある。ある調査によると、一九八〇年代になされた五回のアンケート調査で、移民は増えるべきか、減少すべきか、同じ水準に保たれるべきかという質問に対し、増加を支持したのは四％から九％の間という少なさであった。このような姿勢は、非合法移民に関しての懸念や論争によっていっそう強くなった。同じ時期の調査で、非合法移民の雇用を禁止することに賛成したのは回答者の七一％から七九％の間であった（Sanford J. Ungar, *Fresh Blood : The New American Immigrants*, 1995）。

クリントン大統領の要請により非合法移民にかかる費用を計算したアーバン・インスティチュートによると、収容や学校教育や医療費のためにテキサス、フロリダ、カリフォルニアなどの州が使う予算は年間二〇億ドルに上ることがわかった。カリフォルニア州の負担はその半分以上であるといわれる。ただし、同じ調査によって、合法、非合法を合わせた移民が支払う所得税や財産税は二五〇〇〜三〇〇億ドルになることも明らかにされた。「提案第一八七号」によって節約できる額は、この提案の推進者が唱えるより少ないだろうというのが妥当な見方であろう。それを考えると、この「提案第一八七号」は、冷戦時代にはイデオロギー上の理由で移民に対して寛大でなければならないという心理的規制が働いたが、その必要がなくなった今、経済状況が悪くなるとスケープゴートを求める傾向が著しい、といった風潮をまさに具現したものといえるかもしれない。『ネイション』誌（November 28, 1994）は、カリフォルニア州の投票者は、「州の防衛産業の崩壊も、製造業の脱出も、長い不況も、教育制度が全米一位から四七位に滑り落ちたのも、一九九二年の暴動も、不動産価格の低落も――そして恐らくは火事も地震も――非合法移民のせいだと決めつけたようだ」と、述べている。「偽造のグリーン・カードや運転免許証を手に入れることがいかに簡単か――ロサンゼルス市内でも一〇ドルから六〇ドル払えば、一時間のうちに自分のものになる」といった最近の状況を示す報道も現実を示しているのである。経済状況の悪化とネイティヴィズムの高まりとの関連は歴史的に証明されてきたことであり、人々の懸念は幻想や偏見に基づくものばかりではない。まさに最近の経済状況の悪化とカリフォルニア州はその例であろう。

また、この提案には、警官、看護師、ソーシャル・ワーカー、教師などを含む市や州の職員に、アメリカに合法的に滞在していることを証明できない者を見つけた場合は移民・帰化局に知らせるよう義務づける項目がある。これは、一九八六年の移民法に関しても論じられたように、カリフォルニア州民の間に他人に対する不信の念をはぐくむことになるとの危惧もある。これもまた、アメリカ社会にとって望ましくないネイティヴィズムの特徴の一つである。

このように「提案第一八七号」が起こした波紋は大きかった。そして長い論争のあと、一九九八年、連邦第一審裁判所は、この提案が憲法に違反していると裁定し、この提案の施行は差し止められたのである。ただし、この裁定がアメリカ全土に同様の動きをもたらしたとはいえず、非合法移民が入ってくることに対する恐怖といら立ちを感じる保守派といわれる人々の声が高い州や郡や市では、この後もカリフォルニア州に似た政策が提案されることになる。そのもっともよい例は、二〇一〇年四月にアリゾナ州で成立した非合法移民取締法（SB1070）であろう。この法は、『提案一八七号』以来もっとも情け容赦のない移民法」とも称される。そして、「外見から市民と非合法移民とを区別することは可能か?」という疑問は、「提案一八七号」が論議されたときと変わらず残っているのである。

6 目に見えない差別と偏見

◆増えるアラブ系アメリカ人

アラブ系アメリカ人は、アメリカのもっとも新しいエスニック集団の一つで、二〇〇八年現在、人口は約三五〇万人である（本節で引用されている統計・資料はとくに記さない限り、http://en.wikipedia.org/wiki/Arab_American による）。そのうちの約四八%（五七万六〇〇〇人）はカリフォルニア、ミシガン、ニューヨーク、フロリダ、ニュージャージーの五州に集中しており、イリノイ州、テキサス州、オハイオ州、マサチューセッツ州、ペンシルヴェニア州にも各四万人以上が住む。アラブ系アメリカ

表9-1　アラブ系アメリカ人人口

出　自	2000年
レバノン	440,279
シリア	142,897
エジプト	142,832
パレスティナ	72,112
モロッコ	37,462
イラク	37,714
チュニジア	20,000
イエメン	15,000
その他	424,807
合　計	1,333,103

人の九四％は大都市圏に住む。デトロイト市およびその周辺に四〇万人以上、ロサンゼルス市およびその周辺に約二三三〇万人以上、ニューヨーク市およびその周辺に約二三万人が住んでいる。アラブ系アメリカ人がもっとも集中しているのはミシガン州ディアボーンで、同市人口の三〇％を占める。

判明している限りその民族的出自は表9-1のとおりである（総人口数とは一致しない）。アラブ系アメリカ人の出自としては以下が公式に認められている——モロッコ、アルジェリア、チュニジア、リビア、エジプト（以上北アフリカ）、レバノン、シリア、パレスティナ（ガザ地区・ヨルダン川西岸地区）、ヨルダン、イラク、サウジアラビア、イエメン、オマーン、アラブ首長国連邦、カタール、バーレーン、クウェート（以上西アジア）。このことから「アラブ系アメリカ人」ではなく、「中近東系」もしくは「北アフリカ系」と呼ぶのが妥当であるとする意見がある。彼らは現在の国勢調査の人種別分類では

「白人」「黒人」「混血」「その他」のいずれをも選ぶことができるが、「中近東人《ミドル・イースタナー》」という項目を加えるという案もある。また、「ヒスパニック系」と並ぶ別個の「エスニシティ」として挙げられるべきであるという主張もある。後に見るように、現在までレバノン系の進出が顕著であるが、彼らの人口がアラブ系アメリカ人の中で際立って多いことと、歴史的に早い段階でアメリカに到来したこととと無関係ではない。

アラブ系アメリカ人の宗教について見る。アラブ系アメリカ人はすべてか少なくとも大多数がイスラーム教徒であると思われているが、事実はそれとは異なる。アラブ系アメリカ人研究所の調査によれば、六三%がキリスト教徒（三五%がカトリック教徒、一八%が東方正教会派、一〇%がプロテスタント）、二四%がイスラーム教徒、一三%がその他（ユダヤ教徒など）である。プロテスタントのアラブ系アメリカ人は一九世紀末から二〇世紀初めにかけての移民およびその子孫に多い。この時期にヨーロッパやアメリカからのプロテスタントの宣教が活発であったことを示す数字である。最近では、イスラーム教徒の占める割合が――とくにレヴァント（シリア、レバノン、パレスティナ、ヨルダン）以外の地域からの若い世代に――増加している。

この反対に、アメリカのイスラーム教徒は全員がアラブ系アメリカ人ではないことを知るべきである。たとえばインドネシアからの移住者にはイスラーム教徒が多いが、彼らはアジア系に分類されている（現在ムスリム移民の三〇%は南アジア出身者でもっとも数が多い）。また、かなりの数のアフリカ系アメリカ人がイスラーム教に改宗していることが注目される（黒人《ブラック》ムスリムの存在）。彼らの多くはイスラーム教が平和の宗教であることを信じ、教義の面でキリスト教に満足しなくなったこと、アメリカの主流文化がユダヤ＝キリスト教の伝統に立っている部分が大きく、少数派集団としてそれを認めることはできないこと、あるいはアメリカの外交政策――アメリカ政府は一貫して親イスラエルの姿勢を保持してきた――を理由に、それらに代わるものとしてイスラーム教を求めたと説明される。

宗教としてのあるいは生活様式としてのイスラーム主義はアメリカにおいて「異質的」であると見なされている。それは非民主的であり、多様性を認めない原理主義的であるという見方が広く行き渡っている見方である。極端な暴力主義《テロリズム》に走る傾向があるともされる。このようなイスラームおよびアラブ系アメリカ人観は、サミュエル・ハンチントンの研究――最初季刊誌『フォーリン・アフェアーズ』誌一九九三年夏号に「文明の衝突?」として掲載され、後に『文明の衝突と世界秩序の再創造』（一九九六年）として刊行された――に多分に影響されたものである。ハンチントンは、西欧文明と非西欧文明の対立が将来必ず起こることを予想し、西欧文明と対立するであろう主要な非西欧文明はイスラーム文明と中華文明であるとしたのであった。この解釈については数多くの反論がなされた。

イスラームおよびアラブ系アメリカ人に対するネガティブなイメージは、世界貿易センタービル爆破事件（一九九三年）および同時多発テロ事件《ナイン・イレヴン》（二〇〇一年九月一一日）以後急速に高まった。これらの事件にムスリム（イスラーム教徒）が関わったことは事実である。しかし、このことから、アラブ系アメリカ人がすべてテロリストであるというのは正しくない。テロリズムに走るのは少数の過激派によるものであり、大多数のムスリムはテロリズムとは無関係に生活している。したがって、以前から潜在的にあった「反アラブ」的感情が増幅されて表れたと見るのが妥当であろう。

しかし、イスラーム教を信奉するアラブ系住民に対する偏見や差別は拡大しているように思われる。とくに同時多発テロ事件以後、ムスリム（男性なら頭にターバンを巻き髭を生やした人、女性ならばヒジャブを被り顔だけ出している人）に対するヘイトクライムの数が急増した。イスラム寺院やイスラム教の学校、中東系のコミュニティセンターには電話や手紙による脅迫が相次ぎ、落書き、石や火炎瓶の投擲、銃撃、豚の血を入れた箱をモスクの入り口に置いておくという悪質な嫌がらせである。道を歩いていても罵声を浴びたり、アラブ系経営者のお店、とくにガソリンスタンドも危険なため、閉鎖せざるをえない状況になった。中心寺院であるモスクが暴動を恐れて閉鎖されたこともある。大学キャンパスでは中東系の学生が卵を投げつけられたり、職場では突然解雇されたり、数々の嫌がらせがアメリカ中で広がった。アラブ系には全員身分証明書携帯を義務づける案に対して賛成が四九％、アラブ系の強制送還を求めようという案には五八％ものアメリカ人が賛成するという調査がある。公共の場所でアラブ系アメリカ人に対して執拗なセキュリティチェックが行われ、アラブ系やイスラーム関連の施設に対し、不信と憎悪の矛先が向けられることがある。次項で扱う「ヘイトクライム」の対象になるということが、現実に起こっているのである。このようなとき必要とされるのは、他のアメリカ人がイスラームの信条・伝統・文化について学ぼうとする姿勢を示すことであり、宗教を実践し、文化や言語を維持する機会を積極的に提供もしくは保証することに努めることである。

最後に、アラブ系アメリカ人の政治進出についていえば、現在連邦議会（第一一一議会）には二名のアラブ系の下院議員がいる。それぞれのアメリカ総人口に占める割合を考慮しても（ユダヤ系人口は推定四〇〇万〜六〇〇万人）、上・下院合わせてユダヤ系議員が四五名を数えるのと比べてはるかに少ない。しかしこれまでに、五名のアラブ系の連邦上院議員が在任し、いずれも重要な役割を果たした。ジョージ・ミッチェル（民主党）は一九八九年から六年間上院多数党院内総務を務めた。彼の父はアイルランド系で小さい頃レバノン人の家庭の養子となり、レバノン移民の女性と結婚した。ミッチェルは現在アメリカ合衆国中東特使の任にあたっている。スヌヌ家の祖先は二〇世紀初めのパレスティナからの移民である。ジョン・H・スヌヌ（共和党）はニューハンプシャー州知事を務めた後、大統領主席補佐官になった。息子のジョン・E・スヌヌは連邦下院議員・上院議員を歴任した。なお両人とも宗教はカトリックである。スペンサー・アブラハム（東方正教会に所属）は上院議員を一期務めた後、第一次ジョージ・W・ブッシュ政権でエネルギー長官に就任した。

先に述べたとおり（「まえがき」参照）二〇〇六年一一月の選挙で初のムスリム（イスラーム教徒）の連邦議会下院議員キース・エリソン（民主党）が誕生した。エリソンは四三歳の弁護士でアフリカ系アメリカ人である。カトリック教徒として育ったが、ミネソタ大学時代にイスラーム教（スンナ〔二〕派）に改宗したのであった。なおエリソンは二〇一〇年に再選されている。連邦議会下院にはもう一人のムスリム議員がいる。アンドレ・カーソンである（二〇〇八年三月の特別選挙で選出）。彼もアフリカ系アメリカ人であり、イスラーム教（スンナ派）への改宗者である。

ジョンソン政権の副大統領のハンフリーや、カーター政権の副大統領のモンデールの出身地であるミネソタはもともと民主党が強く州都のミネアポリスはリベラルな都市である。それゆえ九月の予備選挙で民主党の候補に選ばれた時点でエリソンの当選が確実視されていた。それでも、選挙戦ではさまざまな非難を浴びた。その一つがネーション・オブ・イスラム（NOI：前出、八章三節参照）との関係があった。同組織の指導者ルイス・ファラカンは、ユダヤ人とイスラエルへの歯に衣を着せぬ攻撃で知られ、ユダヤ系からは人種主義者として批判されている人物である。このファラカンと関係があるとして、共和党の対立候補（ユダヤ系）はエリソンを攻撃した。

エリソンは宗教ではなく政策を強調して選挙戦を戦った。イラクからの即時撤退、最低賃金の引き上げ、労働組合の権利の擁護、健康保険の適用範囲の拡大などを訴えた。エリソンはハマスやヘズボッラーをテロ組織として非難している。また同性愛の人々の権利を擁護し、妊娠中絶の権利も支持している。いずれも保守的なムスリムなら嫌悪する政策である（出典『季刊アラブ』〔二〇〇六年一一月二三日〕http://www.takahashi-seminar.jp/ books/20061225.html　アクセス〔二〇一〇年四月二三日〕）。

ミネソタ州はかつては人口の大多数が白人の州であった。しかし、同州における白人の比率が下がる一方、カンボジア（アジア）やソマリア（アフリカ）からの移民の流入が増加しており、人種的民族的少数派が政治的に進出できる基盤が整ってきたといえよう。ミネソタでの現象がアメリカ全体に起こるかどうか注目される。

◇ヘイトクライム（憎悪犯罪）

人種、民族、宗教の違いに基づく犯罪は、世界の多くの地域で起こってきた。これに加え、最近では性的指向（とくに同性愛）、障害（知的、身体的）、生活ファッションに対する偏見から起こされるものが増加している。このような犯罪は漠然とリンチあるいはいやがらせと呼ばれてきたが、一九八〇年代以降は一般に「ヘイトクライム」（憎悪犯罪）と呼ばれる。その対象は多岐に及び、また形態もさまざまである――殺人《マーダー》、故殺《マンスローター》、暴行《アソールト》、器物損壊など。

アメリカでは、西部フロンティアにおいてのように無法者に対する私的制裁、奴隷制廃止後の南部諸州における黒人に対する恣意的な処罰（いずれも絞首による処刑が多く、リンチの名で知られる）、クロス・バーニング（とくに黒人に同情的な白人の家の庭で十字架を燃やすこと）、シナゴーグ（ユダヤ教会堂）に対する汚損・破壊活動が見られた。しかし近年では、同性愛者や身体障害者に対する犯罪が顕著である。

ヘイトクライムの予防と撲滅を求める声は強く、イギリス・フランス・スペイン・ドイツ・イタリア・デンマーク・ギリシャなどの諸国ではそのための立法措置が取られてきた。アメリカも例外ではなく、一九九〇年に「ヘイトクライム統計法」が、一九九四年に「ヘイトクライム処罰強化法」が制定された。前者はヘイトクライムの発生状況や発生場所を把握し、再発防止のために連邦政府がデータ収集を行うことを定め、ヘイトクライムに対する一般の認識を高めるほか、州や郡の警察当局に適切な対応を可能にさせることでヘイトクライムを未然防止・再発防止することを目的とし、後者はヘイトクライムを行った加害者に対して、通常の犯罪の刑罰より厳しい罰則の適用を認める法律である。

連邦捜査局の報告によれば、二〇〇八年には七七八〇件のヘイトクライム（単一に偏見に基づいたもの）が起こったとされる。二〇〇〇年には八〇五五件で、数は減少した。七七八〇件の対象別内訳は、五一％が人種（三九九二件、二〇〇〇年は四三三七件〔五四％〕、以下同）、二〇％が宗教（一五一九件、同一四七二件〔一八％〕）、一七％が性的指向（一二九七件、同一二九九件〔一六％〕）、一一％が民族・出身国（八九四件、九一一件〔一一％〕）、一％が障害者（七八件、同三六件〔〇・四％〕）であった（出典は“2008 Hate Crime Statistics,” http://www.fbi.gov/ucr/hc2008/data/table_01.html アクセス〔二〇一〇年四月二三日〕）。

典型的かつ残忍なヘイトクライムとしてしばしば引用されるのが、ヴィンセント・チン（Vincent Chin）事件である。この事件は一九八二年六月、ミシガン州デトロイトで発生したもので、日本車の進出によって大量の失業者を抱えていたアメリカ自動車産業が背景にあった。加害者（ロナルド・イーブンス）は当時一七歳の中国系アメリカ人ヴィンセント・チンを日本人と間違えて不満をぶつけ、ついに義理の息子ニッツと共に殴り殺してしまう。その結果、彼には執行猶予三年、三〇〇〇ドルの罰金の判決が下ったが、その軽い量刑に対し、デトロイトの人口の六〇％を占める黒人層から抗議の声が上がった。連邦地裁は新たにイーブンスに公民権侵害のかどで懲役二五年の実刑判決を下すが、白人人口の多いシンシナティの上告裁ではイーブンスは自分をマスコミによる魔女狩りの犠牲者だと訴え、五年後彼は無罪判決を受けた。

人種的偏見が原因となって起こった事件として、ハワード・ビーチ（一九八六年一二月）およびクラウン・ハイツ（一九九一年八月）――いずれもニューヨーク市内――で起こった二つのものが想起される。

前者は住民の多数が白人であるハワード・ビーチ地区（クイーンズ区）で起こった。車で通りかかった三人の黒人の若者と白人の若者集団の間の争いで、黒人の一人が死亡、一人が重傷を負ったものである。四人の白人が傷害致死容疑で逮捕され、裁判の結果、一五年、一八年、一〇年、二〇年の懲役判決を受けた（一人は捜査に協力するという取引を行い、六カ月の懲役と四〇〇時間の奉仕を課せられた）。なお二〇〇五年と二〇〇七年にも、同地域で事件が起きている。二〇〇五年の事件は三人の黒人の若者が一人の白人に野球バットで襲われたもので（一人が重傷を負った）、犯人は一五年の懲役を言い渡された。二〇〇七年の事件は、不特定多数の黒人とヒスパニック系の若者が二人の白人を襲ったもので、住民たち（全員が白人）がデモを行い、犯人たちはヘイトクライムで裁かれることを要求した。しかし証拠不十分で、その要求は却下された。

ニューヨーク市のクラウン・ハイツ地区（ブルックリン区）は人口の過半数がアフリカ系アメリカ人（黒人）か西インド諸島からの移民で構成され、その中にかなりの数のユダヤ系が混じっているところである。一九九一年八月一九日、ユダヤ教敬虔派《ハシッド》の男性の運転する車がコントロールを失い、人混みの中に突っ込み、二人の黒人の子どもに怪我を負わせた。すぐに救急車が駆けつけ負傷者の救助にあたったが、一人は間もなく息を引き取った。このような状況の中、救急隊は危篤状態にある黒人の子どもを助けるよりも、白人の運転手の手当てにより専念していたのではなかったかという噂が広まり、黒人住民の間に不穏な空気が広まった。翌日、ユダヤ教を学ぶためにオーストラリアから来ていたヤンケル・ローゼンバウムが興奮した群衆に襲われ、ナイフで殺害されるにいたった。彼は正統派ユダヤ教の服をまとい、顔をおおうほどの髭をたくわえていたが、前日の車の事故にはまったく関係のない人物だった。警察は一七歳のレムリック・ネルソンを逮捕し殺人罪で訴追するが、陪審は合意に達しなかった。その結果ネルソンは放免された（一九九一年一〇月二九日）。しかし一九九五年になって連邦司法省はネルソンを、ローゼンバウムの公民権を侵害した罪で訴追することを決めた。これより少し遅れて、連邦司法省は自動車の屋根に登り、「ユダヤ人を殺せ」と叫び、群衆を煽っていたチャールス・プライスを同様の罪で訴追した。一九九七年二月、ニューヨーク連邦地裁は両人に対し有罪の判決（最高二〇年の懲役）を示した。

ヘイトクライムに関して連邦最高裁判所が示した判決は、今までのところケースバイケースである。一九九二年の「R・A・V対セントポール市」訴訟では、憲法修正第一条（表現の自由）および同第一四条（平等保護の原則）から、自治体のヘイトクライム判決強化法が違憲判決を受けている。この訴訟では、白人の青年が、道を挟んでとなりの黒人家庭が住む住居内の庭で、十字架を燃やし、ミネソタ州のヘイトクライム判決強化法の対象になった点が争われた。セントポール市は「青年の行為は、暴力的な表現で怒りや恐怖、憎しみを与える〝喧嘩言葉〟（fighting words）事項に相当するため、言論の自由を侵害しない」と主張したものの、連邦最高裁は「ミネソタ州の場合、すべての〝喧嘩言葉〟を摘発しているわけではなく、特定のものだけを選んで、ヘイトクライムとして罰している。これは法の下の平等に反しているだけでなく、言論の自由を侵害する」とした。また、大学の構内の「ヘイトスピーチ」（偏見に基づく発言）規則については、これまでほとんどの場合、言論の自由の観点から、ヘイトスピーチ規制の合憲性を認める判決を下している。

一九九三年の「ウイスコンシン州対ミッチェル」判決では、ヘイトクライム規制法は憲法修正第一条が保障する言論の自由に抵触しないという全員一致の判決を出している。人種差別を描いた映画『ミシシッピー・バーニング（Mississippi Burning）』をビデオで観たという黒人の若者（ミッチェル）が、「白人をやっつけないか」と友人を誘い、白人を集団で殴ったことがウイスコンシン州のヘイトクライム処罰強化法の対象になるかならないかが争われ、連邦最高裁は、暴行行為が実際に行われたことを重視し、言論の自由に抵触しないとしたのである。

同判決以降、ヘイトクライム関連法案を強化する州が増えているほか、当初、言論の自由の立場から、「処罰強化法」に反対していたアメリカ市民自由連合（American Civil Liberties Union）も方針を変更し、反対運動を取りやめた。「ウイスコンシン州対ミッチェル」の場合は、被害者に対する暴行行為が認められたため、言論の自由との関連を問われなかったものの、ヘイトクライムの多くは、「脅迫」「器物損壊」であり、公安当局にとって、言論の自由との関連はいまだ、非常に微妙である状況には変わりがない。またいずれの判決でも最高裁はヘイトクライムの定義と動機については、細部に触れるのを避けており、今後、将来的に連邦法にしろ、州法にしろ、ヘイトクライム関連法そのものの合憲性が問われる裁判が起こった場合、どのような判断が下されるかが注目される。

終章　真の平等を求めて――多様性の維持と調和的共存の理想

1　『アメリカの多様な顔』――ルーツを探る新しい試み

◇ゲイツ事件（二〇〇九年）

二〇一〇年二～三月、アメリカ公共放送（ＰＢＳ）でヘンリー・ルイス・ゲイツ・ジュニア制作の『アメリカの多様な顔』と題したドキュメンタリーが放送された。ゲイツはアフリカ系アメリカ人として認識されており、アメリカ黒人文学および文化研究の専門家である。『シグニファイング・モンキー（もの騙る猿）――アフロ・アメリカン文学批評理論』（一九八八年、邦訳版南雲堂、二〇〇九年）などの著作があり、現在ハーヴァード大学Ｗ・Ｅ・Ｂ・デュボイス・アフリカ＝アフリカ系アメリカ研究所所長である。

これより前、二〇〇九年七月、外国旅行から自宅に帰ったところを侵入者がいるという通報を受けて駆けつけた警官（アイルランド系の部長刑事）によりゲイツが逮捕されるという事件があった。ゲイツは身分証明書を見せ釈放されたが、著名なハーヴァード大学教授が手錠を掛けられた姿はセンセーショナルなニュースとなった。ゲイツの友人であるオバマ大統領が警官を強く非難する言葉を発したことから、事件はさらに大きくなった。最終的には、大統領がホワイトハウスに両人を招き和解の場を設定することで落着となった。

人種や皮膚の色などを基準として犯人を捜査したり容疑者を特定することは「レイシャル・プロファイリング」と呼ばれ認められている。しかし、取り締まる側に偏見や誤解があるようなとき、対象となった者はしばしば多大な迷惑と被害を蒙る。アフリカ系アメリカ人やヒスパニック系に対して頻繁に職務質問がされたり、時にはいやがらせがなされることがあるのは明らかに違法である。ゲイツの事件はきわめてこれに近いものだったので、人々の関心を引いたのである。

◆『アメリカの多様な顔』（二〇一〇年）

ゲイツは、アフリカ系アメリカ人を対象にしたドキュメンタリー『アフリカ系アメリカ人のルーツ』を制作した。第一部は二〇〇六年に第二部は二〇〇八年に放映され、音楽家のクインシー・ジョンーズ、トークショーホストのオプラ・ウィンフリー、女優のウーピー・ゴールドバーグ等（第一部）および詩人のマヤ・アンジェロー、陸上競技選手のジャッキー・ジョイナー＝カーシー、俳優のモーガン・フリーマン等（第二部）が登場した。ゲイツは各人について、系譜を調べ、信頼できる文献資料にあたり、可能な場合はDNA鑑定を行い、自分の「歴史」を雑えながら、本人たちをインタビューした。二〇一〇年にゲイツは、アジア系、ユダヤ系、アイルランド系、イタリア系、ヒスパニックなど人種・民族的背景が多岐に亘る一二人の著名人を選び、同じ手法を用いて、『アメリカの多様な顔』を制作した。

(1) **マルコム・グラッドウェル**（Malcolm Gladwell）

父はイギリス系、母はジャマイカ系。イギリスで生まれるが、六歳のときカナダ・オンタリオ州に移住。現在はニューヨーク市に拠点を置き執筆活動に従事する。『ワシントン・ポスト』紙ビジネス・科学担当記者を皮切りに、ニューヨーク支局長を経て、一九九六年より『ニューヨーカー』誌専属となる。後述のコルバートと同様、『タイム』誌により「（世界で）もっとも影響力のある一〇〇人」に選ばれた（二〇〇五年）。ゲイツとのインタビューで、両親が異人種間結婚したときのそれぞれの親たちの反応、アメリカとジャマイカにおける混血の受け取り方についての違いについて語っている。

(2) **ルイーズ・エルドリッチ**（Louise Erdrich）

作家・詩人。小説、詩集、短編集、児童文学作品を数多く出している。父はドイツ系、母は先住民（チッペワ族、ノースダコタ州）の混血。父方・母方とも、系譜を二〇〇〇年前まで辿ることができる。一八九五年生まれの父方の祖父は第一次世界大戦終了後の一九二二年、ドイツから移民し、ミネソタに住んだ。ドイツ人女性と結婚し、四人の男子が生まれた。その一人がエルドリッチの父である。四人全員が第二次世界大戦ではアメリカ陸軍に入り、対独戦に従事し、全員が生還した。母方の祖父が一九四〇～五〇年代にアメリカ政府の先住民政策に抵抗したことが、自分は誰であるかを理解するのに大きな影響を及ぼしたと語る。

(3) **エリザベス・アレクサンダー**（Elizabeth Alexander）

詩人、イエール大学アフリカ系アメリカ研究教授、同研究所長。詩集および随筆集を出している。「アメリカ社会における人種関係の改善に寄与した」ことで、グッゲンハイム奨励金《フェローシップ》を授与された。オバマ大統領の就任式で自作の詩を朗読した。

父方の祖父は一九一八年にジャマイカから移民し、ニューヨーク市ハーレムに住んだ。彼は密航したと伝えられてきたが、エリス島に残された記録では、一等の運賃を支払ったとある。母方の系譜は、二四代遡るとイングランド王ジョン一世に、三七代遡るとシャルルマーニュ大王（初代神聖ローマ帝国皇帝）につながると、ゲイツから伝えられる。

(4) **マリオ・バタリ**（Mario Batali）

現在アメリカでもっとも名の知られた料理人《シェフ》の一人である。ニューヨーク市にレストランを開くかたわら、料理番組をもつ。アメリカ版「料理の鉄人」に数回出演した。

シアトルに生まれる。曾々祖父の代にイタリアから移民。モンタナの炭坑で働いた後、シアトルに移り、イタリア食料品店を開いた。同店は閉鎖したが、ボーイング社を定年退職した父が復活させた。

クリスティ・ヤマグチ（中央，1992年アルベールビル冬季五輪）

バタリは祖母が牛の尾《オックステール》のラヴィオリを作るのを見て育ち、それが忘れられず自ら料理人になる道を選んだと語り、アメリカ西部に住むイタリア系移民の子として育った体験を語る。

(5) **クリスティ・ヤマグチ**(Kristi Yamaguchi)

一九七一年生まれの日系四世。一九九二年冬季オリンピック（アルベールビル）女子フィギュアスケート種目の金メダリスト。後プロに転向し、アイスショー「スターズ・オン・アイス」などで活躍。一九九八年に世界フィギュアスケートの殿堂入りを果たした。「いつも夢を！」財団を設立し、サンフランシスコ地域で子どものための福祉活動に従事している。

ヤマグチの曾祖父母は和歌山県と佐賀県からアメリカに渡った。父は一九三七年生まれで五歳のときボストン（アリゾナ州）の収容（転住）所に送られ、母は一九四五年グラナダ（コロラド州、アマチェとしても知られている）の収容所で生まれた。母方の祖父（ジョージ・アキラ・ドイ軍曹、二世）はアメリカ陸軍に入隊（第一〇〇連隊）し、ヨーロッパ戦線で勲功を収めた（戦場において士官に昇進）。両親からも祖父母からも戦争中の体験については「困難だった」という以外あまり多くを聞いていないと話す。

(6) **メーメット・オズ**（Mehmet Oz）

コロンビア大学心臓外科教授・同科副部長。両親はトルコからの移民。父は一九五五年医学実習生《レジデント》としてクリーヴランドに来た。母は代々土木技師、作家、起業家を輩出してきた裕福な家庭の出である。ハーヴァード大学卒業後、ペンシルヴェニア大学医学部で医学を、そして同大学経営学部で経営学修士を学ぶ。西洋医学の技術と伝統的な医学を合わせた処方を出すことで知られている。毎年二〇〇回以上の手術を手がけ、ラジオ・トーク番組をもち、多数の雑誌に医学関係のコラムを書いている。二〇〇八年「もっとも影響力のあるハーヴァード大学卒業生一〇〇人」に選ばれた。

(7) **メリル・ストリープ**（Meryl Streep）

ヴァッサー大学およびイエール大学演劇大学院で学び、舞台俳優としてのキャリアを始めた。ニューヨーク・シェイクスピア・フェスティバルでの舞台で注目を集め、一九七七年に『ジュリア』で映画デビューし、翌年公開の『ディア・ハンター』でアカデミー助演女優賞にノミネートされた。『クレイマー、クレイマー』（一九七九年）でアカデミー助演女優賞を、『ソフィーの選択』（一九八二年）

でアカデミー主演女優賞を受賞したハリウッドきっての演技派である。二〇一〇年現在、アカデミー賞に一六回ノミネートされており、これは俳優としては最多である。また、ゴールデングローブ賞を六回受賞（二六回ノミネート）しており、これはジャック・ニコルソンと並び最多である。

ストリープはゲイツから、彼女の祖先はスイス、ドイツ、アイルランド、イングランド出身であることを伝えられる。八代目の祖先は先住民の族長フィリップ王（メタコム）との戦い（二章二節参照）に従事したこと、独立戦争時クエーカー教徒であった祖先の一人が教会の定めに従わないで武器を取ることを選び、教会から追放されたということを教えられる。

(8) ヨーヨー・マ（Yo-yo Ma）

ヨーヨー・マ

中国系アメリカ人のチェロ奏者。一九五五年一〇月七日、パリで生まれる。父は指揮者・作曲家、母は声楽家。両親は中国を離れパリに渡りその後、彼が七歳のときにニューヨークに移り住んだ。家族は今もニューヨークに住んでいる。

一九六〇年四歳でチェロを始める以前の幼少の頃より、ヴァイオリンやヴィオラを習い、五歳にしてすでに観衆を前に演奏を行った。七歳のときにはケネディ大統領の前で演奏した。また、八歳でレナード・バーンスタインが行ったコンサートでアメリカのテレビに出演した。クラシック音楽から現代音楽までの幅広いレパートリーをもち、デビュー当時のテクニックは世界最高といわれていた。

ゲイツの調査によれば、マの系譜は一八世代、西暦一二一七年まで確実に遡ることができる。さらに三世代前まで判明している部分があるという。マは一つの家族の歴史がこのように古い時代にまで遡れることから、中国文化の奥深さに感銘を受ける。

(9) **マイク・ニコルス**（Mike Nichols）

一九三一年ベルリン生まれ。エミー賞、グラミー賞、オスカー賞、トニー賞を授与された映画監督、演出家、テレビ・ディレクター。『バージニア・ウルフなんかこわくない』（一九六六年）、『卒業』（一九六七年）、『キャッチ22』（一九七〇年）などを監督した。

一九三八年、父の後を追い、五歳下の弟と共にナチ支配下のドイツからアメリカに渡る。一九四四年アメリカ市民権を取得。それと同時に名前をペシュコウスキーからニコルスに変え、英語を学ぶ。ニューヨークの公立学校に通って初めて反ユダヤ主義を体験したこと、およびドイツでのユダヤ人に対する取締りの記憶はかすかにあると、ゲイツとのインタビューで語る。

(10) **クイーン・ヌール**（ヨルダン王妃）（Queen Noor）

ヨルダン国王フセイン（一九九九年没）の四番目の妃。ナジーブ・ハラビーとドリス・カールクイストの娘として一九五一年首都ワシントンに生まれた。父はシリア系、母はイギリスおよびスウェーデン系。父はトルーマン政権で国防次官補代理を務め、ケネディ大統領により連邦航空局長に任命され、後にパンアメリカン航空の最高経営責任者となった。曾祖父は一八九一年頃ニューヨークに着いたアメリカへの最初のシリア移民でキリスト教徒、オスマン＝トルコ帝国の役人であった。ヌールは男女共学となったプリンストン大学の第一期生（一九七四年卒業）。国王フセインにみそめられ結婚したのは一九七八年。以後ユナイテッド・ワールド・カレッジ（非営利の国際学校、本部ロンドン）の会長を務めるほか、地震廃絶、核兵器拡散防止、行方不明人捜査などの慈善活動に携わっている。

(11) スティーヴン・コルバート（Stephen Colbert）

コメディアンとして人気のあるコルバートはアイルランド系カトリック教徒である。コルバート家は一九世紀中葉のアイルランドの飢饉を逃れて移民してきたと理解していたが、ドイツ系の祖先はそれより早い時期にアメリカに到来していたことが、ゲイツの調査で明らかになった。彼がホストを務めるテレビ・トーク番組「コルバート・レポート」は諧謔の効いた言い回しで人気を博している。『タイム』誌により「（世界で）もっとも影響力のある一〇〇人」の一人に選ばれた（二〇〇六年）。

(12) エヴァ・ロンゴリア・パーカー（Eva Longoria Parker）

テキサス州コーパスクリスティにて農場を経営するメキシコ系の家庭に育った。テキサスA&M大学キングスヴィル校で運動学を学ぶ。大学在学中に地元のビューティ・コンテストで優勝、二〇〇〇年からテレビに出始め、『ビバリーヒルズ青春白書』などにゲスト出演。『デスパレートな妻たち』（日本ではシーズン1からシーズン4がNHK-BS2で放送された（二〇〇五年九月～二〇〇九年七月））のガブリエル・ソリス役で人気を博し、ゴールデングローブ賞にもノミネートされた。二〇〇五年と二〇〇六年のイギリスの月刊男性向け雑誌『マキシム』で「もっともホットな女性」に選ばれた。多くのチャリティ活動に従事している。

パーカーは自分がヒスパニック系であることを隠そうとはしない。パーカーの家系は古く、イギリスの清教徒《ピューリタン》がニューイングランドに到来するより前、一七世紀初頭にテキサスに入植したスペインからの入植者であることまで遡ることができる。一八世紀にはスペイン国王からリオ・グランデ河沿いに広大な土地を付与された。パーカーには先住民の血が混じっていることがゲイツの調査から明らかにされた。パーカーには〝テキサス－メキシコ〟のエスニシティが強くあることが特徴的である。

系譜学的調査は、本人たちが知らなかったこと――エリザベス・アレクサンダーがシャルルマーニュ大王につながり、マイク・ニコルスがアインシュタインと遠い親戚であるなど――を明るみに出す。謎解きに似た興奮をもたらす。しかし、このようなことは特定の個人にとってのエピソードの域を出るものではない、どのような意味があるのかという批判も予想される。これは十分に予想されることである。さらに、ゲイツが選んだ一二人はいわば選ばれた少数ではないか、他の人々に関して同様にドラマティックな事実の発見を期待できるかというコメントがなされよう。しかし、『アメリカの多様な顔』は単発的なエピソードの集積を超えるものであると評価したい。本ドキュメンタリーに登場した一二人のうちの何人かは自分の「ルーツ」についてまったく無知であったか、大きくは意識していなかった。それだけアメリカ社会への同化が、彼ら本人ならびに家族たちが知らないうちに、進んでいたことにはならないだろうか。このことこそ、「エスニック・アメリカ」の本質に関わる部分である。登場人物の一人メリル・ストリープは述べている、意識しようとしまいが、「今あるわれわれは、われわれより前に生きた人々の和である」と。自分にはアフリカ系の祖先よりも白人（とくにアイルランド系）の祖先が多いことを明らかにしたゲイツが制作したこの作品は、アメリカ人とは誰かというクレヴクールが二世紀以上前に発した問いへの答えを考えるうえで、貴重な指針となるものである（ゲイツは二〇一二年に、新たに二五人の現在活躍する人々を選び、第一回の続編――『ルーツを求めて』――を制作し、以後二〇一四年と二〇一六年にそれぞれ三〇人、二七人を対象にしたドキュメンタリーを発表している）。

2 続く試練――共存の理想

アメリカは、二〇〇一年九月一一日の同時多発テロ事件以降大きく変貌した。伝統的な価値観を守ろうとする一方、今までの「アメリカ」のあり方を内側から問い直そうとする動きもあった。従来から見られた多元的な文化はますますその多様性を増している。しかし、アメリカは今もって多人種国家であり、多民族国家である。アメリカは常に分裂の危機を内包しているが、南北戦争（一八六一～六五年）を除いて、物理的な分裂は回避されてきた。

アメリカが多人種・多民族からなる社会であること、そのために国家としてのまとまりを維持していくことが決して容易でないことは等しく認識されている。アメリカを単に一つの類型《タイプ》として捉えたり、一つの類型に押さえ込もうとするいかなる試みも現実的ではない。今日ではアメリカが多様であることは否定のできない事実として受け入れられ、そのことを前提として構成員の福祉を増進するさまざまな措置が策定されている。端的にいえば、「多様の統一」は崇高なビジョンであり、その達成は普く注目されているのである。

このようなビジョンをイスラエル・ザングウィルはるつぼの比喩で表した（一章三節参照）。再び彼の著した同名の劇から引用するならば、アメリカには「ケルト系、ラテン系、スラヴ系、チュートン系、シリア系」が隣り合わせに住み、「ユダヤ教徒もキリスト教徒も」共にあり、国民の出自は世界のいたるところ――「東（に）も西（に）も、北（に）も南（に）も」――あることが謳われた。同じ比喩は半世紀以上経って、一九六三年のワシントン行進を締めくくったキング牧師の演説にも表れた（八章三節参照）。その中で彼は「黒人も白人も、ユダヤ教徒も異教徒も、プロテスタントもカトリック教徒も」手をつなぎ合う世界を描いた。そして、多様性がアメリカの強みであることは、さらに半世紀近い後のオバマ大統領の就任演説（二〇〇九年）において述べられた。「米国の先祖伝来の多様性は弱みではなく、強みだ。我々の国にはキリスト教徒、イスラム教徒、ユダヤ教徒、ヒンズー教徒、無宗教の人がいる。地球上のあらゆる場所から集まった言語と文化によって形作られた。」ここにある「多様性」という言葉は意訳で、実際に使われたのはより卑近な表現――「寄せ集めの遺産（patchwork heritage）――であった。ここには、多数の要素がアメリカ合衆国という統一体を構成するという顕著な認識が見受けられる。

ここで改めて問うてみたい。なぜアメリカは分裂を回避し、大枠において国としてのまとまりを保ってこられたのか。この問いについてはさまざまな答えが考えられる。いい古された表現であるが、古典的共和主義とプロテスタンティズムに基づいた個人主義と公共心がアメリカを支えてきたという解釈は今もって有効であるように思われる。出自はどこであれ、このような価値観を保有し「アメリカ人」になることを選択的に意図してきた人々の生き方が一貫して尊重されてきた。このような個人レベルでのアイデンティティが、逆説的ではあるが一致した国民意識《ナショナル・アイデンティティ》を形成してきたといえよう。

その反面、アイデンティティの基盤を普遍的な価値観ではなく、個人が属するエスニック・グループのそれに置くという選択があることも示されてきた。デビッド・ホリンジャーは、人種《エスノ》＝民族的《レイシャル》共同体こそが「文化的諸価値、社会的アイデンティティ、政治権力の形成・鮮明化・維持のための活力ある場」であるとし、近年におけるエスニック意識の台頭を評価する。他方、このような立場を危惧する見方もある。たとえばアーサー・M・シュレシンジャー・ジュニアは、エスニック意識を過度に強調すればアメリカの「崩　壊《ディスユナイティング》」を招きかねないと指摘する。いずれの立場が正しいかは容易には応えられない。これからも激しい議論と模索が続けられるであろう。それは開かれた社会としてのアメリカの宿命であり、試練でもある。

◆参考文献・資料

アメリカにおけるエスニック・グループを扱った文献は数多い。ここでは、おもに、本書において参照したもの、およびエスニック集団の研究の基本的なものを挙げる。

(1) 総説

有賀夏紀ほか編『アメリカ史研究入門』山川出版社、二〇〇九年。

五十嵐武士編『アメリカの多民族体制――「民族」の創出』東京大学出版会、二〇〇〇年。

五十嵐武士・油井大三郎編『アメリカ研究入門』（第三版）東京大学出版会、二〇〇三年。

移民研究会編『日本の移民研究――動向と文献目録』明石書店、二〇〇八年。

歴史学研究会編『南北アメリカの五〇〇年』全五巻、青木書店、一九九二－九三年。

(2) 事典・統計資料・映像資料

明石紀雄監修『新時代アメリカ社会を知るための60章』明石書店、二〇一三年。

アメリカ合衆国商務省編『アメリカ歴史統計』（新装版）第一・二巻・別巻、東洋書林、一九九九年。

アメリカ合衆国商務省センサス局編『現代アメリカデータ総覧　一九九四年』原書房、一九九五年。

綾部恒雄監修『世界民族事典』弘文堂、二〇〇〇年。

梅棹忠夫監修『世界民族問題事典』（新訂増補）平凡社、二〇〇二年。

小田隆裕ほか編『事典現代のアメリカ』大修館書店、二〇〇四年。

矢口祐人・吉原真里編『現代アメリカのキーワード』中央公論新社、二〇〇六年。

Auerbach, Susan, ed. *Encyclopedia of Multiculturalism*. Marshall Cavendish Corporation, 1994.
Bouvier, Leon F., and Lindsey Grant. *How Many Americans: Population, Immigration and the Environment*. Sierra Club Books, 1994.
"Faces of America with Henry Louis Gates, Jr."
http://www.pbs.org/wnet/facesofamerica/video/episode-1-our-american-stories/190/
United States, Bureau of Census, 2000 United States Census（factfinder.census.gov/）
United States, Bureau of Census, Historical Statistics of the United States Millennial Edition Online（hsus.cambridge.org）

(3) 移民史

移民研究会編『日本の移民研究 動向と文献目録Ⅰ明治初期――一九九二年九月』明石書店、二〇〇八年。

移民研究会編『日本の移民研究 動向と文献目録Ⅱ一九九二年一〇月――二〇〇五年九月』明石書店、二〇〇八年。

伊豫谷登士翁編『移動という経験――日本における「移民」研究の課題』有信堂、二〇一三年。

日本移民学会編『移民研究と多文化共生』御茶の水書房、二〇一一年。

米山裕・河原典史編『日系人の経験と国際移動――在外日本人・移民の近現代史』人文書院、二〇〇七年。

ダナ・ガバッチア（一政〔野村〕史織訳）『移民からみるアメリカ外交史』白水社、二〇一五年。

ナンシー・グリーン『多民族の国アメリカ――移民たちの歴史』創元社、一九九七年。

Alba, Richard and Victor Nee. *Remaking the American Mainstream: Assimilation and Contemporary Immigration*. Harvard University Press, 2003.

Anderson, Wanni W. and Robert G. Lee, eds. *Displacements and Diasporas: Asians in the Americas*. Rutgers

University Press, 2005.
Dinnerstein, Leonard and David Reimers. *Ethnic Americans: A History of Immigration and Assimilation*. Harper and Row Publishers, 1975.
Gordon, Milton. *Assimilation in American Life: The Role of Race, Religion, and National Origins*. Oxford University Press, 1964.
Handlin, Oscar. *The Uprooted: The Epic Story of the Great Migration That Made the American People*. Grosset and Dunlap, 1951.
Handlin, Oscar, ed. *Immigration as a Factor in American History*. Prentice-Hall, 1959.
Handlin, Oscar. *The Americans: A New History of the People of the United States*. Little, Brown and Company, 1963.
Mann, Arthur. *Immigrants in American Life*. Houghton Mifflin, 1974.
Nugent, Walter. *Crossings : The Great Transatlantic Migrations, 1870-1941*. Indiana University Press, 1992.
Simon, Julian L. *Immigration : The Demographic and Economic Facts*. The Cato Institute and the National Immigration Forum, 1995.
Song, Y. I. and Kim, E. C. *American Mosaic : Selected Readings on America's Multicultural Heritage*. Prentice Hall, 1993.
Taylor, Philip. *The Distant Magnet: European Emigration to the U.S.A.* Harper and Row Publishers, 1971.

(4)　エスニシティの観点から書かれたもの

綾部恒雄編『アメリカ民族文化の研究――エスニシティとアイデンティティ』弘文堂、一九八二年。

綾部恒雄編『アメリカの民族――ルツボからサラダボウルへ』弘文堂、一九九二年。

有賀貞編『エスニック状況の現在』日本国際問題研究所、一九九五年。
有賀貞編『日米関係におけるエスニシティーの要素』総合研究開発機構、一九九五年。
石朋次編『多民族社会アメリカ』明石書店、一九九一年。
越智道雄『英語の通じないアメリカ』平凡社、一九九〇年。
越智道雄『エスニック・アメリカ』明石書店、一九九六年。
野村達朗『「民族」で読むアメリカ』講談社、一九九二年。
反差別国際運動／日本太平洋資料ネットワーク編『みんながマイノリティ――アメリカに見る民族複合事情』現代企画室、一九九二年。
「人の移動とアメリカ」研究プロジェクト編『エスニック・アメリカを問う――「多からなる一つ」への多角的アプローチ』彩流社、二〇一五年。
南川文里『アメリカ多文化社会論――「多からなる一」の系譜と現在』法律文化社、二〇一六年。
ロナルド・タカキ（富田虎男監訳）『多文化社会アメリカの歴史――別の鏡に映して』明石書店、一九九五年。
Allen, James Paul and Eugene James Turner. *We the People: An Atlas of America's Ethnic Diversity*. Maxwell Macmillan, 1987.
Daniels, Roger. *Coming to America*. Harper and Row Publishers, 1990.
DeConde, Alexander. *Ethnicity, Race and American Foreign Policy*. Northwestern University Press, 1992.
D'Innocenzo, Michael and Josef P. Sirefman, eds. *Immigration and Ethnicity: American Society "Melting Pot" or "Salad Bowl"?* Greenwood, 1992.
Fuchs, Lawrence H. *The American Kaleidoscope: Race, Ethnicity, and the Civic Culture*. Wesleyan University Press, 1991.
Greeley, A. M. *Ethnicity in the United States: A Preliminary Reconnaissance*. John Wiley & Sons, 1974.

Jiobu, Robert M. *Ethnicity and Assimilation: Blacks, Chinese, Filipinos, Korean, Japanese, Mexicans, Vietnamese, and Whites*. State University of New York Press, 1988.
Olson, James S. *The Ethnic Dimension in American History*. 2nd ed. St. Martin's Press, 1994.
Steinberg, Stephen. *The Ethnic Myth: Race, Ethnicity, and Class in America*. 2nd ed. Beacon Press, 1989.
Yetman, N.R. *Majority and Minority: The Dynamics of Race and Ethnicity in American Life*. Allyn & Bacon, 1991.
Zelinsky W. *The Enigma of Ethnicity: Another American Dilemma*. University of Iowa Press, 2001.

(5) とくに本書の各部において参照したもの

〈序章・第Ⅰ部〉


塩出浩之『越境者の政治史――アジア太平洋における日本人の移民と植民』名古屋大学出版会、二〇一五年。

清水知久『米国先住民の歴史』明石書店、一九八六年。

富田虎男『アメリカ・インディアンの歴史（改訂版）』雄山閣出版、一九八八年。

長田豊臣『南北戦争と国家』東京大学出版会、一九九二年。

D・A・ホリンガー（藤田文子訳）『ポストエスニック・アメリカ――多文化主義を超えて』明石書店、二〇〇二年。

ネーサン・グレイザー、ダニエル・P・モイニハン（阿部斉・飯野正子訳）『人種のるつぼを越えて――多民族社会アメリカ』南雲堂、一九八六年。

Santoli, Al, ed. *New Americans : An Oral History*. Balantine Books, 1988.

Sollors, Werner. *Beyond Ethnicity : Consent and Descent in American Culture*. Oxford University Press, 1986.

Sollors, Werner, ed. *The Invention of Ethnicity*. Oxford University Press, 1989.

〈第Ⅱ部〉

東栄一郎（飯野正子監訳）『日系アメリカ移民――二つの帝国のはざまで』明石書店、二〇一四年。

有賀貞編『日米関係におけるエスニシティーの要素』総合研究開発機構、一九九五年。

飯野正子『もう一つの日米関係史――紛争と協調のなかの日系アメリカ人』有斐閣、二〇〇〇年。

粂井輝子『外国人をめぐる社会史――近代アメリカと日本人移民』雄山閣出版、一九九五年。

島田法子『日系アメリカ人の太平洋戦争』リーベル出版、一九九五年。

竹沢泰子『日系アメリカ人のエスニシティ』東京大学出版会、一九九四年。

橋本明『棄民たちの戦場――米軍日系人部隊の悲劇』新潮社、二〇〇九年。

丸山直起『アメリカのユダヤ人社会』ジャパンタイムズ、一九九〇年。

柳田由紀子『二世兵士激戦の記録――日系アメリカ人の第二次大戦』新潮社、二〇一二年。

イチオカ・ユージ（富田虎男ほか訳）『一世――黎明期アメリカ移民の物語り』刀水書房、一九九二年。

イチオカ・ユウジ（関元訳）『抑留まで――戦間期の在米日系人』明石書店、二〇一三年。

エリック・ミューラー（飯野正子監訳）『祖国のために死ぬ自由――徴兵拒否の日系アメリカ人たち』刀水書房、二〇〇四年。

ジェイムズ・クローフォード（本名信行訳）『移民社会アメリカの言語事情――英語第一主義と二言語主義の戦い』ジャパンタイムズ、一九九四年。

ジョン・ハイアム（斎藤真・阿部斉・古矢旬訳）『自由の女神のもとへ――移民とエスニシティ』平凡社、一九九四年。

トーマス・ワイヤー（浅野徹訳）『米国社会を変えるヒスパニック――スペイン語を話すアメリカ人たち』日本経済新聞社、一九九三年。

ベンジャミン・クォールズ（明石紀雄・岩本裕子・落合明子訳）『アメリカ黒人の歴史』明石書店、一九九四年。

ユリ・コチヤマ（篠田佐多江・増田直子・森田幸夫訳）『ユリ・コチヤマ回顧録——日系アメリカ人女性 人種・差別・連帯を語り継ぐ』彩流社、二〇一〇年。

Bean, Frank D. et al., eds. *Undocumented Migration to the United States*. Rand Corporation/Urban Institute, 1990.

Bouvier, Leon F. *Peaceful Invasions: Immigration and Changing America*. University Press of America, 1991.

Frederickson, George. *The Arrogance of Race: Historical Perspectives on Slavery, Racism and Social Inequality*. Wesleyan University Press, 1988.

Gann, L.H. and Peter J. Duignan. *The Hispanics in the United States: A History*. Westview Press, 1986.

Hing, Bill Ong. *Making and Remaking Asian America Through Immigration Policy*. Stanford University Press, 1993.

Kitano, Harry L. and Roger Daniels. *Asian Americans*. Prentice-Hall, 1988.

Portes, Alejandro, and Ruben G. Rumbaut. *Immigrant America: A Portrait*. University of California, 1990.

Reimers, David M. *Still the Golden Door*. Columbia University Press, 1985.

Sanchez, George J. *Becoming Mexican American: Ethnicity, Culture, and Identity in Chicano Los Angeles, 1900-1945*. Oxford University Press, 1993.

Spickerd, Paul R. *Mixed Blood: Intermarriage and Ethnic Identity in Twentieth-Century America*. The University of Wisconsin Press, 1989.

Spinner, Jeff. *The Boundaries of Citizenship: Race, Ethnicity, and Nationality in the Liberal State*. The Johns Hopkins University Press, 1994.

Waters, Mary C. *Ethnic Options: Choosing Ethnic Identities in America*. University of California Press, 1990.

〈第Ⅲ部〉

上坂昇『アメリカ黒人のジレンマ――「逆差別」という新しい人種関係』（増補）明石書店、一九九二年。

上坂昇『アメリカの貧困と不平等』明石書店、一九九三年。

辻内鏡人『現代アメリカの政治文化――多文化主義とポストコロニアリズムの交錯』ミネルヴァ書房、二〇〇一年。

油井大三郎・遠藤泰生編『多文化主義のアメリカ――揺らぐナショナル・アイデンティティ』東京大学出版会、一九九九年。

アーサー・シュレージンジャー・ジュニア（都留重人監訳）『アメリカの分裂――多元文化社会についての所見』岩波書店、一九九二年。

ウィリアム・ジュリアス・ウィルソン（青木秀男監訳）『アメリカのアンダークラス――本当に不利な立場に置かれた人々』明石書店、一九九九年。

シェルビー・スティール（李隆訳）『黒い憂鬱――九〇年代アメリカの新しい人種関係』五月書房、一九九四年。

T・B・エドソール、M・D・エドソール（飛田茂雄訳）『争うアメリカ――人種・権利・税金』みすず書房、一九九五年。

トマス・J・スグルー（川島正樹訳）『アメリカの都市危機と「アンダークラス」』明石書店、二〇〇二年。

Anderson, Benedict. *Imagined Communities: Reflections on the Origins and Spread of Nationalism*. Verso, 1991.

Aufderheide, Patricia, ed. *Beyond P. C.: Toward a Politics of Understanding*. Graywolf Press, 1992.

Bean, Frank D. et al. *Opening and Closing the Doors*. Rand Corporation/Urban Institute, 1990.

Berman, Paul, ed. *Debating P.C.: Controversy over Political Correctness on College Campuses*. Dell, 1992.

Buenker, John D. and Lorman A. Rather, eds. *Multiculturalism in the United States: A Comparative Guide to Acculturation and Ethnicity*. Greenwood, 1992.

Chan, Sucheng. *Asian Americans: An Interpretive History*. Twayne Publishers, 1991.
Cose, Ellis. *A Nation of Strangers: Prejudice, Politics and the Populating America*. Morrow, 1992.
D'Souza, Dinesh. *Illiberal Education: The Politics of Race and Sex on Campus*. Free Press, 1991.
Gates, Henry Louis Jr. *Loose Canons: Notes on Culture Wars*. Oxford University Press, 1992.
Gerstle, G. *American Crucible: Race and Nation in the Twentieth Century*. Princeton University Press, 2001.
Glazer, Nathan. *Ethinic Dilemmas, 1964-1982*. Harvard University Press, 1983.
Goldberg, David Theo, ed. *Multiculturalism: A Critical Reader*. Blackwell, 1994.
Hunter, James Davison. *Culture Wars: The Struggle to Define America*. Basic Books, 1994.
Ungar, Sanford J. *Fresh Blood: The New American Immigrants*. Simon and Schuster, 1995.
Webster, Yehudi. *The Racialization of America*. St. Martin's Press, 1992.

事項索引

◈か　行

◆さ　行

◆た　行

◆な　行

◆は　行

◆ま　行

◆や　行

◆ら 行

◆わ 行

人名索引

◆ま　行

◆や　行

◆ら　行

◆わ　行

図版出所一覧

39頁　http://www.americaslibrary.gov/es/va/es_va_fourth_1_e.html

55頁　Wikipedia（Israel Zangwill）.

65頁　サンテレフォト提供。

85頁　*Chronicles of America*（Chronicle Publications, n.d.）, p.55.

86頁　http://www.findagrave.com/cgi-bin/fg.cgi?page = gr&GRid = 10517186

97頁　*Chronicles of America*, p.55.

102頁　*Chronicles of America*, p.55.

131頁　http://mypeoplepc.com/members/cherlyn/mapofthetrailoftears/

139頁　明石紀雄撮影。

143頁　Pamela Reeves, *Ellis Island: Gateway to the American Dream*（Michael Friedman Publishing Group, Inc., 1993）, p.47.

145頁　明石紀雄撮影。

146頁　*Ellis Island: Gateway to the American Dream*, p.80.

155頁　*Ellis Island: Gateway to the American Dream*, p.107.

177頁　Ronald Takaki, *Issei and Nisei: The Settling of Japanese America*（Chelsea House Publishers, 1989）, p.17.

186頁　*Ellis Island: Gateway to the American Dream*, p.88.

200頁　*Ellis Island: Gateway to the American Dream*, p.109.

203頁　*Issei and Nisei: The Settling of Japanese America*, p.70.

208頁　Wikipedia（Ellis Island）.

244頁　American Social History Project, *Who Built America?* Vol. II（Pantheon Books, 1992）, p.633.

261頁　Sucheng Chang, *Asian Americans: An Interpretive History*（Twayne Publishers, 1991）, p.144.

268頁　*Who Built America?*, p.642.

280頁　明石紀雄撮影。

309頁　明石紀雄撮影。

328頁　明石紀雄撮影。

335 頁　*Asian Americans: An Interpretive History*, p.176.

342 頁　*Who Built America*?, p.645.

399 頁　時事通信社。

401 頁　時事通信社。

◈著者紹介

明石紀雄（あかし　のりお）

筑波大学名誉教授

飯野正子（いいの　まさこ）

津田塾大学前学長・名誉教授

エスニック・アメリカ〔第3版〕
——多文化社会における共生の模索
Ethnic America: Racial and Ethnic Relations in a Multicultural Society, 3rd edition
〈有斐閣選書〉

1984年9月25日　初　版第1刷発行
1997年4月10日　新　版第1刷発行
2011年6月25日　第3版第1刷発行
2022年6月10日　第3版第6刷発行

著　者　明　石　紀　雄
　　　　飯　野　正　子
発行者　江　草　貞　治
発行所　株式会社 有　斐　閣

郵便番号 101-0051
東京都千代田区神田神保町 2-17
http://www.yuhikaku.co.jp/

印刷・精文堂印刷株式会社／製本・大口製本印刷株式会社

ISBN 978-4-641-28122-6